组织变革与创新管理
系列丛书

OKR
实战宝典

顶尖企业的
成功秘籍

岳三峰　著

中国法制出版社
CHINA LEGAL PUBLISHING HOUSE

推荐序

今天，我怀着兴奋和骄傲的心情，来向大家介绍一位耕耘在组织发展与领导力领域的清华校友——岳三峰，并向大家推荐他的最新著作——《OKR 实战宝典》。

一、对作者岳三峰的介绍

最初认识岳三峰，是在 2000 年组织行为学的课堂上。作为我众多工商管理硕士（MBA）学生之一，他表现得沉默寡言，通身气度温文尔雅。20 多年后的今天，在组织发展与领导力领域，三峰已经积累了丰富的职业经历。

MBA 毕业后，岳三峰进入北大纵横管理咨询公司，成为该公司最早一批晋升技术总监以及合伙人的骨干之一。后来又进入和君咨询集团，任合伙人。这段经历中，他获得了丰富的战略管理、组织管理咨询经验。接着他又加入 IBM（国际商业机器公司），积累了全球化企业组织与人才管理经验。

2014 年，岳三峰踏进了互联网行业，成长为互联网组织与人才发展领域的专家。他曾先后担任腾讯集团 OD（组织发展，Organization Development）总监和人力资源专家，互联网教育公司北京大米科技有限公司［在线青少儿英语（VIPKID）运营公司］组织发展总监，以及互联网医美公司新氧的组织发展、人才管理、文化管理负责人，字节跳动内部教练与飞书解决方案专家。能够在腾讯、字节跳动这样的头部互联网公司工作，充分证明了他的专业实力；在几家创业公司承担组织发展负责人角色，也验证了他组织管理的实践能力；岳三峰在这一过程中积累的互联网组织创新管理实践案例尤为宝贵。

此外，他还在教练领域孜孜以求，是国际教练联盟（ICF）认证的PCC（专业认证教练，Professional Certified Coach）级别教练。岳三峰积累了丰富的高管教练和团队教练案例，教练时长超过 1000 小时。这使他不仅可以理解组织的运作，还可以引导领导者和团队实现更好的绩效。

清华 MBA 毕业 20 多年，岳三峰走出了他多样化的职业之路，既有深入中国企业原生态的咨询经验，也有深入组织与领导力规律的洞察，有互联网公司组织前沿实践的探索，也有实战案例。更可贵的是，岳三峰还不断总结沉淀自己的感悟、心得，写了 170 多篇原创公众号文章，撰写了以组织发展、目标与关键结果法（Objectives and Key Results，OKR）等为主题的多部书稿。

在岳三峰的职业履历中，字节跳动是重要的一段经历。在字节跳动，岳三峰所任的 OKR 实践专家和内部教练的角色，推动他深入探究 OKR 背后的组织理论，系统总结字节跳动的 OKR 实践经验。字节跳动 OKR 的实践，是中国创新组织的一个样板，岳三峰在字节跳动做 OKR 实践专家的经历弥足珍贵。他的教练技能和教练经验也能够更好地帮助领导者和团队落地目标、实现卓越绩效。因此，他是 OKR 实战推广书籍的理想作者，有能力将 OKR 的实战技能分享给更多的读者。

二、对《OKR 实战宝典：顶尖企业的成功秘籍》的介绍

《OKR 实战宝典：顶尖企业的成功秘籍》这本书是岳三峰的心血之作，是他多年来研究和实践 OKR 的结晶。此书既有深度理论，也有实战案例；既有工具方法的系统介绍，也有教练技能的深入融合。因此，鄙人也乐为作序。可以从以下几个角度理解本书。

1. 是 OKR 的理论溯源

本书开篇，介绍了什么是 OKR，OKR 的来龙去脉。时下流行的观点是 OKR 源于彼得·德鲁克的目标管理法。岳三峰在本书中，将 OKR 管理思想溯源至切斯特·巴纳德的组织有效性三要素，即"目标的共识、贡献的意愿、信息的沟通"。相信读者朋友对德鲁克并不陌生，但对巴纳德可能了解得并不多。巴纳德是组织理论社会系统学派的创始人，巴纳德的著作《经理人员的职能》，是组织理论研究的重要里程碑。岳三峰能够把 OKR 的管理思想，追溯到巴纳德，这表明他对研究和实践 OKR 有着自己的执着和大量的投入，不仅仅限于表面。这也指导了 OKR 的应用，他提出了几种观点：OKR 不仅是目标的管理，更强调目标的共识；OKR 能激发组织成员贡献的意愿；OKR 能推动组织内信息的沟通；等等。这些观点，我非常赞同。

2. 是 OKR 的实战指南

本书提供了实用的指导，涵盖了如何设定和管理 OKR，如何为其设定合理的关键结果，以及如何在日常工作中运用 OKR。这些实际操作的指导对于刚接触 OKR 的人来说尤其有帮助，因为它们提供了明确的步骤，以确保 OKR 的成功实施。作者基于自己丰富的实践经验，以及在多家知名企业工作的经历，为读者提供了大量实用的工具与方法，帮助他们在实践中取得成功。

书中列举了大量的案例，有作者工作过公司的实战案例，如字节跳动、新氧，更多的是作者作为 OKR 教练服务过的公司案例。这些案例涵盖了从互联网公司到制造业，从初创企业到成熟期转型企业，企业生态很多样，可以供不同行业、不同阶段企业的管理者们借鉴。

更有意思的是，其中一个案例是岳三峰自己工作室的 OKR 中的目标（O）。

"目标（O）：继续尝试/验证多种产品与服务，探索咨询与服务工作室的打法，合同额/营收适度增长，达到××万元/××万元，为健康快乐的下半生工作模式开局。"

3. 是教练技术在 OKR 领域的应用

OKR 作为一种管理工具，要想真正在企业组织中成功运用，必须依靠高管团队领导力的持续提升。而教练培训是帮助领导力提升的有效方式之一。OKR 聚焦于外在结果和行为，教练提升内在领导力潜能。本书作者岳三峰用 4 年的时间，潜心学习教练技巧，获得国际教练联盟 ICF 的专业级教练 PCC 认证。在本书中，我欣喜地看到作者把教练技术与 OKR 实施融为一体、贯穿全程。从 OKR 目标的共创，到目标对齐、目标跟进、结果复盘，本书系统介绍了每个环节的实施步骤和教练技术的应用要点。书中还涉及 OKR 与领导力的关系，解释了 OKR 如何有助于发展业务领导力、团队领导力和自我领导力。这个主题至关重要，因为它不仅将 OKR 视为一种管理工具，还把 OKR 作为塑造领导方式和组织文化的关键方式。

三、OKR 与领导力发展趋势

当我们考察领导力发展趋势时，不难发现，在当今不断演变的商业环境中，领导方式也在经历显著的变革。过去的领导模式主要侧重指令与控制，但现在，领导力为主的趋势让领导方式变得更加注重团队合作、创新能力以及机动性。传统的领导观念，即权威管理，已然不再适应现代商业环境，因此，领导者必须具备激励团队、引导他们达成共同愿景的能力。而在这一变革中，OKR 被认为是卓有成效的工具，能够支持领导者达成目标，创造卓越绩效。

领导力现在已逐渐转向分布式模式，它已不再仅仅属于高管和管理层，而是被视作广泛分布于整个组织的核心能力。不论岗位如何，每个员工都有机会展现领导力。这种分布式领导力模式与 OKR 理念高度契合，因为 OKR 强调团队的协同和每个成员的自主性。

创新已成为现代领导力的核心要素。企业必须不断创新以适应快速变化的市场和技术环境。OKR 通过鼓励团队深入思考，如何以更有效的方式实现目标，从而推动创新。OKR 鼓励组织不断挑战高标准，寻找创新路径，以更好、更高效的方式完成任务。这有助于推动创新文化在组织中扎根，从而提高组织的竞争力。

超越自我、发挥潜能是领导力发展的重要趋势。在领导力发展趋势中，我们可以看到成功的领导者是那些自我激励、不断追求卓越的人。OKR 有助于领导者激发自身潜能，通过设定挑战性目标、积极寻求反馈和注重结果，使领导者可以不断提高自身的领导能力，进而推动个人和团队的成功。

作为清华大学组织行为学与领导力的教授，我非常高兴看到岳三峰《OKR 实战宝典：顶尖企业的成功秘籍》一书的出版，并将其推介给大家。岳三峰以他的丰富经验、深刻洞见和轻松自如的写作风格，为大家呈现了一本深思熟虑、内容全面的 OKR 图书。

因此，无论你是企业领导者、团队管理者，还是对个人成长有追求的个人贡献者，这本书都非常值得一读。本书将帮助你更好地理解

OKR，更好地应用 OKR，帮助你取得更卓越的成就！

郑晓明 博士

清华大学经济管理学院领导力与组织管理系长聘教授、博士生导师

清华大学经济管理学院中国工商管理案例中心主任

2023 年 11 月 29 日 于李华楼

自　序

一、做真正难而重要的事

准备这本书稿时，正值我迈过50周岁的门槛——真正意义上的人生半百。如果说把50年的人生经验总结成一句话，就是"做真正难而重要的事"。

50年的人生曾经有过太多的选择、太多的纠结。但站在现在看，对我真正构成影响的，就是那么几件事、那么几个重要的选择——上大学、读MBA、拥抱互联网、投资。

第一个是立志要考上大学。初中嬉笑打闹、青春叛逆，中考成绩并不好，高一也是自由放纵、成绩平平。我高二分到文科班后，内心立志要考上大学，帮大学肄业的父亲完成大学梦。这个内心决定非常重要，影响了我一系列的行为——取消了每周一两场的电影、远离了上课打闹的朋友、向每位单科第一名的同学学习、每天晚上到操场跑步。最后，我以文科班应届生第一的成绩考上了东北财经大学。这让我的人生发生了重大转折。

大学毕业后，我在大连市委党校、大连市体改委工作几年后，决定要考研究生。我连考了3年，前两年报考的是中国经济研究中心，由于英语和数学功底不够，失之交臂。第三年，我调整方向，成功考取了清华MBA。这个决定，让我的人生走向从象牙塔转向了企业。

2014年，在IBM工作的我，突然想拥抱互联网，开始四处找机会。和阿里沟通了很多轮，结果却去了腾讯，开启了互联网大厂的工作生涯。在腾讯、VIPKID、新氧、字节跳动，我看到了不同的组织生态，接触到了不同认知的人，拓展了人生的边界。

2016年起，通过和腾讯飞龙班上一群朋友聚会聊天，我开启了投资生活。先后投资腾讯、茅台等，也找到了自己的节奏，开始长期价值投资。

我回顾自己50年的人生经历，真正有价值的就是这几个决定，回想50年中有多少日常的烦恼，现在看来多是庸人自扰；有多少艰难的决策，现在看来都没那么重要。

做真正难而重要的事，又是何其难也。人总会被眼下的快乐吸引，总会愿意干容易干成的事。正所谓"以战术的忙碌，阻碍战略的思考"，这是人性使然。个人如此，组织亦如此。OKR的内在价值就是帮助个人和组织克服惰性，聚焦到真正难而重要的事上。

二、OKR是追求卓越组织的选择

写这本书时，我已经接触OKR 9年了，而我看到真正使用OKR的企业并不多，用得好的更是凤毛麟角。

我2014—2017年在腾讯工作时，OKR刚被大家接触，还处在学习研究阶段。2018年在VIPKID，我曾经尝试推广OKR未果。2020年到新氧，我入职后第一件事，就是负责OKR的具体执行。在字节跳动做内部教练，有机缘为公司OKR提高组做教练，后来发现某位负责人有一个周期列了七个目标（O）。大家知道，OKR讲究聚焦，最好的目标（O）的数量保持在三到五个，知易行难呀。转岗做了飞书咨询顾问以后，我看到了OKR逐渐从互联网、高科技、新媒体公司向传统行业"拓圈"的趋势，也看到了大量公司试用OKR无效后，失望而去。

我看到能够持续使用OKR的公司，都有一个共同的特质，就是持续追求卓越，如英特尔、字节跳动。显然，OKR是为追求卓越的公司准备的。

OKR作为工具，非常简单，上手很容易，但要想用好，却非常不容易。这有点像练太极拳，入门容易，练好难。这本书既可以作为OKR的入门读物，也可以作为提升OKR应用水平的升级攻略。

作为OKR入门读物，书中详细介绍了OKR是什么，OKR的起源与发展沿革，OKR的撰写和运营表单、流程、工具和方法，以及OKR在英特尔、字节跳动等的应用案例，阅读这些章节能够帮助读者上手应用OKR。

作为OKR入门读物，本书介绍了OKR在战略解码、目标共创、对齐与跟进、复盘总结的基本流程和方法。做好这些管理的基本动作，才能够把OKR作为一个管理工具用扎实。

作为OKR升级攻略，书中还介绍了OKR的思想溯源，巴纳德组织有效性三要素，即目标的共识、贡献的意愿、信息的沟通；帮助读者理解OKR，在工具背后更贴近组织管理本质的特性；通过对OKR思想理念的理解，便于在组织内部统一思想，把OKR作为提升组织效能的重要抓手。

作为OKR升级攻略，书中还介绍了教练技能在OKR全流程的应用。教练技术与OKR理念相同，作用互补，都是激发个人和团队的内在潜能，达成目标，成为赢家。教练技术在OKR使用过程中的应用，能够更大程度释放工具价值。

作为OKR升级攻略，书中还介绍了OKR与领导力的提升。如果我们把OKR作为管理工具，经过几个周期的使用，很快就能熟练掌握使用技巧，但也会遇到进一步提升的瓶颈。因为低垂的果子已经摘完了，组织和个人走到了认知的边缘，如果要继续提升，需要在领导力的提升上下功夫。要提升个人和团队的领导力，需要面对未知、勇于挑战。书中结合我的实践案例，介绍了在业务、团队、自我几个层面的领导力提升工具和方法，其中也包含了高管教练、团队教练的应用。

书中还引用了大量案例，以我的实践与观察来看，实际的工作环境中，对OKR的应用并不乐观。对OKR工具的过于追捧、过于批判都不是合适的态度，真正合适的做法是放到市场中，在更多的企业场景中去试、去磨合。潮水退去后，有根基的礁石会留下。拉长时间的跨度，期待OKR能伴随持续追求卓越的公司，跨越周期，创造价值。我和众多的OKR教练一样，希望能深度参与OKR应用的过程，给企业带来价值。

三、亲身实践

2022年我成立工作室后，就率先应用了OKR，帮助我探索工作室的打法，后来更是持续制定年度OKR、季度OKR，月度复盘、季度深度复盘。

岳三峰咨询教练工作室的2023年度OKR：

O1：【工作室】继续尝试/验证多种产品与服务，探索咨询与服务工作室的打法，合同额/营收适度增长，达到××万元/××万元，为健康快乐的下半生工作模式开局。

– KR1：【OKR】全力拓展OKR咨询+教练的客户，全年服务4—6家，合同额/营收××万—××万元/××万—××万元，迭代产品有深度、有实效，为客户创造更多价值，成为工作室的核心业务。

– KR2：【教练】持续提升教练能力，上半年通过PCC认证，体验教练服务80—100位客户，高管教练累计服务20—30位客户，净推荐值（NPS）50%—70%，团队教练服务5—10家客户；成为工作室的增长业务。

– KR3：【常年顾问】探索常年顾问模式，寻找合适的企业与企业家，深入沟通1—3家，建立信任，长期服务，为未来奠定基础。

– KR4：【培训】围绕组织发展、人才发展、教练核心能力，拓展线上线下培训、工作坊业务，辅助获客，全年营收××万—××万元。

O2：【修身】习练拳架/站桩调养身体，修习瑜伽/冥想体验内外合一，修习内针/正骨/按跷，提升对人体的理解，为健康工作30年奠定身心基础。

– KR1：【修身】主要习练太极/站桩，对照拳谱提升一遍老架一路拳架，每周3—5次站桩，体会到内劲；修习瑜伽/冥想/呼吸练习，提升对情绪、念头的觉察能力，体验内外合一。

– KR2：【中医】由简入手，学习实践中医，内针/正骨/按跷，提升对人体的理解，随时处理身体问题。

– KR3：【写作】七日一作，内容涵盖工作、修身和生活，突破写作障碍，年底形成书稿。

– KR4：【家人】陪伴家人，陪伴儿子度过高二/高三，保证孩子身体心理健康，多回老家看望老人。

– KR5：【自然】亲近自然，逛公园、体验露营、住农家乐/民宿，继续寻找合意的院子。

真正身体力行时，我才知道自己有多容易被手头的容易出成果的事所诱惑，每每月度复盘时，后悔不迭：怎么对自己设定的关键目标投入的时间反而这么少？怎么类似的问题总是重复出现？如果说我一年下来，还有些成果、有些成长的话，那真要感激OKR这个工具，让我每月复盘总结，调整行为，不断尝试、纠错。两年来，用OKR管理来工作和修身，让我充分体验到OKR的价值。

《OKR实战宝典：顶尖企业的成功秘籍》这本书，也是我年度OKR的一个成果。

回顾我OKR的执行过程，在年度目标里，只是在修身的目标（O）里面写作这个关键结果（KR）中，简单地提到，"年底形成书稿"。

一季度，它升级为一条独立的关键结果（KR）："【写作】：完成OKR教练书稿的目录、样章，确定出版社和协议，深度阅读完参考书籍，每周写1章。"

二季度，O1工作室的KR4【写作】：每周写1章，完成《OKR实战宝典：顶尖企业的成功秘籍》书稿。书的名称还有一个插曲，我原来自己想了个书名，出版社老师的意见为《OKR实战宝典：顶尖企业的成功秘籍》，通过用户调研，68%的人更喜欢《OKR实战宝典：顶尖企业的成功秘籍》这个书名，于是就接受了用户的选择。

三季度，O1工作室的KR4【写作】：完成《OKR实战宝典：顶尖企业的成功秘籍》书稿。执行的结果是，8月31日完成第一稿。9月11日改完第二稿，发给了编辑老师。

《OKR实战宝典：顶尖企业的成功秘籍》这本书，就是我应用OKR管理工作目标结出的一个果实。

四、感恩

在2023年二季度的OKR复盘中，我意识到我需要感恩，于是在我的KISS复盘①文件中，写下了开始"感恩修炼"。在我成长的过程中，

---

① "KISS复盘"名称来源于保持（Keep）、提高（Improve）、停止（Stop）、开始（Start）四个复盘内容的首字母缩写。——编者注

有太多的人帮助我。我要在本书自序中公开表达感恩。

感恩父母在艰难的环境下培养我上大学。感恩岳父岳母帮助忙于工作的我带孩子。感恩大姐、大哥、二哥从小对我的关照及对父母晚年贴身的照顾。

感恩从小到大的各位师长的教诲。特别是清华经管学院的郑晓明老师，多年后找到他，欣然为我作推荐序。

感恩曾经服务过的多家公司的领导和同事，感恩党校的莫大刚主任，对刚出校门的我作为后辈悉心培养；感恩北大纵横的王璞，给予我在咨询领域历练和成长的机会；感恩和君咨询的王明夫先生，拓展我产业资本的格局，给了结缘和君商学院优秀学子们的机会；感恩IBM的Tony、Tom、Leo、张蕾，让我参与项目、学习实践了全球化组织与领导力体系；感恩腾讯的Maryrose，在互联网普遍存在35岁职场危机的环境下，还能给42岁的我进入互联网公司的机会；感恩腾讯的YaYa给了我挂职锻炼的机会，让我更近距离接触业务、了解实践；感恩VIPKID的创始人Cindy、新氧的创始人金星给了我在创业公司实践的机会；感恩魏小康给我进入字节跳动的机会，感恩李墨稼、李诚、袁凌梓几位高年级同学对我的包容，给我在字节跳动内部各种试错的机会。

感恩我学习教练路上的老师和同学。感恩进化教练的MCC（大师级教练，Master Certified Coach）Lisa、Dave带我入门，感恩MCC唯恒带我精通教练对话。感恩学习教练路上的助教老师和同学们，感恩教练实践的客户们，教练是门实践的手艺，没有你们的支持，我积累不了超过1000小时的实践，收获不了今天的教练技能和教练状态。

感恩太极拳世界文化遗产传承人陈正雷师公，感谢师父魏勰，教会我陈式太极拳，习练太极、传承太极，带给更多人健康，是我下半生的使命之一。太极、教练、OKR，大道相通。

感恩妻子陆洋，我做咨询顾问常年出差在外做项目，在腾讯工作时又远在深圳，在创业公司工作，常常加班到深夜，她都无怨无悔、默默扛起持家、教育儿子的全部责任，感恩妻子的付出。感恩儿子岳陆川，是儿子让我看见了生命的另一面。儿子默默成长，很少让老爸操心。这本书出版之际，他也即将满18周岁，开启他的更独立、更广阔的人生，祝愿岳陆川绽放自己生命的精彩。

感恩支持我写书的朋友们。感恩贺清君老师的指点，感恩马春芳老师及出版社各位老师的辛勤工作，让本书得以顺利出版。感恩在我发出邀请后，欣然答应帮我写推荐语的各位师友，Megan、郑云端、袁凌梓、Maryrose、王建庆，各位大咖的助力推荐，让本人和本书增光，谢谢你们。

最后，感恩各位读者朋友，你们代表市场的力量和声音，期待你们的反馈。

目 录

Objectives and Key Results

01

第一章 OKR 的流行与应用

OKR是近年流行的管理工具，率先在互联网、高科技公司有所应用，现在越来越多的其他行业公司也开始尝试使用。OKR工具比较简单明了，能促进公司信息透明沟通、跨组织协同，能够灵活根据环境变化及时调整目标。OKR能够帮助公司聚焦关键有价值目标，能够激发员工内驱力。

OKR的理论直接源于管理学家彼得·德鲁克的目标管理法（Management by Objective，MBO）。德鲁克于1954年出版的《管理的实践》提出目标管理，影响了惠普、英特尔等一大批公司。德鲁克的目标管理理论，受巴纳德的组织有效性三要素理论影响。目标的共识、贡献的意愿、信息的沟通，是巴纳德于1938年出版的《经理人员的职能》的核心观点。组织有效性三要素，是OKR的理论根源，也道出了OKR的本质：OKR是提升组织有效性的重要工具。

OKR比较适合创新型的组织。当前OKR也有从互联网、高科技、新媒体行业向更多行业拓展的趋势。

OKR在跨行业应用中面临更多挑战，包括管理团队的领导力提升，制度与文化氛围的匹配，以及员工队伍的人才密度等。这些挑战需要企业在引入OKR时，不能简单地将其作为一个管理工具，而是当成一次文化升级、组织变革。在OKR的执行过程中，聘请专业的OKR教练进行辅导是更加明智的选择。

第一节　OKR是什么

OKR是一种管理工具，被广泛应用于各个行业和组织中。它通过设定明确的目标和关键结果，帮助组织和个人实现突破性的创新和成长。

一、OKR的定义

OKR（Objectives and Key Results）是一种管理工具。OKR代表着Objectives（目标）和Key Results（关键结果）。目标（O）是对期望达成的结果进行的简明描述，而关键结果（KR）则是用于度量目标达成程度的具体指标或标准。OKR的核心理念是通过设定具有挑战性和激励性的目标，并设定明确的关键结果来衡量进展情况，以推动个人和组织的成长和创新。

目标（O），应该具备挑战性和激励性，能够激发团队成员的积极性，提高他们的投入度；目标（O）应该是聚焦的、价值导向的，与组织战略和愿景相对应，聚焦于当下最有价值的几件事。

关键结果（KR），是用于度量目标达成程度的具体指标或标准。关键结果应该是可衡量的、具体的、与目标相关的，并且能够反映出组织或个人在实现目标上的进展情况。通过设定关键结果，可以更好地跟踪目标的实现情况，并及时进行调整和改进。

二、OKR的特点和优势

OKR作为一种受欢迎的管理工具，具有以下特点和优势。

1. 简单明了。OKR的原则简单清晰，易于理解和应用。它避免了过度复杂的目标和衡量指标设定，使团队成员更加专注和明确。

2.激发动力。通过设定具有挑战性和激励性的目标，OKR 能够激发个人和团队的动力和积极性。挑战性的目标能够激励个人的成长，激发个人的创新思维，并推动团队向更高的绩效和成果迈进。

3.透明沟通。OKR 的设定和进展情况是透明的，可以被整个组织或团队共享和了解。这促进了更好的沟通和协作，帮助团队成员理解彼此的目标和工作重点，以实现更好的协同效能。

4.灵活改进。OKR 具有一定的灵活性，可以根据组织的变化和需要进行调整。它适应不同层级和部门的需求，可以应用于整个组织，也可以用于个人的目标设定和追踪。OKR 强调周期性的评估和总结，通过反思和学习，不断改进目标设定和执行过程。这种持续的学习和改进精神有助于个人和组织的成长和进步。

三、OKR 的应用

OKR 广泛应用于全球各个区域、不同行业的企业。许多知名科技公司如字节跳动、脸书等，都采用 OKR 作为它们的目标管理工具。这些公司将 OKR 视为推动公司创新和持续发展的关键工具，通过设定明确的目标和关键结果，激励员工超越自我，不断追求卓越。

谷歌是成功应用 OKR 的公司之一。谷歌将 OKR 作为其核心目标管理方法，并在全员范围内广泛应用。通过 OKR，谷歌鼓励团队成员设定挑战性的目标和关键结果，激发员工的潜能和创新意识。谷歌的 OKR 流程非常成熟，每个季度，团队成员都会设定具体的 OKR，并定期跟踪和复盘目标的实现情况。这种明确的目标设定和追踪机制，使谷歌的团队在快速变化的市场中保持敏捷性和灵活性，取得了长期的成功和持续的增长。

字节跳动是中国成功应用OKR的公司之一。通过OKR的实施，字节跳动帮助团队成员明确目标、追求卓越，并取得了快速的增长和业务的成功。字节跳动在OKR的实施中，强调设定具有挑战性和可衡量的目标，并注重关键结果的设定和跟踪。通过OKR，字节跳动鼓励员工积极创新，持续优化产品和服务，满足用户需求，从而在激烈的竞争中脱颖而出，实现了快速增长和持续创新，被誉为"创新APP工厂"。

在制造业，三一重工也将OKR作为目标管理的重要工具，帮助团队成员明确目标、聚焦核心任务，并通过持续地改进和学习，提高工作绩效和质量。在快消领域，元气森林是一家注重员工成长和团队合作的初创企业，它通过OKR的实施，帮助团队成员设定个人目标，并与团队目标相互对齐，激发员工的自主性和创造力，实现个人和团队的成功。

这些案例表明，OKR在不同行业和不同规模的企业中都取得了广泛的应用和成功的效果。通过设定明确的目标和关键结果，OKR能够激发员工的动力和激情，提高工作效率和绩效，并推动企业的持续发展和创新。无论是科技巨头、创新初创企业还是传统行业的领军企业，OKR都成为它们实现目标的有力工具，帮助它们不断超越自我，取得卓越成果。

第二节　OKR的起源与发展

OKR的前身是英特尔的英特尔目标管理法（IMBO，Intel Management by Objectives）。这套管理方法是受德鲁克在1954年《管理的实践》一书中提出的目标管理法的启发而来的。但德鲁克的目标管理思想，又深受巴纳德组织有效性三要素思想的影响。

一、IMBO 体系

1974年，英特尔正在从一家内存公司转型为一家微处理器公司，迫切需要员工专注于一系列优先且重要的事项，以实现成功转型。

在这个关键时刻，管理团队引入了 IMBO 体系，旨在帮助员工聚焦于重点工作。IMBO 包括目标与关键结果的设定，强调目标与关键结果的挑战度与可衡量性、上下级目标的契合，注重执行目标的过程追踪，也创造了由下而上、少就是多、公开透明的文化氛围。IMBO 的设计理念强调透明和公开，员工可以查看 CEO（首席执行官）、经理和同事的工作目标与进展，这样员工就能够更好地将自己的工作与公司的目标联系起来。

IMBO 目标管理方法的价值得到了管理团队的认可，并被积极推行。在演进过程中，这套管理方法有了一个直白的名字 OKR，即目标（O）与关键结果（KR）的缩写。OKR 在那一刻诞生了，并成为全球熟知的目标管理方法。

二、MBO 方法

IMBO 是 OKR 的前身。从名字中就可以看出 IMBO 深受德鲁克的目标管理法（MBO）的影响。

彼得·德鲁克是管理学领域的重要思想家之一，他于1954年出版《管理的实践》一书，提出了目标管理法。目标管理法是一种管理方法，其核心是将企业或组织的目标与员工的个人目标相匹配，通过设定明确的目标和评估方法，来激励员工实现目标，并不断提高组织绩效。德鲁克认为，目标管理法不仅可以提高员工的工作动力和效率，还可以增强员工的自我管理和自我激励能力，使员工在实现个人目标的同时，为组织的成功作出贡献。目标管理法的三个关键要素：目标的明确性、评估的准确性和反馈的及时性。首先，目标必须非常明确，这样才能让员工清楚地了解自己需要完成的任务，从而有针对性地制订工作计划；其次，评估必须准确，以确保员工的绩效得到公正和客观的评估，从而为员工提供正确的反馈和奖励；最后，反馈必须及时，以便员工能够及时纠正偏差和改进工作，更好地实现目标。

三、组织有效性三要素

深入学习德鲁克的目标管理理论，发现德鲁克是受到了巴纳德目标管理思想的影响。

"任何企业都必须建立起真正的团队，并且把每个人的努力融合为共同的力量。企业的每一分子都有不同的贡献，但是所有的贡献都必须为了共同的目标。"

"企业需要的管理原则是：能让个人充分发挥特长，凝聚共同的愿景和一致的努力方向，建立团队合作，调和个人目标和共同福祉。"[①]

巴纳德于1938年出版了《经理人员的职能》，这是组织理论的一部开创性著作。书中提出，组织是一个相互协作的系统，正式组织有效运作须具备以下三个条件，即目标的共识、贡献的意愿和信息的沟通。

1.目标的共识。首先，组织必须有明确的目标。一个组织必须有明确的目标，否则协作就无从发生。因为组织的目标不明确，组织成员就

---

① ［美］彼得·德鲁克：《管理的实践》，齐若兰译，机械工业出版社2018年版。

不知道他们需要做出哪些行为和努力，就不知道协作会给他们个人带来哪些满足，他们的贡献意愿也无从发生。其次，组织目标必须被组织的成员所理解和接受。组织不仅应当有目标，而且其目标必须被组织的成员所理解和接受，否则，就无法统一行动和决策。然而组织目标能否被组织成员所接受，又要看个人是否有贡献意愿。目标的接受与贡献意愿是相互依存的。因此，组织的目标是组织和个人不断达成共识的过程，只有达成共识的目标，才会在组织中更大程度地得到执行。

2.贡献的意愿。贡献的意愿，是指组织成员对组织目标作出贡献的意愿。组织中的个体有贡献意愿，意味着实行自我克制，交出个人行为的控制权以及将个人行为非个人化。若无贡献意愿，组织目标将无法达成。贡献的意愿可能是随时变动的，因为个体在不断做出决策，不停衡量个人的付出和收益是否匹配，是否愿意作出贡献、作出多大程度的贡献。巴纳德认为，影响个人贡献意愿强度的因素是贡献与诱因的权衡：一个人是否有贡献意愿依个人对贡献和诱因进行合理的比较而定。所谓贡献，是指个人为实现组织目标做出的有益活动和牺牲。所谓诱因，是指为了满足个人的需要而由组织所提供的效用。巴纳德认为，当一个人决定是否向组织作出贡献时，会将其贡献与从组织那里可能取得的诱因进行比较。只有当诱因大于贡献时，个人才会有贡献意愿；反之，个人贡献意愿会减弱。组织内部个人贡献意愿强度的差异性很大，对于同一个人，其贡献意愿的强度也不是固定不变的，而是随时间和外界条件的变化经常变化着。组织内贡献意愿的总和是不稳定的。因此，管理者重要的职责是提供各种有效的诱因，从而激发出个人更大的贡献意愿。巴纳德提出能激发出贡献意愿的诱因，有物质的，如金钱；也有非物质的，如地位、权力、和谐的环境等因素，而通常金钱等物质因素达到平均值后，效用就会下降。

3.信息的沟通。信息的沟通，是指意愿、情报、建议、指示和命令等信息在组织内部的有效传递。信息沟通的重要性在于，组织的共同目标和个人的协作意愿只有通过信息的交流，才能实现同频。有组织目标而无良好沟通，将无法统一和协调组织成员为实现组织目标所采取的合理行动。[①]

巴纳德拥有丰富的组织管理经验，在职业生涯的后半段，应邀就组织问题多次演讲，并将演讲稿结集，出版了《经理人员的职能》，这本书在组织研究领域，影响了很多学者，如德鲁克、西蒙、孔茨、马奇和明茨伯格等人。但在公众领域影响较小，主要原因是文字太抽象，充满哲思的语言非常难理解。

追溯OKR的起源，我们一路从OKR，追溯到了IMBO，再追溯到德鲁克的目标管理法，最后追溯到巴纳德的组织有效性三要素思想。当把OKR与巴纳德的组织有效性三要素联结起来，我们能够更深刻地理解OKR对于一个组织的价值和意义。

更深度理解OKR：

- OKR不仅是目标的管理，更是目标的共识；
- OKR不仅是压力，更是诱因；
- OKR不仅是信息的控制，更是信息的沟通。

---

① ［美］切斯特·巴纳德：《经理人员的职能》，王永贵译，机械工业出版社2013年版。

第三节　OKR的传播与适用范围

一、效率驱动型与创新驱动型组织

通过对组织的观察，我们可以看到两种不同类型的组织：效率驱动型组织和创新驱动型组织。效率驱动型组织，组织目标相对明确，实现路径也相对清晰，需要组织管理者调动资源、强化运营获取组织绩效的成果。创新驱动型组织，组织目标相对模糊，实现策略和路径也不确定，需要组织管理者带领团队，快速试错，用最小的成本和代价，找到正确路径，获取组织创新突破的成果。（参见图1-1）

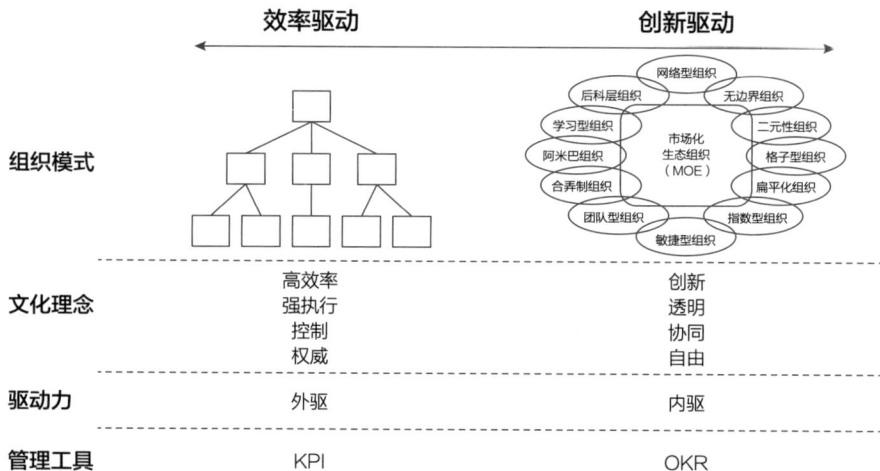

图1-1　KPI和OKR适用组织的特征

两类组织在组织模式、文化理念、驱动力和管理工具上都有明显的差异。效率驱动型组织，组织模式常用传统的科层制，组织边界清晰、层级明确，指挥链条非常清晰，文化理念强调高效率、强执行、控制和权威，驱动力是以外部的、物质的驱动为主，管理工具更适合使用关键绩效指标（Key Performance Indicator，KPI）。创新驱动型组织，组织模式去科层化、更扁平、组织边界模糊、组织更有弹性，呈现网络化特征，文化理念强调创新、透明、协同、自由，驱动力主要是内部的、成就感驱动，管理工具更适合使用OKR。

（一）组织模式

效率驱动型组织通常采用传统的科层制组织模式，具有清晰的组织边界和明确的层级结构。指挥链条清晰，决策流程相对集中。这种组织模式注重权威和控制，强调高效率和强制执行。组织结构相对稳定，流程规范。

创新驱动型组织则倾向于去科层化、扁平化的组织模式。它们更加注重灵活性和适应性，组织边界模糊，组织结构更加开放和具有弹性。创新驱动型组织更倾向于网络化的结构，鼓励跨部门合作和知识共享。这种组织模式可以更好地促进创新和快速决策。

（二）文化理念

效率驱动型组织的文化理念强调高效率、强执行、控制和权威。在这样的文化氛围下，组织成员通常注重执行指令和达成目标。决策权较为集中，组织成员倾向于服从和按部就班。

创新驱动型组织的文化理念则更强调创新、透明、协同和自由。它们鼓励员工提出新想法、尝试新方法，并支持团队合作和知识共享。创新驱动型组织注重员工的创造力和自主性，倡导开放的沟通和共享知识的文化。

（三）驱动力

效率驱动型组织的主要驱动力是外部的、物质的驱动。这可能包括绩效奖励、晋升机会、薪资激励等。组织成员通常受到外部激励因素的驱动，追求目标的达成和个人的利益。

创新驱动型组织的驱动力主要来自内部的、成就感驱动。员工在创新驱动型组织中通常更加注重个人成长、自我实现和对工作的热情。他们追求在工作中的成就感和创造力的发挥，更关注问题的解决和价值的创造。

（四）管理工具

效率驱动型组织通常更适用KPI等管理工具。KPI着重于衡量和评估个人和团队的绩效，以实现组织的目标和指标。

创新驱动型组织则更适用OKR等管理工具。OKR强调设定具有挑战性和可衡量性的目标，并通过关键结果衡量目标的达成程度。它鼓励跨部门协作和自主性，促进创新和灵活性。

更为复杂的是，在同一个组织内部，当组织足够大时，会同时存在两类特性的组织单元。核心的、成熟的、稳定的业务往往是效率驱动的，孵化的、成长的、探索的业务往往是创新驱动的。例如，某互联网公司有员工10万多人，有7万多人是产品、研发类的，他们所在的组织有创新组织的特质，管理的工具主要是OKR；另外3万多人是销售和内容审核人员，呈现效率驱动的组织特质，对一线员工，管理的工具主要是KPI。这个企业的例子也验证了在同一企业内部，可以同时存在KPI、OKR两种管理工具。对于这种同时存在两类特质的组织，管理复杂度会更高，对管理者的要求也更高。

二、OKR的传播

OKR的传播受到了两个超级传播节点的影响。

第一个超级传播节点可以追溯到1999年，IMBO被引入谷歌，并被调整为OKR。随后，OKR逐渐成为该公司的核心管理工具，这为其在业界的传播奠定了坚实的基础。该公司以其创新性和高效性而闻名，而OKR正是其中的关键因素之一。公司的商业成功吸引了全球范围内其他组织管理者的关注，他们对该公司所采用的管理方法产生了浓厚的兴趣。管理者开始研究并学习OKR，试图将其应用于自己的组织中。该公司作为一个成功案例，成了OKR在业界传播的标杆。

第二个超级传播节点大约在2013年，当时的今日头条公司引入了OKR。随着业务的崛起和飞书OKR的商业化，OKR进一步传播到更多的企业。它们对OKR的采用和成功实践再次引起了其他组织的兴趣和好奇。飞书的商业化使更多的企业可以获得OKR工具和相关的培训和支持。这进一步推动了OKR的传播，使其成为越来越多的组织的选择。

这两个超级传播节点的影响使OKR在业界的知名度和认可度大大提高。越来越多的组织认识到OKR的潜力和价值，并开始尝试将其应用于自己的管理实践中。随着更多成功案例的出现，OKR的传播势头进一步加强，逐渐成为一种被广泛接受和采用的目标管理工具。

三、OKR适用的组织特征

（一）行业属性

如前文所述，OKR率先用于互联网、高科技、新媒体行业，但也不限于此，越来越多的传统行业的客户也探索使用了OKR。目前，OKR

涵盖的行业包括互联网、高科技、新媒体、制造业、医疗器械、地产、游戏、快消、金融信托、超市、共享办公、小家电、证券、专业服务、医美、智能设备、教育培训、机器人、AI、物流等。

（二）企业发展阶段

OKR 比较适合初创阶段的企业，以及二次创业需要组织变革阶段的企业。

一个组织的发展会经历不同的发展阶段。布鲁斯·塔克曼认为群体发展一般经历五个阶段：形成阶段、震荡阶段、规范阶段、执行阶段、解体阶段。伊查克·爱迪思把企业成长过程比喻为孕育期、婴儿期、学步期、青春期、盛年期、稳定期、贵族期、官僚初期、官僚期以及死亡期十个阶段。从实践来看，OKR 目标管理工具都是从企业的早期阶段就开始使用的。很多企业是在快速发展阶段引进的。也有部分企业是在企业成熟期以后，为了寻找第二条增长曲线，在企业内部从试点部门开始使用OKR 的。不管从哪个阶段开始使用OKR，OKR 所体现出的价值，都会帮助组织推进变革、克服障碍、激发活力，以及更好地适应环境。

OKR 作为一种创新管理方法，适用于需要创新变革阶段的企业和组织，不仅包括整体创新的组织，还包括在环境变动下需要进行整体或局部创新的传统组织。

首先，OKR 适用于整体创新的组织。这类组织致力于不断推动创新和变革，将创新作为组织的核心价值和竞争优势。这些组织通常拥有开放的文化氛围，鼓励员工提出新的想法和方法，并愿意承担一定的风险。在这样的组织中，OKR 能够更开放地搜索创新成功的路径，更高效地寻找通往成功的踏脚石。

其次，OKR 适用于在环境变动下需要进行整体或局部创新的传统组织。这类组织可能是传统行业的领导者或者成熟企业，在市场竞争日趋激烈、技术进步迅速的环境中，面临着创新压力和变革需求。这些组织需要不断调整战略、改进业务模式，并推动产品、服务或流程的创新。OKR作为一种创新管理方法，可以帮助这些组织设定具体而具有挑战性的目标，激发员工的创新思维和行动，并确保创新项目与组织的战略一致。

最后，OKR还适用于强调团队协作和跨部门合作的组织。在现代商业环境中，许多组织面临复杂的业务挑战，需要不同团队之间紧密协作，共同实现组织的目标。OKR通过设定清晰的目标和关键结果，提供了一个共同的框架和语言，使不同团队能够在实现目标的前提下协同工作，协调资源和努力。通过OKR，组织能够促进团队之间的信息共享和协作，加强跨部门的沟通和协调，从而提高整体的绩效和效率。

综上所述，OKR主要适用于整体创新的组织和在环境变动下需要进行创新的传统组织。无论是面向创新的组织还是面向传统组织，OKR都提供了一个敏捷的目标设定和衡量结果的框架，能够激发员工的创新思维和行动，促进团队协作和跨部门合作，从而实现组织的战略目标，并保持竞争优势。

四、OKR行业泛化及挑战

（一）OKR行业泛化的现象

在OKR推行初期，应用OKR的公司主要是互联网、高科技公司，如甲骨文公司。国内2014年前后，率先开始学习应用OKR的也是互联网、高科技公司，如百度、字节跳动等。

在2021年，我深入研究了飞书OKR用户的行业分布，发现OKR的应用有行业扩散的趋势，2019年前，约90%的OKR用户属于互联网、高科技、新媒体行业，只有10%的客户属于制造、零售、地产等传统行业。到了2021年上半年，新媒体行业占比不超过70%，有30%的OKR用户广泛分布在制造、地产、金融、零售等传统行业。这说明，OKR的应用，正在行业"泛化"，从互联网、高科技、新媒体行业客户的"专属"工具，日渐变成了"大众化"的工具，能被更多行业的客户选择。

（二）各行业的企业共同面临的挑战

OKR应用行业泛化的背后是，为了应对组织挑战，跨行业客户有了共性需求。这些共性需求包括：需要应对无法敏捷响应市场变化、战略目标传递失真问题；需要应对创新驱动力不足的问题；需要应对团队协作不顺畅的问题。

1.市场剧变目标失真问题

市场环境的快速变化是各行各业都面临的挑战。跨行业组织需要能够快速适应市场需求的变化，调整战略和目标，以保持竞争力。然而，传统的组织模式和冗长的决策链常常使组织难以及时作出反应。因此，跨行业组织需要采用更加灵活的组织模式和决策机制，以便能够敏捷地响应市场变化，并及时调整目标和策略。在跨行业组织中，由于组织结构复杂、信息传递不畅或目标理解存在偏差，战略目标的传递常常会出现失真的情况。这常常导致团队在执行过程中偏离战略方向，降低组织的整体效能。

2.创新驱动力不足问题

创新是现代组织发展和维持竞争优势的核心。然而，许多行业组织面临创新驱动力不足的挑战。这可能有多方面的成因。首先，创新文化的欠缺，可能导致员工不去探索新思路和尝试新方法。如果组织不重视创新，不支持试错，员工可能会不敢冒险，从而限制了创新的发展。其次，员工缺乏创新意识和动力也是一个关键问题。在一些传统行业，员工可能更习惯于按部就班，而不是积极寻找创新的机会。如果组织不能培养和激发员工的创新意识，就难以在竞争中脱颖而出。此外，创新资源和机制不完善也是制约创新的因素。组织需要提供足够的时间、资金和人力资源来支持创新项目。同时，创新需要有明确的流程和评估机制，以确保新想法能够被适时发现、评估和实践。

3.团队协作不顺畅问题

团队协作不顺畅是一个常见的问题。这一问题可能源于多个方面，但其影响是深远的。信息孤岛是团队协作问题产生的一大原因。不同部门和团队可能在信息共享上存在障碍，导致信息无法流通，难以形成整体性的合作。沟通不畅也是团队协作问题的主要驱动因素。跨行业组织往往拥有分散的团队，地域分布广泛，时差等因素可能导致沟通困难。这会导致信息不对称，甚至影响到项目进度和质量。此外，缺乏协作文化也是团队协作不顺畅的一个主要原因。不同团队之间可能存在竞争心态，缺乏共同的目标和愿景。如果组织无法营造积极的协作文化，团队成员可能更关注自己团队的利益，而不是整体的组织目标。

各行业组织在应对无法快速响应市场、战略目标传递失真、创新驱动力不足和团队协作不顺畅等方面具有共性特征。通过建立良好的沟通机制、构建灵活的组织结构、创新激励机制和协作文化，组织就能有效地应对这些挑战，并且可以提升整体绩效和竞争力。

（三）为什么OKR能起作用

通过OKR客户的行业变化，我们发现跨行业组织在面对战略目标传递失真、无法敏捷响应市场变化、创新驱动力不足以及团队协作不顺畅等共性问题时，OKR作为一种管理方法可以提供解决方案。它通过明确的目标设定、灵活的调整、激发创新、信息透明促进团队协作，帮助组织应对这些挑战，提高绩效和成就目标。

1. OKR是应对剧烈环境变化的目标共识工具

传统行业和高科技互联网行业都处于不断变化的环境中，市场需求、技术创新和竞争格局的迅速演变成为企业面临的现实挑战。在这样的背景下，目标共识变得更为重要。OKR作为一种管理方法，通过设定明确的目标和关键结果，帮助企业在剧烈的环境变化中保持敏捷性和灵活性。无论是传统行业还是高科技互联网行业，OKR都能为组织搭建起一个共同的目标框架，使团队成员能够明确自己的努力方向，共同应对环境挑战。

在传统行业中，如制造业、零售业和金融业等，市场需求和消费者行为也出现了剧烈的变化。企业需要及时调整产品线、市场策略和供应链，以适应新的市场趋势。OKR通过设定挑战性的目标和关键结果，激励团队成员追求更高的成就，提升整体创新能力。同时，OKR的公开透明特性可以促进部门之间的协作和知识共享，提高企业的应变能力和市场敏捷性。在这种环境下，OKR的目标共识作用更加突出，能帮助企业更好地应对市场变化。

同高科技互联网行业一样，传统行业现在也面临快速的技术创新和竞争压力。企业需要不断迭代和改进产品和服务，以保持竞争优势。OKR通过设定可衡量的关键结果，帮助团队快速试错、学习和改进，以适应迅速变化的技术和市场趋势，使企业能够更好地应对变化和挑战，不断推动行业的进步和发展。

在应对剧烈的环境变化和建立目标共识方面，OKR在不同行业的应用中展现出独特的价值。OKR在不同行业中被广泛应用，成为应对环境变化的一种有效方法。

2. OKR能激发更多员工的内在动力和创新意愿

传统行业企业面临剧烈的行业环境变化和较大的创新压力。市场需求、技术进步以及竞争格局的不断演变，要求企业能够及时调整策略和应对挑战。在这样的环境下，激发员工的内在动力变得至关重要。OKR的应用为传统行业企业带来了重要的解决方案。OKR强调设定具有挑战性的目标，鼓励员工超越自我，追求更高的成就。这种挑战性目标的设定激发了员工的激情和动力，使他们更加投入工作，积极创新，并在变化的环境中找到新的机遇和解决方案。

传统行业企业在创新方面面临着挑战。传统的规章制度和层级结构可能限制了员工的创新能力和自主性。然而，OKR的应用为传统行业企业带来了新的希望。通过OKR的指导，员工可以参与到目标设定和达成的过程中，感受到自己的贡献和成长。这种参与感和成就感激发了员工的内在动力，激发了他们的创新意识和创造力。OKR为员工提供了追求卓越的平台，鼓励他们尝试新的想法和方法，推动企业在竞争激烈的市场中保持发展。

3. OKR能推动信息透明促进协作

传统行业企业面临信息壁垒和部门之间的隔阂，这可能导致协作和沟通的困难。然而，OKR通过倡导公开透明的目标设定和结果追踪，提供了解决这些问题的有效方法。OKR工具可以实现目标信息的共享和可视化，让各个团队能够更好地了解彼此的目标，并在协调行动和解决问题时进行更有效的沟通。信息透明不仅促进了团队之间的协作，还鼓励企业内部的知识分享和学习，从而提高整体绩效。

OKR的信息透明性为跨部门和跨团队的协作提供了良好的基础。在传统行业中，不同部门之间往往存在信息壁垒，彼此之间的目标和进展不够清晰可见。这导致了冗余工作、资源浪费以及协作的延迟。通过OKR工具，企业可以将目标和关键结果公开展示在线上看板上，使所有团队成员都能够清晰地了解整体目标，并理解自己的工作与他人的协作关系。这种信息透明促进了团队之间的协作，减少了沟通障碍，提高了工作效率和质量。

信息透明不仅在团队内部促进了协作，还营造了开放和学习的文化氛围。通过公开透明的目标设定和结果追踪，OKR工具鼓励团队成员之间的互动和知识分享。团队成员可以相互学习和借鉴，从别人的经验中获得启发和新的解决方案。这种开放的文化促进了创新和持续改进，使企业能够更好地适应变化和应对挑战。信息透明也激发了员工的主动性和参与度，让他们更有动力为实现共同目标作出贡献，并共同分享成功的成果。

OKR的信息透明性在传统行业企业中具有重要作用。它打破了信息壁垒，促进了跨部门和跨团队的协作和沟通，提高了工作效率和质量。同时，信息透明也营造了开放和学习的文化氛围，激发了员工的内在动力和创新意识。因此，OKR作为一种管理工具，在不同行业的企业中得到了广泛应用，为企业带来了更好的绩效和竞争力。

企业环境的剧烈变化推动了OKR从高科技互联网公司向传统行业的传播。无论是高科技互联网行业还是传统行业，都面临着行业环境的不确定性和变化，需要灵活适应、持续创新以及跨部门协同等技能适应挑战。OKR之所以能在不同行业被广泛应用，是因为它具备适应环境变化的特点。通过设定明确的目标和关键结果，OKR能够帮助企业保持敏捷性，建立目标共识，激发员工内在动力，并促进信息透明与团队协作。在不同行业背景下，OKR都能帮助企业应对挑战、推动创新实现卓越业绩。

（四）OKR跨行业应用的挑战

OKR跨行业应用面临的很多挑战，不仅涉及管理团队的领导力提升，还包括制度与文化氛围的匹配，以及员工队伍的人才密度保持。这些挑战需要组织在引入OKR时采取积极的措施，包括领导力培养、文化转型和人才发展，以确保OKR在不同行业中得到成功应用。

1.核心管理团队的领导力提升

OKR在行业泛化过程中面临一系列挑战，其中包括核心管理团队领导力的提升。在高科技和互联网行业，管理者通常需要具备创新、敏捷和开放的特质，以应对快速变化的市场环境。然而，在传统行业中，管理者可能更习惯于稳定和传统的经营方式，所以在引入OKR时，他们需要加强适应新方法的能力，培养更具变革性的领导力，以便推动团队在不断变化的环境中实现OKR目标。

2.制度与文化氛围的匹配

另一个挑战涉及制度与文化氛围的匹配。OKR在高科技和互联网行业广泛应用，这些行业通常更具有开放、平等和创新的文化。然而，传统行业可能存在较为保守的管理方式和传统的层级结构。要成功引入OKR，组织需要重新审视现有制度并调整现有制度，以适应创新管理的需要。同时，也需要倡导开放、透明、鼓励创新的文化，以便员工更好地适应OKR的理念和实践。

3.员工队伍的人才密度保持

员工队伍的人才密度保持也是OKR行业泛化的挑战之一。高科技和互联网行业通常拥有更多具备创新思维和技术能力的人才。然而，在传统行业中，可能缺乏这样的人才资源。在引入OKR时，组织需要投入更多的培训和人才发展项目，以提升员工的相关能力和素质，使他们能够更好地理解、应用和推动OKR的实施。这需要长期的投入和坚定的决心，才能逐步提升员工队伍的人才密度，实现OKR的成功传播与应用。

　　基于以上挑战，传统行业企业实施OKR，不能一蹴而就。需要找到合适的部门先试点，然后再逐步推广。传统行业与高科技互联网行业在文化、管理方式和员工素质等方面存在差异，因此，直接在整个组织范围内推广OKR可能会遇到各种挑战。为了降低风险并确保成功，许多传统行业企业选择采取试点推广的方式。它们会选择一些较为开放、容易适应变革的部门作为推广试点，通过在这些部门的实践中积累经验，找出适合传统行业特点的OKR实施模式。在试点的过程中，组织可以充分了解OKR在传统行业中的适应性和效果。这不仅有助于发现问题和调整策略，也可以在试点成功后将其作为成功案例，为在其他部门推广OKR做好铺垫。此外，试点部门的成功经验还可以被其他部门借鉴，从而减少推广过程中的阻力和困难。通过逐步扩大范围，逐步将OKR的理念和实践融入整个组织文化中。这需要领导层的坚定支持和持续投入，需要有经验的OKR教练，个性化地设计实施方案，并帮助实施落地。

Objectives and Key Results

02

第二章　知名企业 OKR 实战

　　本章介绍字节跳动、英特尔两家知名企业的OKR实践案例。字节跳动在2013年引入OKR。OKR在字节跳动内部定位为目标管理工具，对上承接战略，对下指导具体任务与项目的执行。字节跳动OKR的实施，按照目标制定、目标对齐、目标跟进、结果复盘形成目标管理的闭环。OKR用作目标管理，与绩效管理耦合。而目标管理结果不与绩效奖金直接挂钩。2016年以后，字节跳动开发了自己的OKR管理工具，即飞书OKR。自此以后，字节跳动全公司的OKR都承载在了飞书OKR上面。飞书OKR这个产品，体现了字节跳动简洁、务实的管理理念，界面简洁，非常容易上手。2022年前字节跳动快速发展，全公司以双月为OKR制定周期，2023年后OKR周期调整为季度。OKR的使用，助推了字节跳动的敏捷目标管理、跨组织协同，创造了很多快速应对环境变化、完成创新挑战的案例。

　　英特尔采用的英特尔目标管理方法IMBO是OKR的前身。英特尔主要以季度为周期制定IMBO，IMBO的形式包括：自上而下（主要）、自下而上（少量）、横向对齐，并且在执行过程中基于内外部环境变化及时调整IMBO。IMBO的撰写遵循"FACES原则"，英特尔主要通过一对一沟通和团队例会两种形式对目标进行跟进，会议内容主要是协调资源、解决问题、同步重要事宜。每个周期末，所有人会先对自己这个周期的工作产出做一个自评，然后所有同一个层级的人在一起开复盘会，检查目标是否达成，并对每个目标的进展情况进行解释。英特尔坦诚沟通的文化氛围为IMBO的推广提供了合适的文化土壤。

第一节　字节跳动OKR实战

一、字节跳动OKR发展历程

字节跳动是一家独特的公司，不完全依赖传统的管理方法和工具。2013年公司创业到100人左右时，管理上面临一些挑战，有人推荐OKR给相关负责人。该负责人和团队研究后觉得靠谱，就在公司推广开来。2016年开发了飞书OKR工具，2019年飞书商业化，把OKR推广给了更多客户。（参见图2-1）

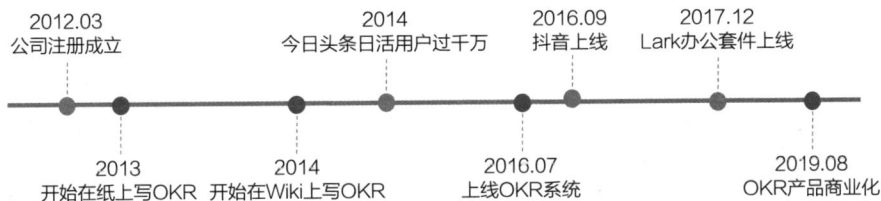

图2-1　字节跳动OKR历程

2013年，这家公司还叫今日头条，公司的OKR都是在白板上讨论，然后写到纸上。研发同事习惯在在线知识库维基（Wiki）上记录工作，2014年就转移到Wiki上面写OKR。通过OKR的使用，每个人都能表达出自己脑子里的想法，沟通起来信息更充分。在创业早期，对于聚焦目标、识别关键问题，OKR起到了很大作用。

无论是在纸上写，还是在Wiki上写，都遇到一个问题，OKR的可见度不高。如果不是特意查找，一般不容易看到别人的OKR。这时相关负责人就产生了一个想法，自己做一个OKR系统。但早期研发力量有限，这个想法没有付诸实践。

2013—2014年，公司通过多轮融资，进入快速发展阶段。2014年，今日头条日活跃用户超千万。2016年9月抖音上线，公司人数以每年三倍的速度不断增长。2016年春季，核心管理团队终于达成共识，即便人不够，也要抽调人手开发称手的OKR系统。于是成立了效率工程团队，开始开发内部管理工具，也就是飞书的雏形。

字节跳动的OKR，从一开始就体现了字节跳动探求本质、极简化的特质，OKR工具界面清新、功能简单，没有冗余，非常容易上手。随着OKR的内部上线，不断迭代，其获得了内部用户的认可。之后又开发了绩效、招聘等相关产品，非常有力地支持了字节跳动，使字节跳动实现了从2016年千人规模到2021年十万人规模的跨越式发展。

2017年12月，效率工程团队开发的Lark办公套件上线；2019年，和人力相关套件整合成为飞书；2019年8月，飞书OKR正式商业化。

2022年之前，字节跳动OKR周期都是双月。2022年，首先是TOB业务的飞书、巨量引擎OKR周期改为季度；2023年，全公司OKR实施周期改为季度。OKR实施周期的拉长也标志着字节跳动企业规模的成长，业务稳定性增加。

二、字节跳动OKR管理定位

字节跳动OKR的定位是公司的目标管理工具。字节跳动OKR的作用是承上启下，通过聚焦目标、促进协作、激发活力，从而提升组织效能。承上是指对上承接企业的使命、愿景、战略；启下是指OKR虽然不承担具体项目与任务管理功能，但对项目与任务管理有指引作用。（参见下页图2-2）

OKR 在字节：
作为管理工具，帮助组织聚焦目标、促进协作、激发活力

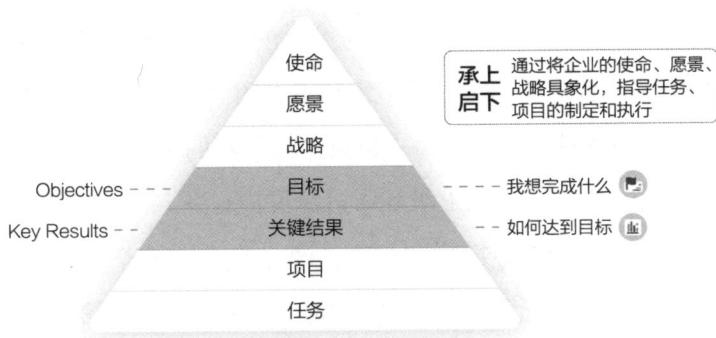

图2-2　字节跳动OKR定位

　　字节跳动某次活动中，负责人讲道，"我们从开始目标就很明确，就是用简单一致的方式帮助用户发现和分享感兴趣、有价值的信息。这张表有些粗糙，但总体很清楚，这就是我们对信息平台的想法。今日头条、抖音、TikTok等信息平台业务，都在这张表里覆盖了"。

　　字节跳动的愿景与战略，通过OKR承载。分解成年度OKR和双月OKR。虽然OKR的目标共创，有助于对战略目标的澄清和共识，但OKR在字节跳动不是战略管理工具。

　　字节跳动的OKR也不是项目管理和任务管理工具。字节跳动研发体系有自己的项目管理和任务管理工具，同时研发全员使用的OKR。OKR的核心价值是聚焦、协同和激发，这和项目与任务管理工具的指向不同。后者更倾向于具体的项目和任务环节，与OKR的核心价值不符。

　　字节跳动的OKR是公司统一的目标管理工具。通过OKR，实现公司和各个团队的目标共识，围绕目标的上下左右快速对齐，OKR和周会结合，在OKR上开周会，能有效地跟进目标落实情况。期末打分复盘，回顾目标执行结果，分析总结经验教训，带着新的认知进入下一个周期。

字节跳动的OKR覆盖除销售、审核一线员工外的全体员工。销售和审核的一线员工，有非常明确的量化的工作目标，有严谨的考评标准，可以暂时不设置OKR。但销售和审核团队所有管理者都要用OKR，以便和公司目标保持一致。每一位员工到了新的岗位，首先要做的事就是思考自己的OKR，并和上级及周边的员工对齐。

字节跳动的OKR透明度非常高，即对外严格保密、对内极度透明。每一位新员工，开通公司账号后，都可以看到其他人的OKR，包括高层管理者的。OKR的透明查看，促进了重要工作信息在组织内的流动。

三、字节跳动OKR应用流程

在字节跳动公司，OKR的应用流程通常包括目标制定、目标对齐、目标跟进和复盘总结四个步骤，如图2-3所示。

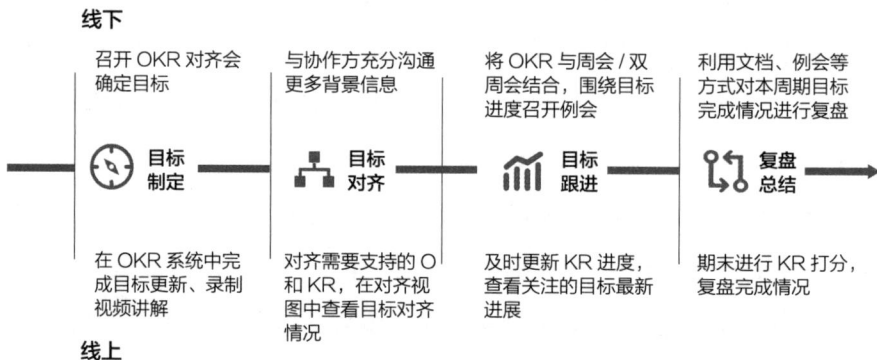

线下

| 召开OKR对齐会确定目标 | 与协作方充分沟通更多背景信息 | 将OKR与周会/双周会结合，围绕目标进度召开例会 | 利用文档、例会等方式对本周期目标完成情况进行复盘 |

🧭 **目标制定** ──── 🗂 **目标对齐** ──── 📈 **目标跟进** ──── 🔄 **复盘总结** ➡

| 在OKR系统中完成目标更新、录制视频讲解 | 对齐需要支持的O和KR，在对齐视图中查看目标对齐情况 | 及时更新KR进度，查看关注的目标最新进展 | 期末进行KR打分，复盘完成情况 |

线上

图2-3 字节跳动OKR应用流程

（一）目标制定

在目标制定阶段，团队中的个人与团队上一级一起召开OKR对齐会议，确定新的OKR周期目标。在会议上，参与者会共同讨论和制定具体的目标，确保目标具备可衡量性和可实现性。随后，团队将在OKR系统中更新这些目标，并录制视频讲解以便更好地理解和传达目标的意义和重要性。

（二）目标对齐

在目标对齐阶段，团队成员会与协作方进行充分的沟通，分享更多的背景信息，以便对目标有更深入的理解。他们会对需要支持的目标（Objectives）和关键结果（Key Results）进行对齐，并通过提醒（系统中显示@）对方的方式，在协作平台中进行标注。在对齐视图中，团队成员可以查看目标对齐的情况，确保整个团队对于目标的理解一致。

（三）目标跟进

目标跟进阶段是周期性的过程，通常结合周会或双周会进行。团队会根据设定的关键结果，定期召开例会，关注目标的进展情况。这些会议提供了一个平台，使团队成员可以及时更新关键结果的进度，共享关注目标的最新进展情况。通过周会或双周会，团队成员可以互相协调，解决问题，并确保目标的顺利推进。周会，通常采用"飞阅会"的方式，会议之前准备好包含了团队负责人OKR，以及本周关键进展的文档，开会后全体默读文档、做出评论，然后逐条对评论展开讨论，记录下会议结论、下一步工作安排，整个会议结束。这种叫作"飞阅会"的开会方式，大大提高了开会效率，也可以做到线上、线下同步。

（四）复盘总结

在周期结束时，团队会进行复盘总结，自评打分，以评估目标的完成情况。一般通过文档、例会或其他方式来进行。团队成员会回顾过去周期的目标，分析目标达成的情况，挖掘成功经验和教训，并为下一个周期的目标制定提供反馈和建议。同时，团队成员也会对自己的关键结果进行评分，评估其实际达成情况，作为自我管理的工具。

以上就是字节跳动公司OKR实施的四个步骤。通过明确的目标制定、目标对齐、目标跟进和复盘总结，完成目标管理的闭环，OKR将目标具体化，并实现团队和个人在整体目标框架下的协作与努力。这个流程的关键在于持续的沟通、透明度和追踪，以确保目标的实际达成和团队的学习与成长。

四、字节跳动OKR实战工具

2016年以后，字节跳动开发了自己的OKR管理工具。自此以后，字节跳动全公司的OKR都承载在了飞书OKR上面。飞书OKR这个产品，体现了字节跳动简洁、务实的管理理念，界面简洁、容易上手，如图2-4所示。

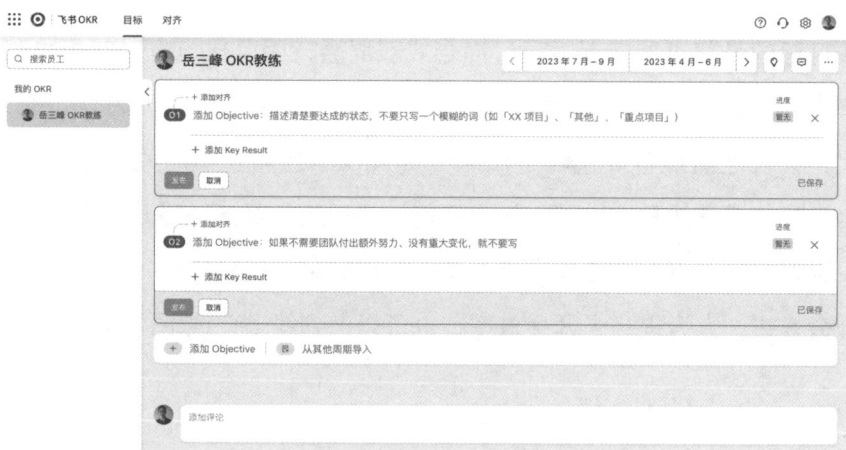

图2-4　飞书OKR界面

制定OKR：飞书OKR提供智能填写助手，帮助用户聚焦重点并对齐目标。用户可以借助这个功能轻松设定关键结果和目标，并通过公开透明的线上看板，与团队共享和保持个人与组织目标的一致性。这样，团队成员可以清晰地了解每个人的目标，并在整个组织中形成协同的努力。提醒（@）功能非常强大，可以直接连接每一位公司员工。通过互相@实现以事为主导，跨组织、跨部门的网状协同。被@的对象，马上就能收到提醒消息，可以及时进行处理。因为飞书OKR与飞书的底层消息功能打通，可以实现跨系统间的直接沟通。后期产品又做了迭代，被@的对象，如果认同并接受了对方的目标（O）或关键结果（KR）的关联，标识就会被点亮；如果不接受对方的目标（O）或关键结果（KR）的关联，就一直暗着。这一功能展示了不同的对齐状态。

2021年字节跳动在内部使用时，OKR的页面还有个有趣的功能，就是可以插入一个小视频，在3—5分钟的视频中，OKR的主人可以详细介绍自己设置这个OKR的背景信息、自己的思考和关注重点。通过视频承载更多的背景信息，对OKR的文字信息做了补充。（参见图2-5）

图2-5　飞书OKR示例

对齐视图：当一个公司各个层级、各个部门都完成了OKR，同时也互相@，就会形成一张对齐视图。在视图里，可以看到每一个目标（O）是如何承接他人的目标，以及如何被其他人承接的。也能看到各个目标（O）及关键结果（KR）的进展，对目标对齐的情况、进展的风险点，做到一目了然。（参见图2-6）

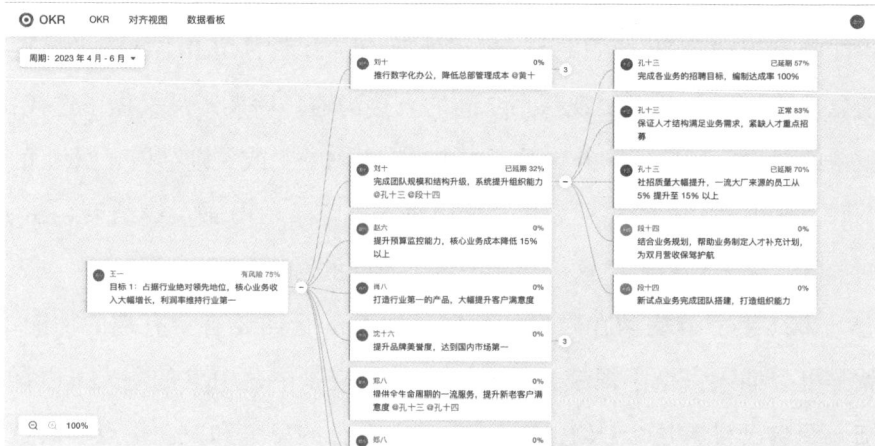

图2-6　飞书OKR对齐视图

过程跟踪：飞书OKR用户可以轻松追踪目标的进展情况，及时了解团队成员的工作状态，并进行实时的反馈和协作。在字节跳动，主流的方式是在OKR上开周会。产品功能上也打通了飞书文档和飞书OKR。可以一键将自己的OKR导入到文档上，基于这个文档，制作一份周报模板，在上面填写最新进展。通常部门负责人的OKR，就是部门周报模板的第一项内容，部门成员在负责人的OKR上，汇总本周最新进展、遇到的问题与挑战。然后用这份文档开部门的周会。一般会议形式是"飞阅会"，会议之前必须准备好文档，开会后全体默读文档、做出评论，然后逐条对评论展开讨论，记录下会议结论、下一步工作安排，整个会议结束。这种开会方式，大大提高了开会效率。在飞书上也可以做到线上、线下同步。

打分复盘：飞书OKR有评分的功能，在每个周期末都会提醒用户，打分评估。值得注意的是，在字节跳动内部，评分是自我管理的工具，评分的结果，不会纳入上级管理，不会纳入绩效评估的流程，不会影响绩效。飞书OKR鼓励用户及时总结并不断提升。通过可视化的数据看板和飞书同步提醒，用户可以实时了解OKR的互动信息，并通过智能分析洞察目标执行中出现的问题。每个OKR周期末，会提醒进入总结复盘步骤。总结复盘文档，也沉淀在OKR系统里。这样，用户可以对OKR的执行进行及时复盘，识别执行中的挑战和机会，不断提高认知，进一步优化目标的执行策略，持续提升团队的绩效表现。

可视化数据看板：飞书OKR提供可视化的数据看板，让用户能够清晰地了解企业OKR的执行情况。通过直观的图表和指标，用户可以一目了然地查看目标的达成情况，并对目标执行过程中的绩效进行深入分析。这种可视化的数据看板帮助用户发现潜在问题，识别成功模式，并及时做出调整和改进，以提高整体绩效。

飞书OKR通过提供智能填写助手、实时跟进和沟通、可视化数据看板、跨部门协作以及复盘OKR的功能特点，帮助用户在目标管理过程中实现聚焦、对齐、透明和持续改进。这些功能为用户提供了便捷、高效、可视化的工具和平台，以提升团队的协作效能和整体绩效。

五、字节跳动OKR实战案例分享

（一）把推广OKR作为自己OKR的故事

字节跳动在2013年开始尝试使用OKR，最早是写在Wiki上。日常工作中，字节跳动员工会把很多经验和想法写在一个在线知识库里，称为 Wiki。作为一款知识库工具，Wiki 操作简便，界面清爽。于是，字节跳动的第一个 OKR，便在 Wiki 上诞生了。

在使用过程中，组织发觉，用 Wiki 落地 OKR 有诸多不便。随着组织的人数越来越多，对齐操作变得越来越烦琐。当时的 OKR 是放在 Wiki 的某个页面，大家查找起来不方便。因为查找不方便，大家在日常工作中就想不起来用 OKR。此时，字节跳动意识到，OKR 落地需要专业的工具。于是，公司管理层开始搜索全球范围内先进的 OKR 系统，但试用了一圈下来，发现效果并不理想。2016年，字节跳动开始自研 OKR 系统。这就有了后来的飞书 OKR。

有了自己的 OKR 系统，才能实现 OKR 的制定和对齐，OKR 在全公司才能实现真正的透明。字节跳动负责人发现 OKR 落地执行的效果并不理想。为了让全公司的 OKR 更好地落地，字节跳动负责人甚至在 2016年，把"在公司内推广 OKR"写进了自己的 OKR。

字节跳动负责人率先垂范，在每双月的 CEO 面对面活动中、部门业务沟通会上公开自己的 OKR 进度，并给自己的 OKR 逐项打分，没做好的地方就直接讲出来。这起到了很好的示范作用。

后来，字节跳动还专门成立了 OKR 提高组，招募了多位有咨询背景的组员，负责在公司内部提升 OKR 的使用水平。OKR 提高组负责制定培训课程，面向全体员工讲解什么是 OKR，如何用好 OKR，OKR 课程也成了新员工必修课。OKR 提高组负责对公司各部门提供 OKR 咨询服务。OKR 提高组负责制定 OKR 的运营指标并监控，如填写率、对齐率、打分率等，在公司的双月会上通晒指标与排名。OKR 提高组还负责用轻松活泼的方式，在全公司范围内推广 OKR，如制作各种标语、漫画，甚至还为此制作了一个类似"荒岛求生"的小游戏。为了让

OKR 融入大家的工作和生活，OKR 提高组甚至还在公司内部举行了"Yes! OKR 挑战赛"，鼓励员工用 OKR 的思维模式来实现各种个人生活的小目标。

（二）27天上线春晚20亿元抖音红包的故事

2021年，抖音接棒央视春晚发红包活动，用了短短27天时间，成功上线了央视春晚抖音红包。

2021年的除夕夜是在2月11日。1月15日，央视春晚红包项目组找到抖音寻求合作，进行补位。以往互联网公司准备春晚红包相关活动都需要4到5个月，而抖音只有 27 天。如何确保除夕夜，把 20 亿元红包成功发出？这对字节跳动的技术实力、组织敏捷性都是非常大的考验。

这个项目有非常高的技术门槛，需要搭建一套能承载和应对最高流量峰值的系统。需要多部门协同，如数据、基础架构等20多个部门的员工参与。时间周期非常短，设计、开发、测试、发版所有环节要求两周内完成。

项目启动后，抖音迅速集结了4个城市，超过1000名的研发人员。他们中的很多人素不相识，手上忙着各种各样的项目，但此时，大家的飞书OKR 里都多了一条目标（O）：保证春晚红包项目成功。通过OKR系统，对齐协同方，形成新的团队目标网络。

飞书会议室线上线下，联动所有参加的部门召开启动会。一篇项目启动文档承载全部项目信息，高峰时，千人涌入，同步阅读讨论，了解背景与团队分工。拆解了任务明确到人的春晚项目工作说明书（SOW），通过文档下发任务，@ 专人认领并及时触达。一张大表把握项目进度，每一列就是一天，代表时间的进展；每一行就是一个部门，都有对口人被 @。多人协同的同一文档和项目进度表，极大地提高了信息传递的效率，提高了协同效率。

基于文档间引用关系形成无序的知识图谱，团队间根据图谱快速找到上下文。二十几个部门的接口人，每天早上对着文档，开一个飞书会。每人 1 分钟，讲讲重大进展。会议总共不超过 30 分钟。

除夕当晚，项目工作组迅速对表，立刻对服务器负载做出调整。一切平稳，春晚的流量洪峰，没有冲垮服务器。春晚舞台，除夕的钟声响起，20 亿元红包成功发放，系统经受住了流量的洪峰。1000 多名研发员工，在群里互相点赞。

27 天上线春晚红包，验证了字节跳动的技术实力，也验证了字节跳动的组织敏捷性。回顾一下案例，我们发现，字节跳动 OKR 的实践，在关键突发项目的挑战中得到了考验。通过长期的 OKR 实践，大家都习惯了迅速对齐目标，把力量调整到最重要、最有价值的工作目标上去。同步制定是支撑目标达成的关键举措。组织通过 OKR 系统，通过飞书文档、表格迅速对齐目标来保证信息高效沟通、行动自发协同。

第二节　英特尔 OKR 实战

IMBO 是英特尔公司采用的目标管理方法。IMBO 是 OKR 的前身。英特尔公司在 20 世纪七八十年代，从内存提供商转型为微处理器提供商，面临激烈的竞争。IMBO 是在这种环境下，管理团队在实践中探索出的一种目标管理方法。这套称为 IMBO 的管理方法，深受德鲁克 1954 年在《管理的实践》一书中提出的目标管理 MBO 思想的影响。为了推动转型成功，英特尔团队聚焦高优先级目标，上下同欲，在一场和摩托罗拉的关键产品竞争中获胜，奠定了英特尔在市场中的地位。IMBO 也成了公司内部统一的管理工具。

一、"粉碎行动"的案例

1978年，英特尔公司开发出第一款高性能的16位微处理器8086（以下简称8086），迎合了市场的庞大需求。但市场竞争激烈，其他公司跟进很快，摩托罗拉推出68000，Zilog公司推出Z8000。这些竞品，速度更快，更容易编程，深受客户喜欢。英特尔公司的8086面临严峻挑战。8086具有广泛的连锁效应，后面的连锁销售价值更高，可以为英特尔带来数倍于微处理器本身的商业价值。但如果该产品在竞争中出局，英特尔后续的一系列服务都将失去价值。关键时刻，安迪·格鲁夫亲自坐镇，开展专项的"粉碎行动"，用IMBO这一工具管理整个项目。

1979年12月，"粉碎行动"正式开始，1个月后，参加"粉碎行动"的小组成员就被派往全球各地办事处，传递公司"粉碎行动"目标，并将目标转化为可实施的具体举措。

1980年第二季度，英特尔公司更聚焦于这一新的战略，建立了公司级的IMBO目标体系，并分解到了各个部门。（参见表2-1、表2-2）

表2-1　公司目标

英特尔公司的目标
使8086成为性能最好的16位微处理器系列，衡量方法如下。
关键结果（1980年第二季度）
1.开发并发布5个基准，显示8086系列的性能（应用开发部） 2.重新包装整个8086系列产品（市场营销部） 3.将8MHz部件投入生产（工程部、制造部） 4.最迟6月15日，对数学协处理器进行采样（工程部）

表2-2　工程部目标

工程部门目标（1980年第二季度）
5月30日前向某公司交付500个8MHz 8086部件
关键结果（1980年第二季度）
1.4月5日前完成成像照片
2.4月9日前向芯片制造厂交付2.3版本
3.5月15日前完成磁带测试
4.最迟5月1日，芯片制造厂开始制作产品样品

第三季度，公司所有相关人员朝着"赢得2000个设计合约"这一目标迈进。各个部门协同，争取客户同意把8086配置在他们的电器和设备上。1980年年底，英特尔公司宣布击败了摩托罗拉，赢得了"粉碎行动"的胜利。

1986年，8086占领了16位微处理器市场85%的份额。英特尔公司后续又推出了价格更为低廉的8088一系列产品，奠定了微处理器行业的领导者地位。

在"粉碎行动"中，IMBO让英特尔全球的员工清晰、精准地了解公司优先级最高的目标。同时也让每一位员工参与到行动计划的制订之中。IMBO还将不同的团队快速集合成一个协同作战团体，快速响应。IMBO落实了管理团队的管理意图，统一了组织目标，促进了跨组织协同。

二、英特尔的IMBO实践

1.目标制定

英特尔主要以季度为周期制定IMBO，IMBO的形式包括：自上而下（主要）+自下而上（少量）+横向对齐，并且在执行过程中基于内外部环境变化及时调整IMBO。

一般来说，周期初，经理人会通过一对一的形式告知员工公司的目标及部门的目标，要求员工围绕公司战略、部门重点制定个人IMBO，包含要达成的结果和实现结果的路径。这样的目标更多是自上而下的层层分解，由个人IMBO承接部门IMBO。

同时，英特尔也鼓励员工可以有更多自下而上的目标输入，员工制定完个人目标、实现路径后，将其提交给经理人审批，经理人确定没有问题后，就会调动相关资源支持。这个过程中，可能需要经理人和团队所有成员对IMBO进行探讨并达成一致，也可能会出现员工的IMBO自下而上影响经理人的IMBO的情况。

以下为IMBO撰写的"FACES原则"。

- Focus（聚焦）：设定IMBO的时候，业务洞察是最基本、最重要的能力，需要当事人对自己的业务有深刻的理解，深刻理解上下游需求，从而聚焦到最需要重点关注的事项上。

- Aligned（对齐）：对齐包括纵向对齐、横向对齐，为了有效地横向对齐，新员工入职后会参加"利益相关者"的培训，学会如何厘清各部门、团队间的关系。

- Creative（创新）：英特尔需要创新的组织氛围，因此也非常鼓励员工进行创新，设定创新型目标。

- Energizing（激发性）："挑战性目标"能够将组织推向新的高度，"如果每个人都把目标定得比自己轻而易举就能完成的目标高一些，那么结果往往会更好。如果你想要自己和下属都有最佳表现，那么这样的目标制定方式是非常重要的"。

- Systematic（系统性）：需要员工熟悉具体业务流程和技术，理解系统内部结构，这样才能保证IMBO的连续性和一致性。

2.过程跟进

英特尔主要通过一对一沟通和团队例会对目标进行跟进，会议内容主要是协调资源、解决问题、同步重要事宜。英特尔对于管理者与员工沟通有非常严格的要求，每位经理人每两周必须与团队成员进行一次一对一沟通，并鼓励管理者与团队成员跨层级进行一对一沟通。沟通内容并非员工单纯汇报，而是过 IMBO 的内容和目标，通过探究核心事实、引导关键选择、确认部属优势、建议努力目标帮助员工成长。

公司还从机制上进行保障，直线团队成员数量达到 9 人或以上的管理者每季度将会被团队成员匿名评估，重点考察其是否关注团队成员发展、是否定期沟通及制订个性化发展计划等方向，匿名评估结果将会影响所有管理者后续的升迁与晋升。

同时，团队层面也会每两周召开一次例会，就最近半个月发生的重要事情进行同步，同时经理人会从公司和整个大环境层面进行讲解，而团队成员会对自己的业务进行说明，看是否需要相互支持。

3. 总结复盘

每个周期末，所有人都会先对自己这个周期的工作产出做一个自评，然后所有同一个层级的人在一起开复盘会，每个人一条条讲自己的目标是否达成，并且对每个目标的进展情况进行解释。

IMBO 能够在英特尔快速推广，和英特尔的文化氛围息息相关。英特尔负责人非常强调"坦诚沟通（open communication）"和"强烈的忠诚（fierce loyalty）"，这种坦诚沟通的文化氛围为 IMBO 的推广提供了合适的文化土壤。

英特尔推广 IMBO 也不是一蹴而就的。其负责人曾分享过，英特尔在采用 IMBO 之后"犯了很多错误"，他说："我们并没有完全理解 OKR 的主要目的，但随着时间的推移，我们将它运用得越来越好。"实践证明，一个组织可能需要四到五个季度才能完全适应这个管理方式，而构建成熟的目标往往需要更长的时间。

Objectives and Key Results

03

第三章　OKR 与企业教练

企业教练源自体育教练，目前在领导力发展、个人成长、情绪管理、素质培养、职业规划、人际关系等领域有着广泛的应用。教练作为一个长期伙伴，旨在帮助客户最大限度地激发个人天赋和职业潜能，实现个人价值，成为生活和事业上的赢家。OKR 与教练相结合，因为二者有内在一致性，二者都是结果导向的，都是相信并激发人的内在动机，都是相信并激发人的潜力。教练能够促进 OKR 更好地执行。

OKR 教练辅导是一种专业指导，旨在帮助组织和个人学习、理解和应用 OKR，以提高绩效和实现目标。OKR 教练辅导涵盖了 OKR 的思维和理念、公司战略解码、OKR 实施全流程以及管理团队领导力提升等内容。

OKR 教练是在 OKR 实施领域教练、顾问、导师等技能的综合应用。OKR 教练辅导的形式，包含了培训赋能、团队教练、高管教练，以及顾问和导师等。

第一节　企业教练的起源与应用

企业教练源自体育教练，目前在领导力发展、个人成长、情绪管理、素质培养、职业规划、人际关系等领域有着广泛的应用。国际教练联盟（ICF）是全球最大的教练组织，ICF 定义教练为："教练作为一个长期伙伴，旨在帮助客户最大限度地激发个人天赋和职业潜能，实现个人价值，成为生活和事业上的赢家。"教练职业与管理顾问、导师和心理咨询不同，教练更相信客户是全面完整本自具足、资源丰富、富有创造性的。高管教练和团队教练是常见的企业教练形式。

一、企业教练的发展

教练起源于体育界，而企业教练则起源于40多年前。在近20年的发展过程中逐步融合心理学、社会学、哲学和最前沿的脑神经科学，已逐渐成为一个新的职业。

1975年，网球教练添·高威，宣称自己找到了一个叫作"内心游戏"（The Inner Game）的方法，可以让任何人在20分钟内学会打网球。1975年通过电视台的现场直播，引发热议。1977年，知名通信商的CEO找到添·高威，请他在企业内讲授他的教练方法，企业教练就此诞生。

约翰·惠特默凭借在商业领域的直觉，成功将已经建立的体育教练方法融入商业环境之中。他花了很长时间总结了职场及运动场上的案例，并在《高绩效教练》一书中率先定义了企业教练，提出了GROW模型，即以目标（Goal）、现状（Reality）、选择（Option）和行动（What/When/Who/Will）为逻辑的教练模型。

1982年，会计师出身的托马斯·罗纳德开始拓展职业的企业教练事业，1995年他推动成立国际教练联盟（ICF），建立了职业化的培养、认证体系，有效推动了职业教练的发展。

二、教练的哲学与边界

教练的哲学：教练相信人是具有自主性（Wholistic）、资源丰富（Resourceful）、富有创造性（Creative）的。教练职业在发展中，吸收了积极心理学的很多研究成果。积极心理学是马丁·塞利格曼和同事们开创的一个最新的心理学流派。与以往的心理学将注意力放在病态上不同，积极心理学更关注人的优势发挥、幸福感的创造，相信人都可以成为更好的自己。

基于教练的哲学，教练区别于顾问、导师、心理咨询几个职业。咨询顾问主要为组织发展提供定性分析、制定发展路线，会直接给出解决方案；导师主要是为缺乏经验的人传授知识、提供指导，起到榜样示范的作用。教练基本不提供具体建议和答案，教练会通过强有力的发问，引发被教练者自己的觉察，从而有效地提升其解决工作问题的能力。心理咨询一般视客户为"病人"，需要处理心理伤痛，介入疗愈。教练视客户为全面完整、资源丰富、有创造力的人，需要激发，教练更关注客户未来的成长，但不会介入疗愈。教练对话中由客户选择话题，而教练倾听并提供观察结果和提问，帮助客户更好地思考，从而激发他自身寻求解决方案和采取行动。

三、教练的核心能力

2019 年 11 月 ICF 发布了第二版教练核心能力，共 8 项。

1. 展现道德规范（Demonstrates Ethical Practice）：理解并持续应用教练道德准则和教练标准。

2. 体现教练心态（Embodies a Coaching Mindset）：培养并保持开放、好奇、灵活和以客户为中心的教练心态。

3. 建立和维护合约（Establishes and Maintains Agreements）：与客户和利益相关方合作，就教练关系、流程、计划和目标等方面达成明确的合约。为整个教练工作以及每次教练约谈建立合约。

4. 建立信任和安全感（Cultivates Trust and Safety）：与客户合作创造安全的、支持的环境，允许客户自由分享。保持相互尊重和信任的关系。

5.保持同在感（Maintains Presence）：全然地、有意识地与客户在一起，展现一种开放、灵活、脚踏实地和自信的风格。

6.积极聆听（Listens Actively）：专注于客户表达的和未表达的部分，以充分理解客户在其系统语境中正在进行的表达，并支持客户的自我表达。

7.唤起觉察（Evokes Awareness）：通过使用强有力发问、沉默、隐喻或类比等工具和技巧，引发客户的洞察和学习。

8.促进客户成长（Facilitates Client Growth）：与客户合作将学习和洞见转化为行动。在教练过程中提升客户的自主性。

四、教练的职业进阶

ICF的教练职业等级，划分为ACC、PCC和MCC三级。

五、教练在企业应用的场景

进入VUCA［Volatility（易变性）、Uncertainty（不确定性）、Complexity（复杂性）、Ambiguity（模糊性）］时代，环境中充满了变化和不确定性。个人和企业都面临更大的挑战，需要更有效地激发个人及团队。在这样的背景下，越来越多的个人和企业开始了解和运用教练。教练已成为当今企业提高生产力的最新、最有效的管理方法之一。

企业中应用教练的场景，分为高管教练应用场景与团队教练应用场景两大类。

（一）高管教练应用场景

高管教练一般在以下几个应用场景中发挥重要作用。

1.新晋升高管辅导

当企业高管刚刚晋升时，他们需要适应新的角色和责任。高管教练可以帮助他们进行角色转换，理解新的职责和期望，并提供指导和支持，以便顺利过渡到新的职位。此外，高管教练还可以帮助他们提升个人领导力，发展必要的能力，以在新职位上取得成功。

2.空降高管融入

当组织中的高管空降到新的团队或部门时，他们可能面临沟通和融入的挑战。高管教练可以帮助他们了解团队成员的认知和期望，并提供指导，以便其更好地融入团队并建立良好的关系。高管教练还可以帮助他们表达关怀和倾听团队成员的需求，以建立信任和有效的沟通渠道。

3.高潜领导者发展

对于那些被认为具有潜力的领导者，高管教练可以提供特定的支持和指导，以帮助他们突破发展中的瓶颈。高管教练可以与高潜领导者一起识别和解决关键问题，并制订个性化的自我提升计划。通过与高潜领导者的合作，高管教练可以帮助他们发挥潜力，提升领导能力，并为未来的晋升和职业发展做好准备。

在高管教练中，常见的形式是一对一约谈，高管教练过程中，会用到多种工具方法，如性格特质 MBTI（迈尔斯—布里格斯类型指标）测评、领导力风格测评、潜意识投射卡（OH 卡，也称欧卡）等，如下页图3-1 所示。高管教练一般采用长期教练的方式，通常至少一年时间，甚至更久。在教练过程中，除了用到教练技能，也会根据客户需求，用到咨询顾问、导师的技能。

应用场景	工具方法	

新晋升高管辅导
·角色转换
·自我提升
空降高管融入
·认知团队
·融入关怀
高潜领导者发展
·卡点突破
·自我提升计划

MBTI测评
·认知自己
·认知彼此

领导力风格测评
·认知自己
·团队平衡

OH卡
·自我投射
·深度连接

一对一教练约谈
·聚焦话题
·深度陪伴

图3-1　高管教练应用场景

（二）团队教练应用场景

高管教练的被教练者是高管个人，团队教练的被教练者是一个团队。经典的团队教练模型是彼得·霍金斯教授提出的5C高绩效团队模型。（参见下页图3-2）彼得·霍金斯被誉为全球团队教练的开创者。在5C高绩效团队模型中，彼得·霍金斯提出，高绩效团队需要做到：

1. 明确团队必须交付的清晰成果；

2. 为了交付成果，团队需要有什么样的使命目标战略；

3. 为了达成目标，团队要有怎样的文化和行事方式；

4. 联结团队利益相关者，构建更大的生态系统；

5. 在整个过程中，团队不断集体学习反思进化。

团队教练是一个过程，在这个过程中，教练和整个团队一起工作，帮助整个团队成长为高绩效团队。从"由外向内看"和"由未来向现在看"两个维度，深入转变团队动力和思维模式，从问题模式进入创造模式，培养具备自我迭代成长能力的变革型团队，实现持久而积极的变化。

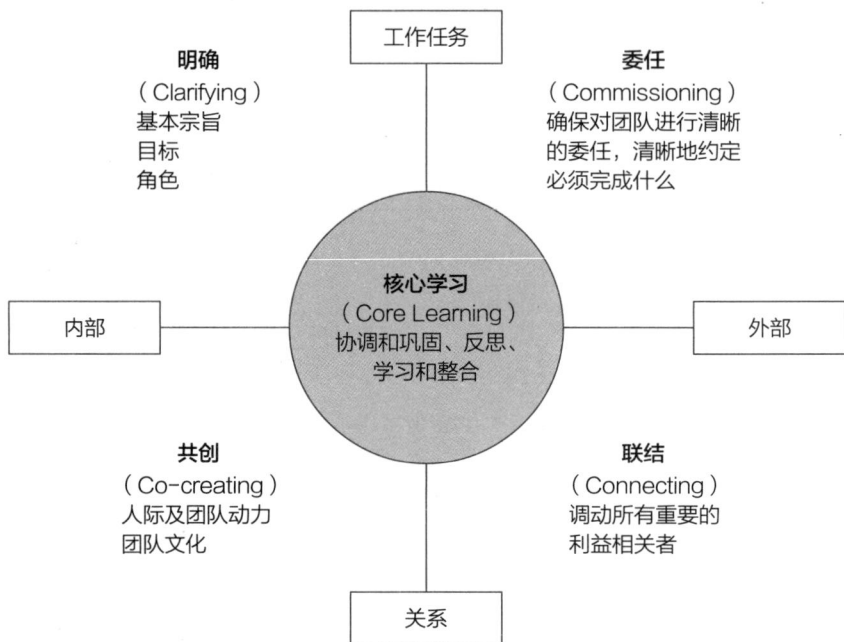

明确
（Clarifying）
基本宗旨
目标
角色

工作任务

委任
（Commissioning）
确保对团队进行清晰
的委任，清晰地约定
必须完成什么

内部

核心学习
（Core Learning）
协调和巩固、反思、
学习和整合

外部

共创
（Co-creating）
人际及团队动力
团队文化

联结
（Connecting）
调动所有重要的
利益相关者

关系

图3-2　5C高绩效团队模型

团队教练一般应用在如下场景：团队目标共创、团队融合、跨团队协作、团队共创、团队绩效提升、团队复盘等。（参见下页图3-3）

团队目标共创是一个关键的应用场景，特别是当团队面临新的任务、项目或者需要突破卡点时。团队教练可以帮助团队明确目标，建立共同的愿景，并激发团队成员的创造力和合作精神。通过组织团队研讨会、思维导图和创新工具的运用，团队教练能够促进团队成员的参与和贡献，鼓励他们提出新的想法和解决方案。同时，团队教练还能帮助团队识别和解决卡点问题，通过团队合作和协作的方式实现目标的共创。

应用场景	工具方法	
团队目标共创 · 团队承接了新的任务、项目 · 团队工作中遇到卡点需要突破 团队融合 · 团队新换了领导者 · 团队有新人加入 · 团队合并、拆分 团队复盘 · 团队月度、季度工作复盘 · 团队项目工作复盘	MBTI测评 · 认知自己 · 认知彼此	领导力风格测评 · 认知自己 · 团队平衡
	OH卡 · 自我投射 · 深度连接	一对一教练约谈 · 聚焦话题 · 深度陪伴
	商业画布 · 总结展望、系统思考 · 团队蜕变、调动创意	沙盘 · 通过沙盘展示内心世界及潜意识，加强深度连接

图3-3　团队教练应用场景

团队融合也是团队教练的重要应用场景之一。当团队出现新的领导者，新成员加入，或者团队面临合并、拆分等情况时，团队的协作和合作可能会受到影响。团队教练可以帮助新领导者快速适应团队环境，了解团队成员的能力和特点，并建立有效的沟通和关系。对于新成员的融入，团队教练可以提供导引和支持，帮助他们快速融入团队，并了解团队的文化和工作方式。对于团队合并和拆分，团队教练可以协助团队成员处理变化带来的挑战，促进不同团队之间的协作，打造新的高效团队。

团队复盘是团队教练在团队绩效提升方面的关键应用场景之一。团队复盘是指团队定期回顾和评估过去的工作，总结经验教训，并提出改进措施。团队教练可以帮助团队召开有效的复盘会议，引导团队成员回顾工作过程中的成功和挑战，识别团队内部的问题和改进机会。团队教练可以促进团队成员之间的开放性讨论和反思，激发团队的学习和成长。在复盘过程中，团队教练还能协助团队建立行动计划，确保团队的改进措施能够落地和实施。

此外，在团队冲突解决方面，团队教练可以引导团队成员进行有效的沟通和合作，解决冲突并建立和谐的工作关系。在跨部门协作方面，团队教练可以促进不同团队之间的沟通和协调，确保跨部门项目的顺利进行。在团队文化塑造方面，团队教练可以协助团队营造积极向上的工作氛围，建立团队价值观和共同行为准则。

第二节　OKR与教练的结合

关于OKR与教练的结合，我做了长时间的思考。我从字节跳动离职，创立了咨询教练工作室后，第一时间就把自己的微信、视频号、抖音都改名为"岳三峰OKR教练"了。

我和OKR与教练的结缘都在2014年。那一年也是我职业转换的一年，从工作了13年的咨询行业跳槽到了互联网行业，接触到了很多新东西，其中一个是教练，另一个就是OKR。我在腾讯的融入导师，就是无线业务集团的HR负责人，她也是一位学习认证中的教练。记得我第一次被教练，就发生在和导师的谈话中，本来我是想找她吐槽一下融入过程中遇到的困难，而她在征求了我的意见后，和我开展了一场教练对话。人生第一场正式的教练体验让我印象深刻。谈话没有顺着我要吐槽的方向深入，而是不知不觉，就引发了我的自我反思：在融入的工作中，我应该负哪些责任，可以多做些什么。教练对话结束后，我自己坐在椅子上品味了好一会儿，觉得这场对话有点与众不同。在2014年同一时间，也接触到了OKR，我作为组织变革专家，同一个团队负责绩效的小伙伴开始尝试研究并使用OKR。

2017年我到VIPKID负责组织发展。有一段时间曾经想推动公司使用OKR，但和绩效薪酬负责人没有达成一致，不了了之。这件事也让我意识到OKR是一个公司的重大变革，需要更高层级的推动才有可能成功。2020年我在新氧负责OKR执行，同时也推动教练文化的发展，积累了很多实践经验。在字节跳动人力与管理研究院工作期间，我为自己定的OKR就是推动教练文化在字节跳动落地，同时也辅导字节跳动公司OKR提高组组员的基本教练技能。后来转岗到飞书团队，做解决方案专家，更深度地研究了OKR背后的理论基础，也尝试了教练技术与OKR落地实践的结合。成立工作室后，为多家客户提供深度的OKR教练服务，积累了大量的实战案例。

一、WHY：为什么OKR要和教练结合

OKR与教练结合，因为二者有内在一致性，教练能够促进OKR更好地执行与实现。

（一）OKR与教练有内在一致性

OKR与教练本质上是一致的、相通的。二者都是结果导向的，都是相信并激发人的内在动机和潜力。

1.结果导向

OKR和教练都是以结果为导向的方法。OKR通过设定具体、可衡量的关键结果，帮助组织和员工明确方向并追求卓越的目标。结果导向是OKR这一管理工具的立身之本。

教练也同样是结果导向的。教练对话的有效，基础就在于教练和客户确立清晰的教练合约，即通过这场教练对话，确定客户想要达成的结果。一旦确立了教练合约后，教练对话就围绕教练合约的达成而展开，通过教练的发问、反馈，创造客户的觉察能力，开发客户自身潜能、去

除干扰，最终促进客户的学习和成长。这一共同点，导致了 OKR 和教练有天然的合作属性。

OKR 和教练既可以用在组织层面，也可以用在个人层面。在企业中，OKR 可以把组织目标传递到个人，教练可以做团队教练帮助团队，也可以做高管教练帮助高管个人，两者结合可以将目标设定和个人成长紧密结合，确保员工的个人目标与组织目标相互促进。

2. 相信内在动机

OKR 与教练都相信内在动机。内在动机是指个人内心的驱动力和兴趣，使其从内部获得满足和成就感。这种动机源于个人对任务的兴趣，对自我价值感、成长和发展的追求。当人们从内心深处感到与工作或活动的连接时，他们会更加投入、积极，并追求更高的表现和成就。内在动机可以提高个人的创造力、自主性和持久性，促使其寻求内在的奖励和满足。外在动机是指外部因素和奖励对个人行为的影响和驱动。这包括物质奖励（如薪水、奖金）、赞扬和认可、晋升机会等。外在动机通常与外部的目标、期望和压力相关，个人追求这些奖励或避免惩罚。尽管外在动机可以激发人们的行动，但它们可能不如内在动机稳定和持久，并且可能导致对任务的机械执行，而不是真正的投入和创造性思考。OKR 相信人的内在动力的激发，能够获得突破性、创造性的成果。OKR 在应用过程中，特别重要的是问询员工和组织，你认为什么是最有价值的，如何行动才是最有效的。通过让下属参与，使其和最终目标有连接感。通过挖掘下属的想法，整合个人目标和组织目标。

OKR 的理论根基是巴纳德组织有效性三要素：目标的共识、贡献的意愿、信息的沟通。因此 OKR 在目标制定时，首先是相信每个人或每个组织单元有自己的想法，也尊重这种自下而上的想法。所以，在目标制定时，上下级坐在一起共创非常重要。这种相信也会更激发员工对组织的贡献意愿，从而形成越相信、越投入的良性循环。OKR的实施需要组织创造信任的文化氛围，根源也在这里。我在字节跳动人力与管理研究院工作期间，直接上级征询我的意见，我提出做内部教练的想法，并解释了教练的价值。最后和研究院负责人达成一致，我把在字节跳动推广教练文化，列为我的两个目标（O）之一。之后我的工作动力十足，多次体验到心流。

教练是建立在积极心理学之上的，相信无论是谁，都可以通过行动变得更好。教练在工作中，要聆听客户积极改变的动力与渴望。即便从语言上听到的都是抱怨、焦虑，但总有一个向好、向善的意图，深深地埋在下面。正如荣格所说，阴影都是纯金的。客户主动找教练寻求帮助这一行为本身，也是内在寻求改变的一种外显。

3.相信潜力

相信潜力，就是还没看到结果前选择先相信，而不是等看到结果了才相信。OKR的本质是相信，相信每个人或每个组织单元在自己的领域能够获取更充分的信息、找到最优解，相信每个人或每个组织单元有成为更好的自己的潜能和动力。相信潜力，是OKR设置挑战性目标的内在基础。

教练的哲学是相信，相信人是本自具足、资源丰富、有创造性的，相信客户能够找到自己问题的解决方案。教练相信客户一定能找到解决方案，教练所要做的是，激发潜能、去除干扰，陪伴客户学习和成长。教练的公式是：Performance（绩效）=Potential（潜力）–Interference（干扰）。

（二）教练能帮助OKR更有效地落地实施

教练能够激发管理者和员工的内在动力、增强组织的心理安全感，帮助OKR更有效地实施。教练能够帮助管理者，在目标设定时透过表面看本质；教练能够帮助管理者，在OKR执行中直面困难不逃避；教练能够帮助管理者，在复盘总结时真正面对问题、总结经验、不推脱责任；教练能够帮助管理者，做好沟通与反馈，创建更透明的文化氛围。

教练能够帮助管理者在OKR目标设定时，透过表面看本质。真正的OKR要帮助管理者透过现象看本质，关注难而重要的事。但在实际操作中，又逃不开人性避重就轻、找熟悉路径的诱惑。很多公司在实施OKR的过程中，都会遇到这种阻力，如果不针对性采取措施，OKR的实施就会慢慢偏离轨道，向着平庸化发展。这是人的惰性使然，是组织的惰性使然。OKR的价值，恰恰就是帮助组织克服平庸化的惰性，挑战高目标、激发创新。有意思的是，作为帮助组织克服惰性的工具本身，OKR如果没有强有力的干预，也会落入平庸化的轨道。这种强有力的干预，主要负责人有强烈的意愿是很重要的一条。但还不够，还需要教练的帮助。组织变革中推行新东西的阻力是处处存在的。教练作为第三方，要始终保持清醒的头脑，独立于利益格局之外，为企业的长远发展、整体利益负责。教练有专业的问询、对话的技能，通过教练对话，不断提醒制定目标的高管们：是否偏离了难而重要的轨道？你所选择的目标真的是最有价值、最重要的吗？还有什么重要的但没说出口的？有什么遗漏？目标有挑战吗？如果付出超乎寻常的努力，目标完成度会怎么样？

教练能够帮助管理者在OKR实施中，直面困难不逃避。设定完OKR，在执行过程中，会遇到更多具体的挑战。面对困难，人的本能是回避的。如果不能及时跟进，OKR容易被有意无意地忽略。如何避免在实施中用日常的忙碌，掩盖对困难实施路径的逃避？字节跳动在OKR的实践中，采用的是在OKR上开周会，把低频的OKR和高频的周会捆绑。

每周或双周都回顾、联结当初设定的OKR。通过这种机制帮助OKR在实施中不断锚定期初设定的目标。如果有教练加入，会大有帮助。教练核心能力要求中，有跨越自己、跨越处境、朝向结果、探索进展等专门的能力项。专业教练都受过专业的训练，非常有经验，能够帮助团队直面困难，提高OKR的执行效果。教练可以发挥激励和引导的作用，帮助个人或团队建立自信、解决问题、扫除障碍，并保持对OKR的持续关注和努力。教练可以通过提供反馈、激励和鼓励来增强个人或团队的动力，帮助他们保持对目标的专注和承诺。教练还可以帮助个人或团队识别和解决可能影响OKR实施的问题，并提供相应的解决方案和支持。

教练能够帮助管理者在实施OKR复盘总结时，真正面对问题、总结经验、不推脱责任。复盘是OKR实施中的重要环节，但要真正做好OKR复盘确实非常不容易。OKR目标都是比较有挑战性的，在执行过程中又会有各种变数，执行下来的结果往往不如预期。如果管理者要求更高，那对比目标，结果就会很难看。2016年，字节跳动业务突飞猛进，在推荐新闻领域超越竞争对手，在行业中名列前茅，多项业务也获得了突破性进展。但当时的CEO，在OKR自评时，多项分数只打了0.2分、0.3分。OKR的优势是与奖金解绑、高目标牵引，但负面的影响是容易带来团队更大的挫败感。复盘总结时，更容易引发内在的防卫和抵抗。受过专业训练的教练，能够更敏感地识别团队的情绪状态、团队动力状况，从而适时做出干预，缓解甚至消解团队的心理防卫，提升团队的心理安全度。在感受到心理安全的状态下，个人和团队会保持开放、面对问题，能够更深度地总结经验和教训，提升认知，助力下一个周期取得更好的业绩。一场好的复盘，就像把散落在地上的珍珠捡起来、穿成串，一场复盘能够促进核心团队的学习成长。教练参与其中，价值很大。

教练能够帮助管理者在OKR实施中做好沟通和反馈，创造更透明的文化氛围。OKR要想实施好，根基在于管理团队的领导力水平持续提升。OKR的实施过程，也可以看作借事修人的过程。管理者在整个OKR周期中做好沟通和反馈。特别是OKR打分复盘后的沟通和反馈，与绩效沟通反馈有所不同。在绩效反馈中，被反馈者关注的重心，无论如何都在绩效结果上，因为绩效结果直接和奖金、晋升挂钩。OKR的沟通和反馈，因为不和奖金、晋升等直接挂钩，被反馈者更放松、更容易把注意力放在学习和成长上。教练参与其中，能够更好地用专业的沟通、反馈技能，做好示范。让管理者有意识地使用教练的沟通反馈技能，达到更好的效果。借鉴持续性绩效管理（CPM）的对话、反馈、认可（Conversations，Feedback and Recognition，CFR）的做法，教练可以帮助组织定期对话：团队成员之间可以安排定期的对话，如每周或每月进行一对一或小组讨论。这些对话可以用于共享进展、讨论问题、寻求帮助和提供支持。重要的是确保对话开放、坦诚和具有建设性。教练可以提供督导，辅导反馈，团队成员可以利用CFR的机会给予其他人积极的反馈。反馈应该具体、清晰，并着重于行为和结果。同时，鼓励员工提供建设性的反馈，帮助其他人改进和发展。教练可以推动组织中认可和赞赏的氛围：CFR提供了一个平台，让团队成员之间或管理层向员工表达认可和赞赏。这可以通过公开赞扬、发送感谢邮件、奖励和奖项等方式实现。认可应该明确、真诚，并与员工的贡献和目标相关。

（三）一个亲历的案例

以下是一个我在字节跳动工作期间亲历的案例，很有意思。2021年，我参加了一场飞书团队内部组织的OKR案例沙龙录制。参加者都是对OKR理论、实施非常熟悉的OKR实践专家。组织者精心准备案例，专业供应商，专业设备。但现场还是出现各种状况。录制时间是90分钟，结果下午2点开始，各位嘉宾逐渐进入角色，沉浸其中，就案例细节讨论得越来越深入，不知不觉3个小时过去了。导演组着急了，和嘉宾重新聚集目标：6点前一定要结束录制。录制才回到正轨，用1小时走完所有录制流程。

对于这件事我有几个思考：

- 在企业的现实场景中，高管集体非常容易陷入细节，而沉入其中，偏离原定轨道。因为面对具体的细节是容易的、可靠的，面对抽象的、本质的思考是难的。OKR恰恰就是让个人和组织，不断回顾初心，思考真正的目标是什么，寻找那颗"北斗星"，找到正确的方向，走出信息的密林。

- 组织中需要中立的提问者。"我们的目标是什么？""我们在哪里？""我们在正确的路径上吗？"承担质询、提醒的角色的，可以是企业内部人，如董事长、CEO，也可以是外部人，如顾问、教练。内部人的挑战是要保持独立性，能从细节、从情绪中抽离出来，保持中立客观；外部人的挑战是和现场的人建立信任关系。共同的挑战是，寻找质询干预的时机、有勇气和技巧。团队教练的训练，在这里能发挥很大作用。推演的结果是外部的教练角色更能起到作用。

二、WHAT：OKR教练辅导的内容

OKR教练辅导是一种专业指导，旨在帮助组织和个人学习、理解和应用OKR方法，以提高绩效和实现目标。OKR教练辅导涵盖了OKR的理念培训、公司战略解码、OKR实施全流程、OKR运营辅导以及管理团队领导力提升等内容。（参见下页图3-4）

图 3-4　OKR 辅导全景

（一）OKR 的理念培训

OKR 对于很多公司是一种新的概念。不同人对 OKR 的理解也不一致。如果要在公司内部实施 OKR，首先要做的是统一理念。统一大家对 OKR 的认知，是 OKR 教练首先要做的工作。这项工作可以先做一个调查，识别全员对 OKR 的认知现状。

1. OKR 认知调研问卷

你认为 OKR 是什么？（请匿名描述你的看法）

（1）关于 OKR，你认同以下哪一种观点？

▫ 是另一种 KPI，和 KPI 没有本质区别

▫ 是目标管理工具

▫ 是绩效管理工具

▫ 是战略管理工具

▫ 是公司给员工施压的手段

▫ 是驱动创新的工具

▫ 要和绩效、奖金挂钩，大家才重视

▫ 领导的新玩具，是一种形式，和实际工作没太大关系

▫ 要非常具体，指导日常的工作与任务

（2）在学习使用OKR的过程中，你最需要哪些帮助？（限选三项）

▫ OKR的基层理论培训

▫ OKR的撰写技能培训

▫ OKR的实施辅导

▫ 管理层带头使用

▫ 能充分了解新工具、新方法对我日常工作有什么价值

▫ 能方便地获得相关指导（如培训、文档、答疑等）

▫ 我能获得专人的持续辅导

▫ 我能了解公司内的最佳实践

▫ 需要管理层能授权和激发下属

（3）对OKR，你还有哪些看法？

2. 组织OKR理念培训

针对认知现状，组织一次或多次OKR理念培训。深入、透彻的OKR理念培训对OKR的后续实施非常关键。OKR实施比较成功的企业，在对齐OKR的认知这一步，一般会更加重视，如组织高管读书会，阅读OKR领域的经典书籍、交流讨论，请OKR领域的教练到企业内部进行培训，等等。

OKR理念培训，通常会包括如下内容：OKR的理论溯源、OKR的发展历程、OKR的核心理念、OKR与KPI的区别与适用组织类型、OKR实施的经典案例等。

以下摘自我在给企业做OKR辅导中，常用的OKR培训——理念与案例部分的课程大纲。

• OKR的历史沿革

- 德鲁克，惠普创始人戴维·帕卡德，惠普"尊重和信任"的文化
- 英特尔，IMBO
- OKR 引入谷歌，开始流行
- 字节跳动，2013年不足百人时用 OKR
- OKR 逐渐泛化，40% 非互联网、高科技、新媒体行业客户在用

- OKR 的理论基础与工具价值
  - 思考本质（避免战术性的忙碌阻碍战略性的思考），聚焦难而重要的目标/路径
  - 组织自律（自律带来的价值，曾国藩的例子）
  - 五合一：脑子想的、嘴里说的、手上写的、每天做的、真正做到的、复盘总结的

- OKR 的工具价值
  - 聚焦并共识目标
  - 激发内在动力
  - 透明协同
  - 巴纳德的故事与 OKR 的本质

- 字节跳动 OKR 实践案例
  - 字节跳动引入 OKR 的故事
  - 字节跳动 OKR 的应用历程
  - 字节跳动 OKR 落地实践
    - OKR 的价值定位
    - "一+三"会议机制
      - 目标共创会
      - 对齐会
      - 跟进会

- 复盘会
  - 飞书"飞阅会"对OKR落地的加持
  - 字节跳动如何处理OKR与绩效的关系
  - 字节跳动OKR实践的文化土壤
  - 字节跳动OKR运营的经验
- 飞书OKR客户实践案例——某地产公司
  - 公司的背景介绍
  - 公司OKR落地的历程
  - 公司OKR落地实施效果
  - 公司OKR落地的实践经验
    - 充分地准备
    - 谨慎地实施
    - 与业务、管理体系的整合
      - 战略目标体系整合
      - 会议体系整合
      - 绩效系统升级
      - 人才发展体系整合
- 飞书OKR客户实践案例——某新能源汽车公司
  - 公司的背景介绍
  - 公司OKR落地的历程
  - 公司OKR落地实施效果
  - 公司OKR落地的实践经验

（二）公司战略解码

OKR作为一种目标管理工具，对上承接公司的使命、愿景和战略目

标。从公司战略目标，到具体的公司级OKR、部门级OKR，还需要一个
战略解码的过程。OKR教练需要协助公司高管团队完成公司的战略解码。

1.战略解码工具

公司的战略解码，是找到战略的关键成功要素，识别战略的关键成
功领域，梳理关键战略举措的过程。战略解码通常连接战略制定与战略
执行，通过战略解码对战略目标、举措及目标的分解取得共识。通常会
用到结构化分析的方法，可以借助成熟的战略管理工具进行，如麦肯
锡7S模型、六盒模型、BLM模型（业务领先模型，Bussiness Leadership
Model）等。详细的内容，请查阅第四章战略解码的相关内容。

2.战略解码中的教练辅导

公司战略解码是实施OKR的前提条件。对很多初创公司来说，公
司的战略往往都在创始人和公司高管的思维里，并没有结构化呈现，没
有达成共识。因此更需要OKR教练参与进来，借助战略解码的工具方
法，帮助高管团队完成战略解码，达成共识。

以我辅导过的一个互联网创业公司为例，它是从某互联网大厂内部
孵化出来的创业公司（以下简称E公司），已经创业三年，完成C轮融
资，业务还在探索期，员工约有200人。公司想实施OKR，请我做OKR
辅导教练。正值年底，需要对明年战略共创，同时借助OKR落地执行。
于是我辅导公司管理团队20多人开了一次战略会。日程请参见表3–1。

表3–1　E公司战略解码会日程

时 间	活 动	内 容
12月19日 9:00—10:00	开场与愿景 共创	• 开场 • 谈期待、对齐目标 • 分组共创：图画/3D。你希望E公司未来成为一家什么样的公司 • 呈现分享

续表

时　间	活　动	内　容
12月19日 10:10—11:00	市场洞察	• BLM模型简介 • 分组研讨：行业、客户和竞争对手发生了哪些变化
12月19日 11:10—12:00	创新焦点	• 分组研讨：我们在哪里可以创新/优化
12月19日 12:00—14:00	午餐、休息	
12月19日 14:00—15:00	战略目标 共创	• CEO谈对市场、业务的认知，对2023年目标的期待
12月19日 15:10—18:00		• 分组研讨：公司业务设计 • 分组共创：公司级目标（O）与关键结果（KR）
12月19日 18:00—20:00	晚餐、休息	
12月19日 20:00—22:00	欧卡游戏	• 团队建设
12月20日 9:30—11:30	公司管理 研讨	• 分组研讨公司文化、组织机制、人才的问题发现与优化建议 • CEO总结 • 结束

在这个案例中，使用了IBM的业务领先模型BLM的框架。第一部分，管理团队分两组，用图文、欧卡的方式共创愿景：你希望E公司未来成为一家什么样的公司？第二部分，学习了解BLM模型，并进行市场洞察、创新焦点的讨论。第三部分，进行战略目标共创，落地为公司下一年度的目标（O）与关键结果（KR）。第四部分，晚上管理团队用欧卡的方式团建。第五部分，第二天上午，研讨公司组织、人才、文化当下关键问题与改进举措。

（三）OKR 实施全流程

OKR实施全流程，包括目标共创、目标对齐、目标跟进、复盘总结。OKR实施全流程，都是OKR教练工作的重要领域。

1.目标共创

目标共创环节非常重要。如果让OKR教练只选择一个OKR实施的环节进行干预，我的建议是选择目标共创环节。目标共创是OKR实施的起点，输出结果是达成共识后的目标（O）及关键结果（KR）。目标共创的工作成效，决定了目标共识的程度。目标的共识是组织有效性三要素之一。

目标共创是非常不容易做到的。管理团队往往压力巨大，深陷日常达成业绩的琐事之中，往往有意无意忽略目标共创的环节，草草讨论了事。作为OKR教练，首先要协助管理团队建立正式的目标共创流程。到了一个新的OKR周期，督促管理团队安排时间进行OKR目标共创。

目标共创通常以一个工作坊的形式开展。OKR教练设计工作坊日程、引导目标工作坊流程，推动管理团队通过1—2天的工作坊，梳理清楚下一个周期的OKR目标与关键举措。

以我辅导的一家企业季度OKR目标共创会的日程为例。（参见表3-2）

表3-2　某企业OKR目标共创会日程

时　间	活　动	内　容
4月4日 9:00—9:30	目标共创	• 公司领导介绍对二季度集团的要求和期待
4月4日 9:30—12:00		• 研讨：公司级二季度3—5个目标（O） 　◦ 组一： 　◦ 组二：
4月4日 12:00—13:30	午餐、休息	

续表

时　间	活　动	内　容
4月4日 13:30—17:30	目标共创	• 分组共创：公司级二季度关键结果（KR）
4月4日 17:30—18:00		• CEO总结： • 退出

目标共创会中的OKR教练有以下几个工作要点：

- 保证有足够的外部信息输入，让参加目标共创的人，将外部影响公司下个周期目标设定的重要信息带入共创会场；
- 调整参与共创者的角色，让每个参加共创的人都站在高一级职位的人的视角考虑问题。例如，CEO下一层级的，都站在CEO视角来讨论公司级目标；
- 保证参会者都充分发言和讨论，避免"一言堂"。

2.目标对齐

目标对齐，是OKR执行中，和传统的KPI目标分解特别不一样的环节。在初次执行OKR的公司那里，OKR教练要特别关注目标对齐的辅导。传统的KPI目标分解，是按照层级层层分解，按组织结构功能划分各自认领。OKR执行过程中，无论是目标（O）的对齐，还是关键结果（KR）的对齐，都是以事为中心的网络状的对齐，不会过多考虑职位层级、职能分工。根据完成目标（O）或关键结果（KR）的需要，跨组织层级与跨部门的对齐是常态。在初次执行OKR的公司里，关于目标对齐，管理者和员工普遍都会相对保守，有顾虑，会考虑如此直接跨层级、跨部门对齐是否合适。此时OKR教练需要跟进辅导，促进对齐。这个时候也是进一步宣贯OKR思维和理念的好时机。

当目标对齐普遍有问题、有顾虑时，OKR教练可以主持召开专门的对齐会。在会上，公开讨论每一项目标（O）与关键结果（KR）的对齐需求，让发起对齐的一方，和承接对齐的一方，共同协商，找到共识。

当目标对齐是个别部门、条线的问题时，OKR教练可以召开专题会，最好请双方负责人参加，聆听互相的需求和挑战。必要时，可以用团队教练中"空椅子"的工具，让双方互换角色，从对方的视角来看待问题。通过对齐会，促进相关部门的互相理解，推进合作。

3. 目标跟进

目标跟进，是OKR执行过程中最高频的工作。OKR目标跟进最大的挑战是，过程中团队的注意力会被日常的、紧急的事所吸引，慢慢会忘记最初设定的目标和关键路径。这个背后也有心理的因素。个人和团队都倾向于做容易有成就感的、熟悉的工作。期初设定的目标（O）或关键结果（KR），往往是难达成的、有挑战的。在执行中就容易被选择性地遗忘。OKR教练的价值就在于不断提醒团队，不要陷在日常的忙碌中，要抬头看路，当初设定的OKR，现在进展到哪里了？

OKR的目标跟进，通常和周会或双周会整合进行。字节跳动的OKR执行实践是，在OKR上开周会。具体的做法是，以负责人本周期的OKR作为周会或双周会的模板。在负责人本周期的每一项目标（O）及关键结果（KR）上，参会人员记录最新进展、挑战、需要讨论的问题等。

字节跳动的OKR目标跟进会，通常用"飞阅会"的方式进行，非常高效。开会前一定要准备好可以共同编辑的文档，会议开始后全体默读文档、做出评论，然后只针对参会人的评论展开讨论，最后记下会议结论、下一步工作安排。会议的音视频、文字会留档，供未参会人查阅。

4. 复盘总结

复盘总结，是OKR执行的最后一个环节，也是容易被忽略的一个环节。真正的复盘，需要直面问题和不足，总结经验教训。如果团队的心理安全度不高，就容易出现防卫心理。表现形式要么就是借口时间紧不召开复盘总结会，要么就是匆匆走个过场，没有真正深入复盘总结。OKR教练在复盘总结环节有很大价值。首先，确定并推动每个周期末的复盘总结流程。其次，在复盘总结会上，推进复盘的深度。

如果观察到团队有心理安全度不高的情况，OKR教练需要设计专门的干预环节，如做些欧卡、沙盘游戏，让大家逐渐进入放松的状态，然后再开始正式的复盘工作。

复盘总结，OKR教练要关注复盘文档准备的情况。如果各参会人悉心准备文档，那在复盘现场就有更多机会引导团队进行深度总结复盘。如果文档准备不充分，在复盘会开始后，要留出一小段时间，让参会者准备好文档。

复盘总结，通常会和下一周期的目标共创整合在一起，一个工作坊完成，管理者聚到一起的机会成本比较高，这样安排最能节省参会管理者的时间，提高效率。

例如，某客户在目标共创会的前一天下午，安排了公司高管团队复盘。（参见表3-3）

表3-3　某公司目标共创会复盘日程

时　间	活　动	内　容
4月3日 16:00—16:20	开场	• 开场 • 谈期待、对齐目标，每人用一句话谈：你对复盘和共创会的期待
4月3日 16:20—17:00	过程跟进	• "飞阅会"，评论复盘文档
4月3日 17:10—18:00	复盘讨论	• 各核心业务负责人逐一复盘得失

（四）OKR运营辅导

OKR实施要想达到不错的效果，需要深度运营。OKR是抵抗人和组织惰性的一种工具，如果没有日常的运营，很容易被淡忘。因此在很多实施成功的企业中，都可以看到OKR深度运营的经验。我在入职某互联网公司时，接到的第一份工作就是在公司内部落地飞书及OKR，亲自参与了运营体系的设计和执行。经过这个过程，我深刻体会到，如果没有专门的部门、专门的岗位负责运营，OKR很难持续下去。后来飞书OKR的实践调研，也证明了这一点。

OKR教练在OKR的运营辅导中，工作的重点是，分享好工具、好方法，辅导运营人员，推进OKR运营与文化建设融合，建设OKR内部教练体系。

在OKR的运营辅导中，OKR教练的工作重点是通过分享好工具和好方法，帮助运营人员更好地理解和应用OKR。好工具包括OKR运营报表、红黑榜单等。这些工具能够帮助运营团队及时掌握OKR的进展和绩效情况，实时了解目标达成的情况和挑战，从而更好地进行调整和优化。同时，红黑榜单等工具可以激励团队成员追求卓越，激发他们的内在动力，推动目标的实现。

在辅导运营人员方面，OKR教练会教授运营的关键技能，帮助他们制定全年度OKR运营规划，明确目标、指标和时间节点。这包括设定关键的OKR运营重点，确保每个周期的OKR都与公司的战略目标相一致。同时，OKR教练也会教导运营人员如何处理特殊情况，如出现目标偏差或变化，怎样调整OKR计划，以及如何有效应对紧急情况。这些技能能够让运营团队更加敏捷和适应，保持在不断变化的市场环境中的竞争力。

OKR教练要将OKR运营与企业文化建设整合在一起。企业文化是企业的价值观和行为准则，而OKR作为目标管理的工具，应当与企业文化相一致。OKR教练会帮助运营团队将OKR的目标与企业的使命和愿景相对应，确保每个OKR的实现都能为企业文化的传承和发展作出贡献。在文化建设活动中，OKR教练会潜移默化地推广OKR的理念和方法，让员工逐渐习惯并认同OKR作为企业管理的一部分。

帮助公司建立内部OKR教练体系。OKR内部教练是一支专业团队，他们负责在OKR教练离场后，培训、指导和辅助组织中的各级管理者和员工掌握OKR的方法和技能。这些内部教练应该是经验丰富、熟悉OKR的人员。通过主动报名、考试或演讲竞选上岗。内部OKR教练任期通常至少一年，到期由对口部门、OKR运营负责人、横向部门360度考核，决定是否续聘。内部OKR教练需要能够理解组织的文化和业务需求，根据实际情况调整OKR的方法和工具。他们还需要具备良好的沟通和培训能力，能够将OKR的理念和方法传达给团队，并解答他们可能遇到的问题。

（五）管理团队领导力提升

OKR教练辅导，如果已经完成了第一次导入培训，陪伴客户走了3—5个周期，教练辅导的重点就自然会转到管理团队领导力提升方面。此时，管理团队对于OKR工具本身已经比较熟悉了，关于OKR的理念、工具、实施流程，客户各级管理者都能熟练掌握。如果OKR落地做得比较扎实，也会在业务和管理中呈现出一定的效果，OKR的价值会在公司内部得到更多认同，OKR教练与企业各级管理者的信任关系会更加坚实。OKR教练辅导的着力点也要相应调整，向内、向深处发力。（参见下页图3-5）

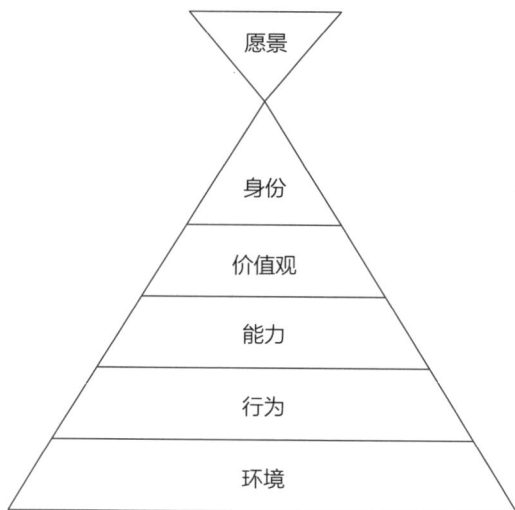

图3-5 OKR辅导的层次

（愿景 / 身份 / 价值观 / 能力 / 行为 / 环境）

所有看得见的结果，都被看不见的因素影响着。例如，看得见的绩效、管理者的行为背后的影响因素是能力、习惯的模式、注意力焦点以及价值观、身份、愿景等。管理团队的领导力，最终会成为公司获取高绩效的决定性要素。管理团队的领导力，也是决定OKR落地实施效果背后的重要因素。OKR教练对处于此阶段的客户，辅导的重点要放在核心管理团队的领导力教练上，放在团队集体学习成长上。

OKR教练的方式，可以是一对一的个人高管教练，也可以是团队教练。在我的实践中，会结合组织发展关键问题的识别，设计专题的工作坊，在工作坊中整合5C高绩效团队的干预方法。在过程中，穿插一对一的高管教练。OKR教练的整合组织发展、高管教练、团队教练的方式能陪客户走得更远，陪客户不断从优秀走向卓越。

三、HOW：OKR教练辅导的形式

OKR教练是在OKR落地执行中，教练、顾问、导师等技能的综合

应用。OKR教练辅导的形式，包含了培训赋能、团队教练、高管教练，以及顾问和导师等。

（一）培训赋能

在企业实施OKR的初期，培训赋能是OKR教练的主要辅导形式。OKR教练在提供培训赋能时，需要掌握比较科学、系统和全面的战略管理、目标管理知识，以及OKR的实施方法和技巧。教练应该深入了解企业的业务和战略，以确保OKR的制定与公司的长期目标和愿景紧密结合。同时，教练也应该了解相关企业实施OKR的实践案例，从中学习最佳实践和应对挑战的方法，为客户提供更有针对性的指导。

为了有效赋能客户，OKR教练需要掌握培训技能。这包括教学设计、培训课程的构建、交互式教学方法等。教练应该根据客户的需求和特点，量身定制培训内容，使其能够在短期内掌握OKR的理念、方法和工具，并能够在实际工作中灵活应用。通过引导客户参与实践和互动，教练可以帮助他们更好地理解和吸收所学知识，形成实操能力。

除了在企业层面进行培训赋能，OKR教练还应该掌握TTT（Train the Trainer）的技能。TTT是一种培训模式，旨在从客户内部培养OKR教练，将OKR知识和培训技巧传授给内部员工，使其能够成为公司内部的OKR专家和培训导师。通过TTT，教练能够将OKR的传播范围扩大到更多的员工，实现知识的内部传承和持续发展。

在TTT过程中，教练需要具备教学设计和教练技能，能够针对内部教练的背景和需求，设计培训计划和课程。教练还应该采用启发式教学方法，鼓励内部教练参与讨论和案例分析，培养他们的培训能力和解决问题的能力。通过TTT，内部教练将掌握OKR培训的知识和技能，能够在企业内部有效地传授OKR理念，推动OKR文化的深入发展。

（二）团队教练

在多数OKR落地的场景中，OKR教练常以团队教练的形式进行辅导。这包括战略解码、目标共创、目标对齐、目标跟进和结果复盘等环节。为了成功辅导团队，OKR教练需要掌握团队教练的基本技能，并熟练掌握一到两种战略管理和团队教练的模型工具，如5C高绩效团队、麦肯锡7S模型、六盒模型和BLM模型等。这些模型工具能够帮助教练在团队合作和目标达成方面提供有力的指导。

另外，OKR教练还需要了解群体动力，能够敏锐捕捉团队工作中的互动模式。了解团队成员之间的相互作用和合作方式，对于教练来说，在辅导过程中把握时机和方法至关重要，这样的了解有助于教练识别团队内部的潜在问题和挑战，并采取适当的措施进行解决。

在教练团队时，勇敢直面冲突和挑战是至关重要的特质。OKR教练需要敢于面对团队内部可能存在的冲突和问题，勇敢地挑战现状，帮助团队突破卡点，激发团队的潜能。教练的勇气和决心将帮助团队越过舒适区，迎接挑战，并达成更高的绩效和目标。

最终，OKR教练的使命是陪伴客户实现业绩的突破。通过深入的教练和指导，OKR教练能够启发团队的潜能，帮助他们克服困难，实现目标。OKR教练应该以服务为导向，专注于团队的成长和发展，不仅是在目标达成的过程中，更是在整个OKR实施的旅程中，与团队共同成长。

（三）高管教练

OKR实施的成功与否，关键在于公司负责人和高管团队。在OKR教练的工作中，对客户的公司负责人和高管团队进行高管教练，也是非常重要的工作形式。教练的过程中，OKR教练会结合OKR的目标共创、结果复盘等环节，不断激发高管团队的潜力，识别内在卡点，并帮助他们不断突破边界，实现持续的个人和团队成长。

高管教练，也是OKR实施中比较有挑战的部分。在OKR实施中，OKR教练辅导的重点是"事"；在高管教练中，OKR教练辅导的重点是"人"。

在高管教练中，OKR教练需要具备更高的人际技能，特别是建立信任关系的能力。高管教练的成败也在很大程度上取决于高管本人的开放性和接受教练的意愿。

在高管教练中，建立信任是非常关键的一步。无论多么优秀的教练都无法在缺乏信任的情况下有效指导和辅导高管团队。"无信任，不教练"。OKR教练需要通过持续的沟通和理解，以及在实践中展现专业能力，逐渐赢得高管团队的信任。建立信任关系后，OKR教练可以更好地理解高管团队的需求和目标，并为其提供更有针对性的教练服务。

在高管教练过程中，OKR教练需要尊重高管团队的节奏，并逐步推进教练工作。有些高管可能对教练持开放态度，愿意积极参与；而有些高管可能更为保守，需要更多时间去接受和适应教练的辅导。因此，OKR教练需要敏锐地把握高管团队的态度和情况，根据实际情况适时推进教练进程，避免过于急躁或强行推进。

（四）顾问和导师

在OKR教练的工作中，承担顾问和导师角色也是经常遇到的情况。有时候客户可能确实对某个知识点或技能不了解，此时教练的启发方式可能并不是最有效的。在这种情况下，教练可以征求客户的意见，并切换成顾问或导师的角色，直接分享相关的知识和经验。

需要注意的是，教练角色和顾问/导师角色需要在工作中有适当的平衡。在OKR实施的前期阶段，顾问/导师的角色可能会更加突出。这是因为在初期，客户对OKR的理念和实施方式可能不够熟悉，需要教练提供更多的指导和建议。在此阶段，教练可以充当顾问和导师的角色，通过直接分享知识和经验来帮助客户建立起OKR的基础。

然而，在OKR实施的中后期，教练的角色应该更多地发挥作用，而减少顾问/导师的角色。这是为了避免客户形成对教练的依赖心理，鼓励他们逐渐独立思考和解决问题。教练在这个阶段应该更加注重引导和激发客户的思考，帮助他们建立起持续学习和成长的能力。

在实际工作中，教练角色和顾问/导师角色的配合需要灵活处理。根据客户的需求和情况，教练可以选择合适的方式进行辅导，有时充当顾问/导师，有时扮演引导者和激发思考者的角色。这样的配合能够更好地满足客户的需求，促进他们在OKR实施过程中的学习和成长。

总之，在OKR实施过程中，OKR教练或者以培训赋能的形式出现，或者担任团队教练的角色，或者充当高管教练的角色，还可以在特定场景下担任顾问/导师的角色。OKR教练是一个非常全面的角色，他们通过培训赋能、团队教练、高管教练，以及顾问和导师等形式，协助企业实施OKR，推动目标管理的有效落地，促进组织持续学习和发展。他们的多重角色使OKR实施过程更加丰富和多样化，能够更好地满足客户的需求，助力企业取得成功。

Objectives and
Key Results

O4

第四章　战略解码

如果企业的战略不清晰，战略没有达成共识，建议不要实施OKR。"无战略，不OKR"。因为OKR不能解决战略生成的问题，OKR是有效分解战略目标，促进战略目标高效落地的工具。因此，在OKR的实战中，先要判断，公司战略是否清晰、是否达成共识。通常创业初期的企业，或者转型期的企业对未来的战略，会有很大的不确定性。此时帮助公司梳理战略、做好战略解码是非常有价值的。

公司的战略解码，是找到战略的关键成功要素、识别战略的关键成功领域、找到关键的衡量指标、制定关键战略举措的过程。这个过程通常会借助成熟的战略管理工具，也可以用结构化分析的方法直接分析。

第一节　战略解码工具选择

常用的战略解码工具，有麦肯锡7S模型、BLM模型、六盒模型等。

一、麦肯锡7S模型

麦肯锡7S模型是一种战略管理工具，旨在帮助组织分析和改进其内部要素，以实现组织目标。这个模型由麦肯锡咨询公司提出，它将组织的关键要素划分为7个相互关联的维度。（参见下页图4-1）

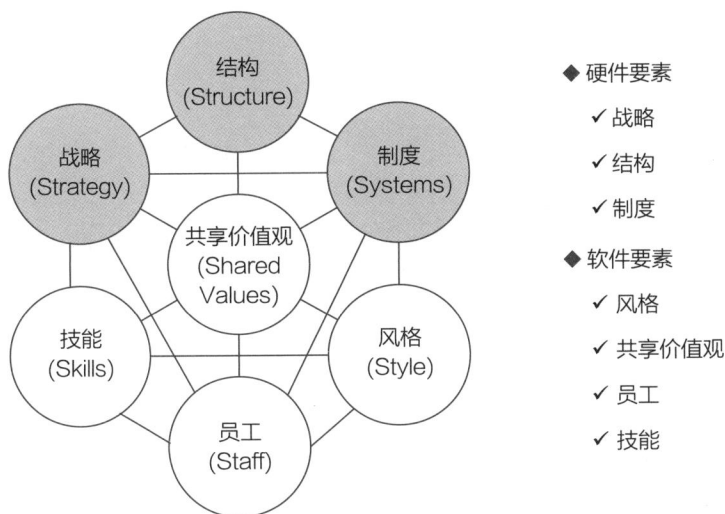

图4-1　麦肯锡7S模型

硬件要素
- ✓ 战略
- ✓ 结构
- ✓ 制度

软件要素
- ✓ 风格
- ✓ 共享价值观
- ✓ 员工
- ✓ 技能

- **战略（Strategy）**

战略是组织在竞争环境中取得成功的长期计划和目标。这包括确定组织的核心竞争优势、定位和发展战略方向。

- **结构（Structure）**

结构是组织的形式和层级体系，以及不同部门之间的关系。它关注如何将工作按不同的职能、部门和团队划分，并建立有效的沟通和决策渠道。

- **制度（Systems）**

制度指的是组织中的各种流程和制度，包括管理控制制度、信息制度、绩效评估和激励机制等。这些制度体系帮助组织实现目标并确保其有效运作。

- **技能（Skills）**

技能是组织成员的专业知识、技能和能力。这包括员工的培训和发展、关键的专业技能和组织所需的核心竞争力。

- **共享价值观（Shared Values）**

共享价值观是组织的核心信念和文化，它们塑造着组织成员的行为和决策。共享价值观在组织中起到凝聚和指导作用。

- **员工（Staff）**

员工是组织的人力资源，对员工的管理包括招聘、培训、激励和绩效管理等。组织需要适合的员工来实现其战略目标。

- **风格（Style）**

风格指的是组织领导者的决策风格和管理方式。领导者的行为和风格对于组织文化和员工行为具有重要影响。

其中，战略、结构和制度被归为硬件要素，技能、共享价值观、员工、风格被归为软件要素。这些维度相互交织并相互影响，通过分析和协调它们之间的关系，组织可以实现整体的优化和协调，进而提高绩效。麦肯锡7S模型提醒组织注意这些关键要素之间的平衡和协调，以实现长期的成功和可持续发展。

二、BLM模型

BLM模型是IBM公司与哈佛大学联合开发的战略管理工具。这个模型的使用往往由差距驱动引发。差距分为业绩差距和机会差距两种，业绩差距是指经营业绩没有达到目标，机会差距是指现状与新业务设计下可能达到的经营结果之间的差距。价值观是基础，领导力是引领。其中模型主体分为战略设计和战略执行两个部分。（参见下页图4-2）

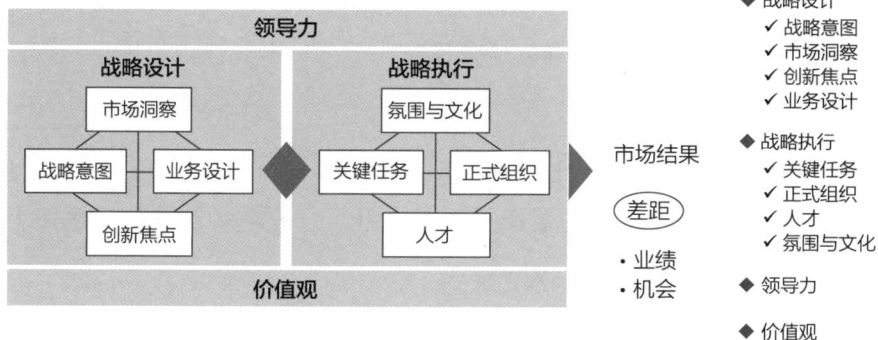

图4-2　BLM模型

(一) 战略设计

战略设计部分包括战略意图、市场洞察、创新焦点、业务设计四个要素。

1.战略意图

组织机构的方向和最终目标,与公司的战略重点相一致。

2.市场洞察

了解客户需求、竞争者的动向、技术的发展和市场状况以找到机遇和风险,目标是解释市场上正在发生什么改变以及这些改变对公司来说意味着什么。

3.创新焦点

进行与市场同步的探索与试验。从广泛的资源中过滤想法,通过试点和深入市场的试验探索新想法,谨慎地进行投资和处理资源,以应对行业的变化。

4.业务设计

对外部的深入理解,为利用内部能力和持续增加价值探索的业务设计提供了基础。业务设计涉及六要素：客户选择、价值主张、价值获取、活动范围、持续价值和风险管理。

（二）战略执行

战略执行部分包括关键任务、正式组织、人才、氛围与文化四个要素。

1. 关键任务

满足业务设计和它的价值主张的要求所必需的行动。哪些任务是由我们来完成的，哪些任务是可以由价值网中我们的合作伙伴来完成的？组织间的相互依存关系是有效的业务设计的基础。

2. 正式组织

为确保关键任务和流程能有效地执行，需建立相应的组织结构、管理和考核标准、角色配置等。

3. 人才

要使战略能够被有效执行，对员工进行管理所必须具备的技能组合、人员配置、激励和考核机制等。

4. 氛围与文化

创造好的工作环境以激励员工完成关键任务，积极的氛围能激发人们创造出色的成绩，使他们更加努力，并在危急时刻鼓舞他们。

三、六盒模型

六盒模型是一种战略管理工具，旨在帮助组织识别和优化关键要素以实现组织目标。该模型由学者马文·韦斯伯德于1976年提出。（参见下页图4-3）

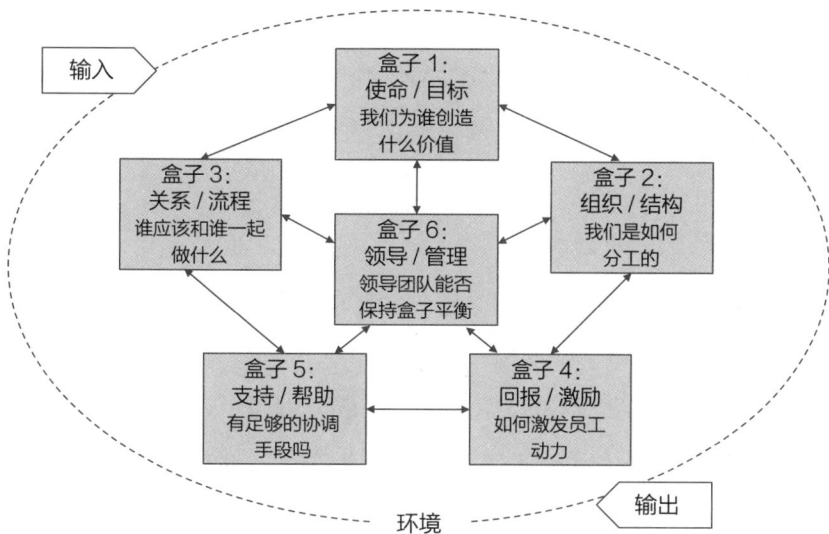

图4-3　六盒模型

- **盒子1：使命/目标**

这个盒子涉及组织的使命、愿景和组织价值观，以及明确的短期和长期目标。它强调组织的宗旨和目标必须与组织其他方面保持一致。

- **盒子2：组织/结构**

这个盒子关注组织的结构和层级关系，以及如何将工作按不同的职能、部门和团队划分。它强调建立清晰的组织结构和明确的角色职责。

- **盒子3：关系/流程**

这个盒子涉及组织内外部的沟通和合作流程，以及不同部门之间的协作。它强调有效的沟通和合作是实现组织目标的关键。

- **盒子4：回报/激励**

这个盒子涉及激励和奖励系统，包括薪酬、晋升机会、认可和奖励等。它强调激励制度必须与组织目标和个人绩效相一致。

- **盒子5：支持/帮助**

这个盒子关注组织提供给员工的支持、培训和发展机制，以及解决问题和提供资源的方式。它强调提供必要的资源和支持以帮助员工有效地履行工作。

- **盒子6：领导/管理**

这个盒子涉及组织的领导风格、决策过程和管理实践。它强调有效的领导和管理对于组织的成功至关重要。

通过分析和优化这六个盒子中的要素，组织可以实现整体的优化和协调，从而提高绩效和达成目标。这些要素之间相互关联，一个要素的变化可能会影响其他要素，因此，在战略解码中需要综合考虑和平衡这些要素。

第二节　结构化分析方法

在做战略解码的过程中，如果想超越模型框架的约束，更深度地思考本质，就需要借助结构化分析的方法。结构化分析是一种重要的方法，它可以帮助团队更深入地思考和探索问题的本质。首先，要区分事实与观点。在解码战略时，团队成员必须清楚地辨别出客观存在的事实和主观观点。这样做有助于避免在决策过程中被主观情绪或个人意见所左右，从而更加客观地评估战略的优势与劣势。其次，化大为小、层层分拆关键影响因素。将整体目标分解为具体的、可以实现的子目标和任务，然后识别各层目标的关键影响因素。最后，运用MECE（Mutually Exclusive, Collectively Exhaustive）原则（"相互独立，完全穷尽"原则），确保没有重叠和遗漏。

一、区分事实与观点

区分事实与观点是一种重要的技能，特别在战略解码和决策过程中非常关键。

事实是客观存在的真实信息，不带有主观色彩。事实是可以被验证和证明的，无论谁去观察都会得出相同的结论。例如，公司的营收数字、市场份额数据、产品的技术指标等都是事实。在战略解码中，了解并确认事实是非常重要的，因为它们提供了准确的基础信息，可以帮助团队做出明智的决策。观点是个人或团队对于事实的看法和解释，带有主观情感和评判。观点可能因个人背景、经验、价值观等不同而产生差异。例如，对于市场竞争对手的评估、产品的市场前景、战略方向的选择等，都涉及人们的观点。在战略解码中，理解不同人的观点是重要的，因为不同的观点可以提供多样化的思考和见解，有助于团队更全面地考虑问题。

区分事实与观点的关键在于客观性和可验证性。事实是客观存在的，可以通过数据、统计或者实验等手段进行验证。而观点则是主观的看法，可能基于经验、情感、假设等，不一定能通过客观手段验证。当处理信息时，团队需要注意辨别出事实和观点，以确保在决策和战略制定中以事实为依据。

区分事实与观点，最重要的是要有直面事实的勇气。事实往往并不如预期，直面事实可能会面临巨大的心理压力，如承担管理责任、面对失败、面临责罚等。这时人的本能反应是，避开这种不舒适的感受，去找其中的亮点，对不足部分的事实，视而不见、以偏概全，或者做出模糊化的解读。这些都是不面对事实的行为。克服这些行为，个人要有勇气，团队要有让成员心理安全的氛围。

在战略解码过程中，需要参与者不断提醒自己，区分事实与观点，不断剥离自己的主观判断，回到事实本身。这样才能避免主观认知偏差，接近事实真相，做出正确判断。

二、化大为小

结构化思考的一项重要原则是将复杂的问题简单化，化大为小。将整体目标分解为具体的子目标和任务。通过这种方法，团队可以更清晰地理解战略的各个组成部分，有利于更有效地实施和执行。将战略目标分解为小目标还能为团队提供明确的工作方向，使每个成员都清楚自己在整个战略中的角色和责任。

我在辅导很多公司OKR的过程中，发现对战略思考不清楚的团队，往往会描述出一些大而泛的目标。过大的战略目标并没有实际价值。需要化大为小，将大的战略目标转化为具体的目标。完成了这个过程，才能回答我们是谁、我们在哪里、我们想去哪里、我们如何到达的问题。

1.化大为小，从产品/服务维度展开

针对多产品、多服务的公司，战略梳理常用的工具是BCG矩阵（波士顿矩阵）。

BCG矩阵是由波士顿咨询公司于1970年前后提出的。该矩阵是一种经典的战略分析工具，用于评估和管理企业的产品组合。（参见图4-4）

图 4-4　BCG 矩阵

BCG矩阵的两个维度分别是市场吸引力和企业竞争力。

衡量市场吸引力，通常用市场增长率指标：市场某种产品销售量（额）相对基期销售量（额）增长的比例。

衡量企业竞争力，通常用相对市场份额指标：在一定时期内，企业某种产品的销售量（额）占本行业销售水平最高的前 5 家 / 前 10 家 / 前 50 家等企业同类产品销售量（额）的比例。

BCG矩阵将产品划分为四个象限：

- 明星产品（Stars）：市场增长率高且相对市场份额大的产品。明星产品通常具有高收入潜力，但也需要大量投资来维持其市场地位。

- 问题产品（Question Marks）：市场增长率高但相对市场份额小的产品。问题产品可能具有未来发展潜力，但需要更多的投资来增加其市场份额，否则可能会变成瘦狗产品。

- 金牛产品（Cash Cows）：市场增长率低但相对市场份额大的产品。金牛产品通常是企业的主要收入来源，它们的市场地位稳定，无须大量投资。

- 瘦狗产品（Dogs）：市场增长率低且相对市场份额小的产品。瘦狗产品往往没有明显的竞争优势，且市场前景不佳，企业应评估是否继续经营这类产品。

BCG矩阵应用的注意事项：在应用BCG矩阵时，企业需要注意数据准确性、市场细分、动态更新、综合战略考虑、多维度评估、组合优化。通过合理使用BCG矩阵，企业可以优化资源配置，制定明智的战略决策，并实现业务增长和竞争优势。

通过BCG矩阵的应用，团队可以将整体战略目标在产品／服务维度上进一步分解，设定更具体、切实可行的目标和关键结果。这样，团队成员就能更好地理解战略目标的含义，明确自己的责任和行动计划，提高执行效率，推动战略的成功实施。

2.化大为小，从时间维度展开

化大为小在时间维度展开，也是一个有效的战略梳理方法，特别适用于产品处在不同发展周期的公司。战略三层面是常用的分析工具。

战略三层面分析工具是由麦肯锡咨询公司在20世纪70年代提出的。该工具用于分析和评估企业的业务组合，并确定在不同层面的业务中的关键成功要素。战略三层面的划分，即核心业务、成长业务和孵化业务，帮助企业将整体战略目标逐步分解为具体的小目标，以实现更高效的执行和持续发展。（参见图4-5）

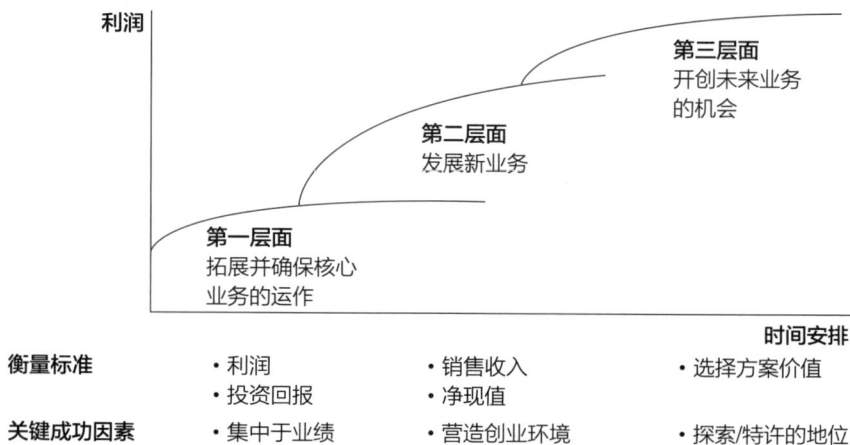

图4-5　战略三层面

第一层面：核心业务。

核心业务指的是公司当前主要的盈利来源和市场份额稳定的产品或服务。这些产品或服务在市场上已经相对成熟，拥有稳定的客户基础和盈利模式。在化大为小的过程中，将核心业务作为第一层面进行划分，可以将整体战略目标细化为更具体、可量化的目标和关键结果。例如，设定核心业务的市场份额增长目标、客户满意度提升目标、市场推广效果目标等，以保持竞争优势和稳健增长。

第二层面：成长业务。

成长业务是指具有较高增长潜力、市场份额还在发展阶段的产品或服务。这些业务有望成为未来的核心业务，需要重点投入资源进行拓展和发展。在化大为小的过程中，将成长业务作为第二层面进行划分，可以设定具体的市场拓展目标、新产品开发目标、客户增长目标等，以实现业务的快速增长和市场占有率的提升。

第三层面：孵化业务。

孵化业务是指公司正在探索的新业务领域，处于实验和试错阶段。这些业务尚未形成明确的盈利模式，但有潜力成为未来的增长点。在化大为小的过程中，将孵化业务作为第三层面进行划分，可以设定具体的试点项目目标、市场验证目标、用户体验目标等，以快速学习和迭代，找到适合发展的方向。

通过战略三层面的划分，企业可以将整体战略目标逐层分解为具体的小目标，并针对不同层面的业务制订相应的战略和执行计划。这样，不仅有利于团队成员更好地理解和执行战略，也能够使公司在不同阶段有的放矢地推进业务发展，避免资源的浪费和目标的不明确。战略三层面还有助于管理团队对不同业务进行区分和优先级排序，为资源分配和决策提供参考依据。核心业务的稳健发展可以为成长业务和孵化业务提供支持和资金保障，而成长业务的成功将为未来的核心业务提供新的增长点。

三、分拆关键影响因素

分拆关键影响因素：在进行结构化分析时，团队需要识别出影响战略成功的关键因素。这些因素可能包括市场需求、技术趋势、竞争对

手、资源配置等。将关键因素分拆并深入分析，有助于团队了解其对战
略实施的影响程度和潜在的风险。这样的分析能够帮助团队在制定战略
时更全面、深入地考虑各个方面。针对某个业务单元、某个管理部门，
识别目标实现的关键影响因素，也可以用此方法。（参见图4-6、图4-7）

常用的工具一：鱼骨图

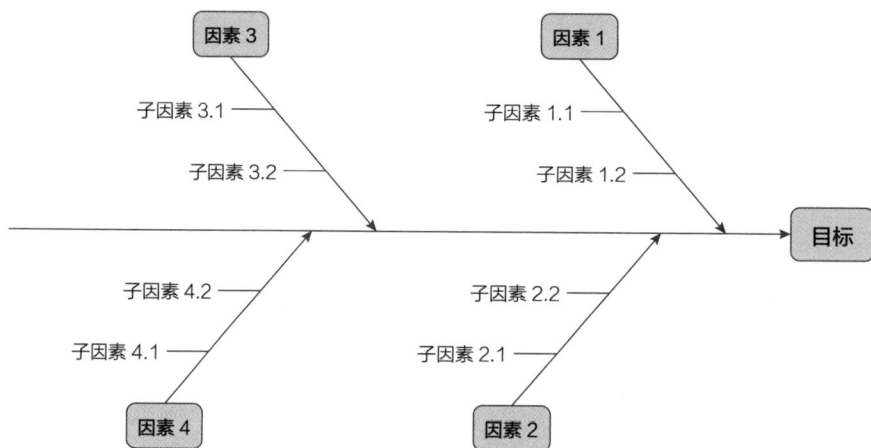

图4-6　鱼骨图

常用的工具二：思维导图

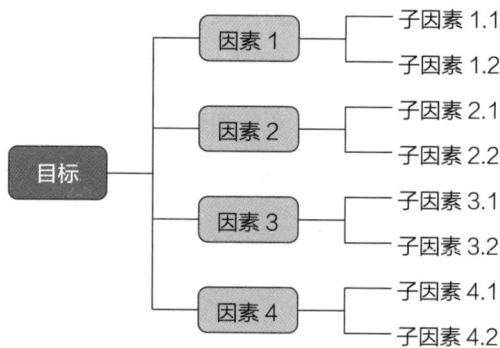

图4-7　思维导图

在做目标的关键影响因素分析时，头脑风暴是一种常用的有效方

法。它通过聚集对目标最了解的公司管理者和员工，召开一次富有创造性和开放性的会议，旨在从不同角度和层面汇集各种想法和意见，来发现可能影响目标达成的关键因素。

头脑风暴的过程相对自由和开放，参与者被鼓励积极发表意见和建议，不受限制地提供自己的想法。这种开放性有助于激发创新思维和寻找不同角度的解决方案。在会议中，团队成员可以通过直接交流、讨论和辩论，共同探讨目标实现的可能性和面临的挑战。

头脑风暴的优势在于它能够快速地汇集大量的信息和观点，促进多样性和多元性。不同部门、不同岗位和不同经验的成员能够带来各自独特的视角和见解，从而发现更多可能被忽视的关键因素。此外，头脑风暴也有助于增强团队成员的凝聚力和合作精神，让大家共同参与目标设定的过程，感受到自己的贡献和重要性。

然而，在进行头脑风暴时，也需要注意避免一些常见的陷阱，比如集体思维、先入为主和意见领袖等。为了确保头脑风暴的有效性，组织者应该设立明确的规则和指导，鼓励所有参与者坦诚表达，避免争论和批评，着重聚焦目标的核心问题。

OKR教练在头脑风暴中充当着组织者、引导者和促进者的角色。他们的存在和参与能够确保头脑风暴的顺利进行，发挥团队的智慧和创造力，从而为目标的关键影响因素分析提供有力的支持。通过OKR教练的指导和引导，头脑风暴能够更加高效和富有成果地推动企业的战略制定和目标实现。

- 引导和组织。作为头脑风暴的组织者，OKR教练可以精心设计会议的结构和流程，制定明确的议程，并确保参与者充分理解目标和规则。他们将会议导向集中讨论关键影响因素，避免偏离主题，以提高头脑风暴的效率。

- 鼓励开放性和创新。OKR教练在头脑风暴中鼓励成员敢于提出各种观点和想法，倡导开放性的讨论和创新性的思维。他们可以创建一种安全的环境，让团队成员感到自由表达不受批评或评判。

- 提供指导和反馈。OKR教练可以根据自己丰富的经验和知识，为头脑风暴提供指导和反馈。他们可以帮助团队成员更好地组织和表达自己的想法，推动头脑风暴向着更具体、实际的方向发展。

- 促进合作。OKR教练可以促进团队成员之间的积极互动和合作。他们鼓励成员之间相互启发，借鉴彼此的观点，并协调不同意见的冲突。通过团队合作，头脑风暴的效果将更加丰富和全面。

- 总结和整理。OKR教练在头脑风暴结束后，可以帮助整理和总结会议中产生的各种想法和观点。他们将这些信息汇总成结构化的形式，便于后续的分析和应用。

四、运用MECE原则

MECE原则是一种常用的结构化思考方法。它要求将问题划分为互相独立且完整的部分，确保没有重叠和遗漏。在战略解码中，运用MECE原则有助于确保分析和决策的全面性和逻辑性。通过将复杂的战略问题分解为互相独立的部分，团队能够更加深入地思考每个部分的因果关系和影响，从而得出更全面准确的结论。

初步整理出目标影响因素的鱼骨图或思维导图，可能包含了不同维度的因素、子因素。需要用MECE原则做进一步梳理。如第88页图4-6所示，要保证因素1、因素2、因素3、因素4之间是同一层面的，而且不交叉、无遗漏，同样，深入每一个因素下面，也要保证子因素之间是同一层面的，不交叉、无遗漏。

通过MECE原则的运用，我们可以得到更为清晰和结构化的目标影响因素分析结果。这样的分类和梳理有助于管理者和团队成员更好地理解目标影响因素之间的关系，更准确地把握各个因素的重要性和影响程度。同时，这种结构化的分析也有助于避免遗漏重要因素或重复考虑某一类因素，从而更好地指导目标的制定和实施。

MECE原则是在头脑风暴得到目标影响因素后，进行进一步梳理和分类的有效工具。它帮助团队清晰地了解目标影响因素之间的关系，准确地把握每个因素的重要性，促进团队高效协作，从而为OKR的制定和实施提供更有力的支持。

第三节 战略解码流程

公司的战略解码，是找到战略的关键成功要素、识别战略的关键成功领域、梳理关键战略举措的过程。战略解码通常连接着战略制定与战略执行，通过战略解码可以对战略目标、举措及目标的分解取得共识。

在OKR实战中，需要根据客户的实际情况，拓展战略解码的范围和深度。对战略目标已经清晰、业务策略和关键任务比较明确的公司，需要把战略解码的重心放在关键任务的拆解、具体目标与指标的共识上。对年度战略目标不够清晰、业务策略和关键任务不明确、没有达成共识的公司，战略解码需要把战略目标共创、业务设计、关键任务设计等环节也包括进来。

本节战略解码流程所包含的范围较大，包括筹备战略解码会，澄清使命、愿景和战略目标，战略目标共创，核心业务设计，关键任务设计，以及管理举措设计，公司级OKR共创，部门级OKR共创等步骤。（参见下页图4-8）大家在应用时，可以根据实际情况进行取舍。

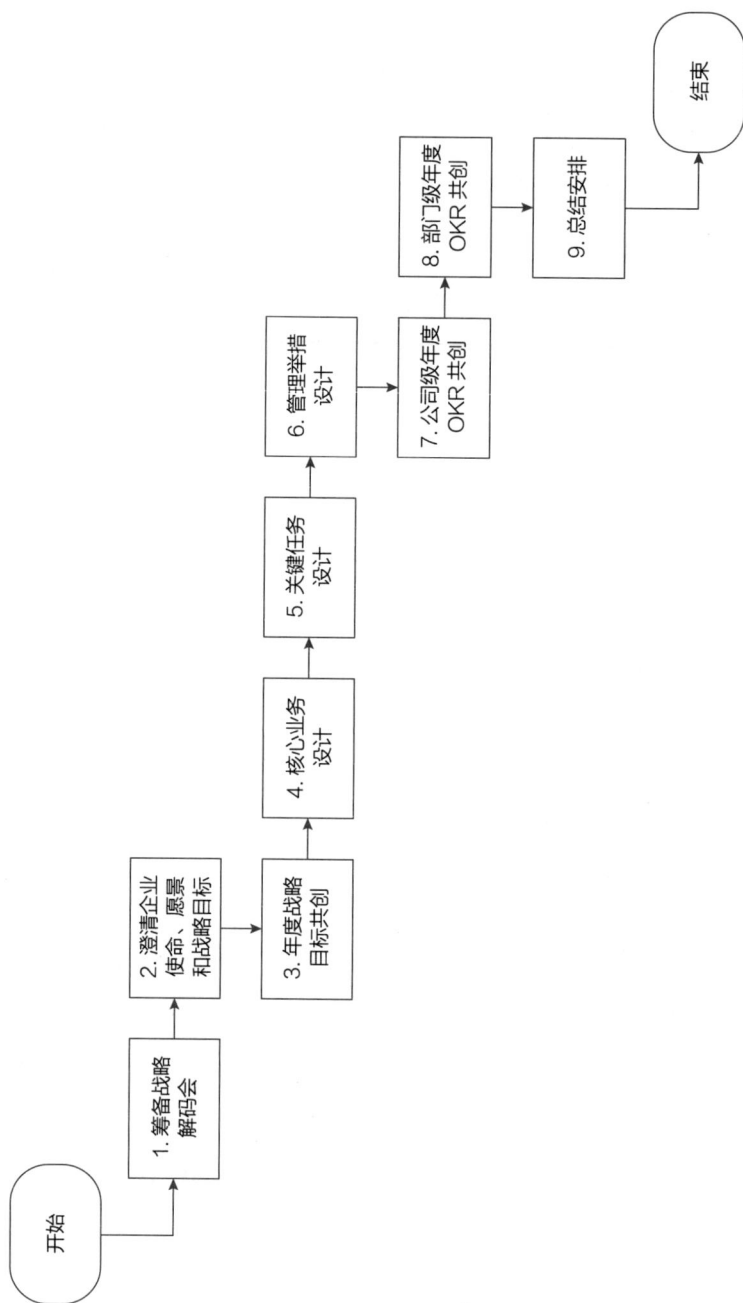

开始 → 1. 筹备战略解码会 → 2. 澄清企业使命、愿景和战略目标 → 3. 年度战略目标共创 → 4. 核心业务设计 → 5. 关键任务设计 → 6. 管理举措设计 → 7. 公司级年度OKR共创 → 8. 部门级年度OKR共创 → 9. 总结安排 → 结束

图 4-8　战略解码流程

一、筹备战略解码会

适用场景：普遍适用。

流程步骤：

1.与核心领导对齐战略解码目标；

2.准备战略解码会会议方案；

3.安排参会人员提前准备材料；

4.筹备会议物料。

二、澄清企业使命、愿景和战略目标

适用场景：使命、愿景和战略目标不清晰的企业。

流程步骤：

1.核心领导对企业的使命、愿景和中长期战略目标进行阐述。

2.分组研讨：每个人心目中的企业使命、愿景和战略目标。

3.分组创作：用文字、画图、3D建模、乐高积木、社会大剧院等多种形式，展示小组共创的企业使命、愿景和战略目标。

4.集体共创：各小组成果汇报、呈现。

5.总结提炼：安排专门小组对成果进行总结、提炼。

6.领导团队研讨共创。

三、年度战略目标共创

适用场景：年度战略目标未确定的企业。

流程步骤：

1.企业负责人传递董事会/上级组织对本企业的期待和要求；

2.负责市场、销售的领导同步感知到的行业环境、客户的需求信息；

3.所有参会人员，站在企业负责人的视角，讨论年度战略目标；

4.分组研讨，形成小组共识；

5.集体共创，确定年度战略目标。

四、核心业务设计

适用场景：核心业务策略不清晰的企业/业务单元。

流程步骤：

1.业务负责人总结上个周期的成败得失；

2.分组研讨客户定位，哪些是我们的目标客户，哪些不是我们的目标客户；

3.分组研讨具体的盈利模式、与合作伙伴的合作共赢策略；

4.分组研讨如何持续增值；

5.分组研讨风险在哪里，如何有效控制；

6.集体共创，确定核心业务年度竞争策略。

五、关键任务设计

适用场景：战略目标、业务策略明确，需要转化为具体的任务执行。

流程步骤：

1.分组研讨，提出执行业务策略的关键活动/必赢之战；

2.集体共创，提出公司/部门的5—8个/场关键任务/必赢之战；

3.集体共创，关键任务的衡量指标及成功的标准；

4.明确具体责任人和时间节点。

六、管理举措设计

适用场景：组织、人才、文化氛围需要变革优化的企业。

流程步骤：

1.分组匿名写出个人认知的关键管理问题；

2.小组汇总关键管理问题；

3.达成集体共识，当下在组织、人才、文化氛围方面的关键问题；

4.公司领导反馈意见，找出本年度需要优化的3—5个问题；

5.讨论行动方案；

6.落实责任人、时间节点。

七、公司级年度OKR共创

适用场景：年度OKR未提出/没有达成共识的企业。

流程步骤：

1.每个参会人员，站在公司负责人视角思考公司的年度目标（O）；

2.小组研讨，公司年度目标（O）；

3.集体共创，公司年度目标（O），选择最重要的3—5个；

4.针对每个目标（O），分组共创3—5个关键结果（KR）；

5.集体研讨修订公司年度OKR。

八、部门级年度OKR共创

适用场景：年度OKR未提出/没有达成共识的部门。

流程步骤：

1.每个参会人员，站在部门负责人视角思考部门的年度目标（O）；

2.小组研讨，部门年度目标（O）；

3.集体共创，部门年度目标（O），选择最重要的3—5个；

4.针对每个目标（O），分组共创3—5个关键结果（KR）；

5.集体研讨修订部门年度OKR。

九、总结安排

适用场景：普遍适用。

流程步骤：

1.总结提炼战略解码成果；

2.安排下一步行动；

3.总结复盘战略解码会经验。

第四节　战略解码案例

一、案例背景

Y公司，是某互联网大厂孵化出来的创业公司，2019年注册公司开始独立运营。公司定位是基于算法引擎的To B（面向企业的产品和服务）内容运营服务。在金融保险行业率先落地，公司开发了多家金融保险大客户。2022年，公司已经经过了A轮融资，现有约百人团队，公司使用OKR。2022年年底，公司开始筹划公司战略会，思考下一步公司定位、业务设计及管理优化等问题。

二、方案设计

1.方案概述

背景：

Y公司2022年首次定义内容行业新生态，管理团队做了很多探索，取得了一些成绩，2023年面临更大挑战，需要达成战略共识，明确接下来的战略打法，以取得创新突破。

目标：

- 公司愿景目标共创，市场洞察、创新焦点讨论；

- 年度战略目标、业务策略设计，组织文化与人才策略讨论，公司级OKR。

时间： 11月19日、20日

地点： 杭州

参加人： 公司中高管12人

- 分组名单

    ◦ 组一：

    ◦ 组二：

主持人： 岳三峰

2. 准备

□ 材料准备：（各位中高管分头准备，战略会用）

> 请各位参会者提前整理外部市场信息、思考业务设计。
> 包括但不限于：
> - 对市场的感知/探索
> - 客户的反馈
> - 业务模式是否能验证跑通/跑不通（why or why not）
> - 最新的认知

□ 物料准备：

　　2个白板、白板笔；

　　A4纸40张、签字笔14支，线上文档；

　　12色彩笔2盒；

　　3D建模其他的物料。

3. 方案

第一部分：开场与愿景共创

第二部分：年度战略目标共创

- 市场洞察

- 创新焦点

- 年度战略目标共创

- 年度OKR共创

第三部分：团队建设

第四部分：公司管理研讨与总结

- 组织、人才、文化问题呈现

- 优化行动方案

4.日程（参见表4-1）

表4-1　Y公司战略解码会日程

时　间	活　动	内　容
11月19日 9:00—10:00	开场与愿景 共创	• 开场 • 谈期待、对齐目标 • 分组共创：图画。你希望Y公司未来成为一家什么样的公司 • 呈现分享
11月19日 10:10—11:00	市场洞察	• BLM模型简介 • 分组研讨：行业、客户和竞争对手发生了哪些变化
11月19日 11:10—12:00	创新焦点	• 分组研讨：我们在哪里可以创新/优化
11月19日 12:00—14:00	午餐、休息	
11月19日 14:00—15:00	战略目标 共创	• CEO谈对市场、业务的认知，对2023年目标的期待；
11月19日 15:10—18:00		• 分组研讨：公司业务设计 • 分组共创：公司级目标（O）与关键结果（KR）
11月19日 18:00—20:00	晚餐、休息	

续表

时　间	活　动	内　容
11月19日 20:00—22:00	欧卡游戏	• 团队建设
11月20日 9:30—11:30	公司管理研讨	• 分组研讨公司文化、组织机制、人才的问题发现与优化建议 • CEO总结 • 退出

三、方案执行

11月19日，Y公司各地的中高管，齐聚杭州。雨后的空气格外清新，十多人开始了为期一天半的年度战略解码会。

1.开场与愿景共创

（1）开场

CEO简要介绍了一年以来公司取得的成绩，和对本次战略会的期待。

（2）愿景共创

分两组共创。

主题：你希望Y公司未来成为一家什么样的公司。

方式：图画/剪贴/表演等。

经过40分钟的分组共创，两个小组各自用图画展示了Y公司的愿景（略）。

2.年度战略目标共创

在年度目标共创中，使用了BLM模型。战略制定部分有四个要素：战略意图、市场洞察、创新角度、业务设计。公司是在大厂孵化的项目，现在设立公司进入市场验证，公司的战略意图比较明确，就是把基于算法的内容自动运营在市场中找到实际应用的场景。公司化后在落地应用中，做了很多尝试，通过这次战略会，需要在市场洞察、创新焦点方向深度研讨、达成共识。

（1）市场洞察

对市场的感知，了解客户需求、竞争者的动向、技术的发展和市场经济状况，以找到机遇和风险。

解释市场上正在发生什么，以及这些改变对公司来说意味着什么。

（2）创新焦点

进行与市场同步的探索与试验。

从中过滤灵感，通过试点和深入市场实践探索新想法。

（3）年度战略目标共创

业务设计环节，需要回答如下问题。

- 选择客户：谁是你的客户？
- 价值主张：怎样实现竞争优势（差异）？
- 价值获取：怎样获利？有其他盈利模式吗？
- 活动范围：经营活动中的角色和范围是什么？
- 价值增值：怎样在价值链中建立能带来持续利润增长的角色？
- 风险管理：有哪些潜在的风险？怎样管理？

（4）年度OKR共创

O1：在业绩方面，通过覆盖超××万元预算的客户××家、用××支持更高的成单效率、标准化销售体系和可售卖方案，支持业绩100%增长，实现公司可持续增长。

- KR1：内容创新营收××万元；
- KR2：建立标准的销售体系、可复制性方案的标准化、优化销售人才的素质模型、建立培训体系，确保金融科技营收××万元，其中新客户××人、老客户××人；

- KR3：本地生活营收××万元。

O2：在产品方面，完善中台能力/商业模式与产业技术突破，完成内容策略产品化，应用至30多个客户，形成竞争壁垒/打造中长期产品竞争力。

- KR1：通过数据闭环沉淀可复用的内容策略超50个；
- KR2：策略组包的内容真实可用性超80%；
- KR3：可数据闭环的客户覆盖至30余家。

O3：在客户方面，突破多元化的市场打法；通过各类生态合作，达成60家重点客户合作，确保Y公司行业领先地位。

- KR1：建立全行业的作战地图，分解到季度月份，包括每名销售的作战地图；
- KR2：联合内容创新部建立生态渠道合作；
- KR3：通过多元化渠道（当地渠道资源方、活动等）达成100条。

O4：在组织效率方面，通过产品复用性、收入增长将人均效率提升至××，人均产出达××万元，实现利润曲线健康化，建立更高效的生产体系，保证组织健康度。

- KR1：各部门人效可衡量；
- KR2：内容成本降低；
- KR3：人均产出增长同比不低于20%。

3.团队建设

在租住的别墅中，CEO下厨为团队做了一顿丰盛的晚宴。参会的所有人围坐一起，用欧卡玩游戏，讲述各自的童年故事、人生的高光时刻、人生的低谷。创业团队的中高层管理者们来自四面八方，彼此还在磨合之中，通过这场团队建设，大家互相倾听，彼此深度了解，推动了信任关系的建立。

4. 公司管理研讨

每人匿名写出各自感受到的公司组织、人才、文化氛围存在的问题，经过分组讨论，聚焦问题。再请两位最核心的管理者发表意见，找出和他们认知匹配的四大关键问题。集体共创出行动方案，并落实到责任人。

四、复盘总结

Y公司是典型的初创公司，公司的创业方向明确，但需要快速试错，找到对的客户、对的商业模式，需要在过程中打造团队和组织能力。在本次战略年会中，设计了愿景共创、战略目标共创环节，让公司十多位中高层管理者共同参与。通过市场洞察、创新焦点和业务设计，让Y公司中高层管理者更深度思考行业、聚焦创新，思考业务定位与实现模式。通过公司年度OKR共创环节，把公司战略目标落地成为更具体的目标和衡量标准。管理问题的聚焦和优化，使公司找到了组织、人才、文化和领导力领域的最关键问题，并制订行动方案，让下一个年度的管理提升有了规划。晚间的团队建设，也加快了中高管之间的了解，促进信任的建立。在一天半的时间内，完成了系统的战略解码工作，非常高效。

可以提升的方面有以下2个。

一是团队建设，在玩欧卡的环节，因为是在饭后，影响了团建效果。教训是，团队建设环节，要营造相对正式且轻松的环境，这样会有更好的效果。

二是管理优化的部分，时间略显不够，行动方案制订得不够具体，行动方案如果能和负责人的季度OKR结合，执行效果会更好。教训是，每一场战略解码会，一天半的会议，主题不超过3个，把关键环节充分展开，避免主题过多、深度不够。

Objectives and Key Results

05

OKR 目标共创

OKR目标，最好经由共创制定。目标是共创产生还是由上级制定，是区分OKR与KPI的关键。

OKR适用的组织一般具有创新的特质，其所处的环境较大多数组织更加具有不确定性，目标也不一定是对的，需要快速试错，找到对的目标及其实现路径。因此在OKR目标制定上，让团队成员参加进来，共创目标，调动集体的智慧，能够更大概率找到对的路径、实现目标。OKR目标由共创产生，还能够调动参与者的积极性，参与者对于自己讨论制定出来的目标，执行的意愿度更高。

OKR目标共创，通常以目标共创工作坊的形式进行。在团队或组织内部聚集关键利益相关者，共同参与目标的讨论和制定过程。在目标共创工作坊中，参与者可以集思广益，分享不同的观点和见解，以促进目标的共识和协作。在目标共创工作坊中，通常由OKR教练或主持人引导讨论，根据企业的战略和愿景，提出初步的目标设定，然后邀请参与者一起讨论和完善这些目标。参与者可以就目标的可行性、挑战性，对企业的价值贡献等方面进行深入的探讨，通过互动和碰撞不同观点，逐步形成共识。目标共创工作坊的讨论过程是开放的、积极的，可以激发团队成员的创造力和合作精神。在目标共创工作坊中，每个人都有机会表达自己的意见，无论是高层管理者还是基层员工，他们的想法都会被重视。这有助于促进组织内部的沟通和合作，增强团队成员的归属感和责任心。通过目标共创工作坊，团队成员可以更好地理解公司的战略方向和发展重点，明确自己在其中扮演的角色和承担的责任。这种共同参与目标制定的过程还有助于增强员工对目标的认同感，提高他们的工作积极性和投入度。

第一节　OKR目标共创会的流程

OKR目标共创，一般会涉及七个环节。分别是前期准备、开场导入、澄清战略方向、共创目标（O）、共创关键结果（KR）、OKR撰写优化、总结与下一步工作安排。（参见图5-1）这七个环节不一定全部按步骤进行，应根据企业的实际情况取舍、合并。如果企业战略解码已经做得非常充分，澄清战略方向这一步就可以跳过。如果企业级的目标已经探索得比较清楚，共创目标（O）这个环节和共创关键结果（KR）的环节可以整合进行。总之，可以根据企业情况选择使用。

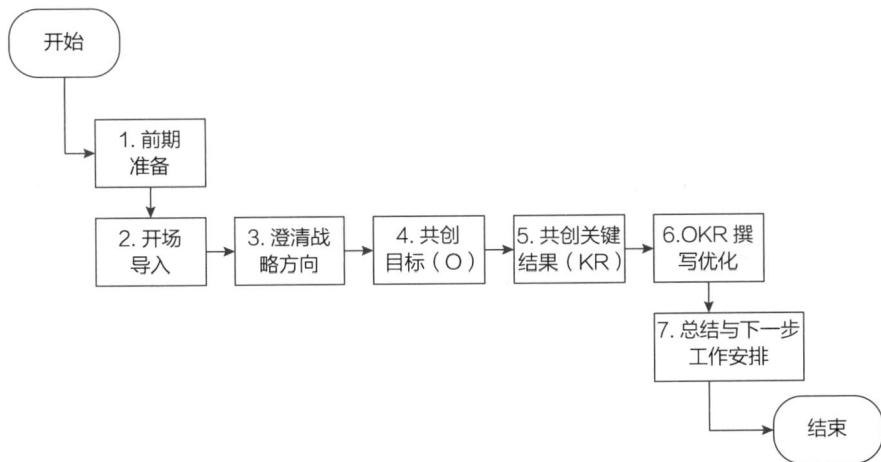

图5-1　OKR目标共创会流程

一、前期准备

适用场景：普遍适用。

流程步骤如下。

第一步，确定会议目的和主题：明确目标共创会的目的，是制定新的季度或年度 OKR，或是回顾上一周期 OKR 的执行情况并进行优化。确定会议的主题，以确保会议的焦点和效果。

第二步，确定会议时间和地点：选择合适的时间和地点，以便参与者能够全程参与，并确保会议的顺利进行。

第三步，邀请参与者：确定参与会议的关键利益相关者，包括高层管理者、部门负责人、团队成员等。确保涵盖了所有需要参与 OKR 制定和执行的人员。

第四步，准备资料和工具：准备与会议主题相关的资料和工具，如公司战略文件、上一周期 OKR 的执行情况报告、OKR 目标制定模板等，以帮助参与者更好地理解和参与讨论。

第五步，制定会议议程：规划会议议程，明确会议的流程和安排，包括每个环节的时间安排和讨论重点，以确保会议高效有序地进行。

第六步，设定会议规则：确定会议的讨论规则和决策机制，确保参与者能够充分表达意见，进行有效的讨论和决策。

第七步，指定主持人或 OKR 教练：确定会议的主持人或 OKR 教练，负责引导会议的进行，确保会议达到预期目标。

第八步，提前沟通：提前与参与者沟通会议的目的、主题和议程，确保参与者对会议有充分的了解和准备。

二、开场导入

适用场景：普遍适用。

流程步骤如下。

第一步，引导会议目的：在会议开始时，明确会议的目的和重要性。解释 OKR 目标共创会的意义，即通过集思广益，共同制定明确的目标，以推动组织的发展和业务的成功。

第二步，说明会议议程：简要介绍会议的议程，让参与者知道整个会议的安排和时间分配，确保会议能够高效有序地进行。

第三步，提醒共创原则：强调OKR目标共创的原则，即鼓励所有参与者积极参与、充分表达意见，倡导开放的讨论氛围，以便得到更多的创意和想法。

第四步，建立安全环境：营造一个安全和信任的氛围，让参与者放心分享自己的看法和观点，不用担心受到批评或否定。

第五步，回顾上一周期OKR执行情况（可选）：如果是制定新的OKR目标，可以先简要回顾上一周期的OKR执行情况，让参与者了解过去的成绩和挑战，为制定新目标提供参考。

第六步，激发参与热情：邀请每一位参与者，用一句话说明自己对本次目标共创会的期待，鼓励所有参与者积极参与讨论和贡献自己的想法，让大家感到期待和兴奋。

第七步，自我介绍和破冰活动（可选）：如果参与者之间不太熟悉，可以设计一些简单的自我介绍和破冰活动，以帮助大家更好地了解彼此，增进团队合作氛围。

三、澄清战略方向

适用场景：参会人员对战略方向不清晰时。

流程步骤如下。

第一步，提供背景信息：首先，由公司领导向参与者提供相关的背景信息，包括公司的战略目标和愿景，当前所处的市场环境和竞争态势，以及其他与战略方向相关的重要信息，确保所有人对公司的整体战略有清晰的认识。

第二步，强调战略目标：传递上级单位/董事会对公司的期待，强调公司的战略目标，确保参与者理解这些目标的重要性和紧迫性，以便将个人和团队的目标与公司的战略目标相对应。

第三步，确定关键成功因素：和参与者一起讨论并明确实现战略目标的关键成功因素。这些因素是影响公司成功与否的关键要素，需要在OKR 目标共创中充分考虑并将其纳入目标设定。

第四步，分析优势和挑战：与参与者一起分析公司目前的优势和挑战，了解可能影响目标实现的内外部因素，为制定切实可行的 OKR 目标提供依据。

第五步，确定关键业务策略：结合公司的战略目标和关键成功因素，确定需要重点关注的关键业务领域的竞争策略。这些领域将成为制定 OKR 目标的重点和核心。

第六步，与参与者进行讨论和互动：在整个澄清战略方向环节中，与参与者进行积极的讨论和互动，鼓励他们提出自己的想法和观点，确保每个人都能对战略方向有更深入的理解。

第七步，澄清疑问和解答：及时澄清参与者对战略方向的疑问，解答他们可能有的疑虑，确保每个人对澄清的战略方向有共识。

四、共创目标（O）

适用场景：公司级、部门级 OKR 共创。

流程步骤如下。

第一步，讲解共创要求与规则：公司/部门负责人向参与者讲解共创目标（O）的背景和重要性，确保所有人对共创活动充分重视。主持人讲解共创的规则，每个参与者不是站在自己的视角，而是站在公司/部门负责人视角，参与共创。主持人讲解目标（O）的基本要求和范例。

第二步，小组组建：将参与者分成小组，确保每个小组的成员具有相关的知识和技能。每个小组产生一位负责人，带领小组就目标（O）进行深入的探讨和共创。

第三步，小组研讨目标（O）：小组负责人组织成员一起讨论。讨论公司/部门的现状和面临的挑战。确定本OKR周期最有价值、有挑战的3—5条目标（O）。在小组讨论的过程中，小组负责人起到引导和促进的作用，鼓励每个成员发表自己的意见和观点，确保每个人都能参与进来。通过讨论，达成对3—5条目标（O）的共识。

第四步，合并目标（O）：完成小组共创后，公司/部门负责人将各小组的共创结果进行合并和总结。他们将目标（O）进行整合，确保各小组的共创内容能够相互补充和协调。

第五步，选择确认目标（O）：主持人邀请所有参与者进行投票，选择本周期最有价值的目标（O）。基于投票结果，公司/部门负责人最终确定本OKR周期的3—5个目标（O）。

五、共创关键结果（KR）

适用场景：公司级、部门级OKR共创。

流程步骤如下。

第一步，小组分工：根据小组成员特点分工，每个小组选择1—2个目标（O），共创关键结果（KR）。

第二步，目标（O）回顾和理解：在开始共创关键结果（KR）之前，小组负责人会回顾之前共创的目标（O），并确保所有参与者对目标（O）有清晰的理解。这有助于将关键结果（KR）与目标（O）紧密衔接，确保关键结果（KR）能够有效支撑目标（O）的实现。

第三步，关键结果（KR）解释和举例：主持人向参与者解释什么是关键结果（KR），以及关键结果（KR）应该具备的特点。还可以提供一些范例，帮助参与者更好地理解如何制定具体的关键结果（KR）。

第四步，小组讨论和共创：小组负责人引导成员一起讨论和共创支持目标（O）达成的关键结果（KR）。包括讨论实现目标（O）的关键路径、关键结果、衡量标准等。确保每个关键结果（KR）都是具体、可衡量、有挑战性的，并与目标（O）紧密相关。

第五步，选择和确认：每个小组完成关键结果的共创后，将各小组的结果进行汇总和合并。公司/部门负责人与参与者共同审查目标（O）与对应的关键结果（KR），确保关键结果（KR）与目标（O）的一致性，并能够支撑团队实现目标（O）。

六、OKR撰写优化

适用场景：普遍适用。

流程步骤如下。

第一步，目标（O）的撰写优化。

- 目标清晰：负责人与参与者一起回顾目标（O），确保目标具有明确的方向和描述，能够清晰地表达团队的愿景和目标。

- 衡量标准：负责人与参与者对目标（O）达成的衡量标准进行审查，确保可以通过具体的指标来衡量目标的达成程度，以便在周期结束时进行评估。

- 价值与意义：负责人与参与者一起探讨目标（O）的价值和意义，确保对目标有深度的、一致的理解，从而提高执行的意愿度。

- 突破点：负责人与参与者共同讨论，达成目标（O）所需的关键突破点、关键的策略和实施的抓手，对下一步的行动方向取得共识。

- 基于以上四点讨论，主持人列举完整的目标（O）的示例，共同撰写新一版的目标（O）。

第二步，关键结果（KR）的撰写优化。

- 具体（Specific）：负责人与参与者共同讨论关键结果（KR）是否具体，确保即便不了解背景的人看到此关键结果（KR），也能知道具体的行动、能判断是否达标。

- 可衡量（Measurable）：负责人与参与者共同讨论，关键结果（KR）是否有明确的定量指标或者定性指标可供衡量。

- 有挑战（Ambitious）：负责人与参与者共同讨论，关键结果（KR）是否是有挑战性的，同时也是有实现的可能的。

- 相关（Relevant）：负责人与参与者共同讨论，几条关键结果（KR）实现后，是否能大概率保证目标（O）的实现。

- 有时限（Time-bound）：负责人与参与者共同讨论，关键结果（KR）是否在本OKR周期内能够实现。

- 基于以上五点讨论，主持人列举完整的关键结果（KR）的示例，与会者共同撰写新一版的关键结果（KR）。

七、总结与下一步工作安排

适用场景：普遍适用。

流程步骤如下。

第一步，OKR确认：公司/部门负责人会对共创会上共同制定的目标和关键结果进行总结和确认，确保所有参与者对OKR有清晰的理解。

第二步，答疑解惑：在共创会中可能会出现一些问题或疑惑，这一步骤是公司/部门负责人回答参与者提出的问题，澄清任何不明确的地方，确保大家对OKR的内容和意义有充分理解。

第三步，行动计划制订：公司/部门负责人与参与者一起制订下一步的行动计划。这包括OKR对齐、下一层OKR的共创时间节点、责任人、具体行动和任务。

第四步，资源分配和支持：公司/部门负责人会评估实现OKR推进所需的资源和支持，判断是否需要内外部OKR教练的支持，确保团队有足够的资源来完成OKR落地的目标。

第五步，总结和反馈：公司/部门负责人会总结共创会的进展和结果，每人一句话，概括自己在目标共创会上的进步与收获。主持人收集参与者的反馈意见，以便在未来的OKR共创中做出改进。

第二节　OKR目标共创会的准备

OKR目标共创会的准备包括方案的准备、材料的准备和会务的准备，这些准备工作都是确保共创会顺利进行和取得成果的关键。

方案的准备：在组织OKR目标共创会之前，需要准备一个详细的方案。方案应该包括共创会的目标和目的、时间和地点、参与人员名单和职责分工、会议流程和议程安排等内容。方案的制订要充分考虑团队的实际情况和需求，确保共创会能够达到预期的效果。

材料的准备：在共创会前，需要准备相关的材料，以帮助参与者理解和准备共创会议。这些材料可能包括过去OKR执行情况的回顾、公司战略和业务重点的介绍、行业和市场的趋势分析等。这些材料将为参与者提供背景信息，帮助他们更好地参与到共创会中。

会务的准备：会务的准备涉及会议的组织和安排。首先，需要预订会议室并确保会议场地的设施和设备齐全，如投影仪、白板、笔记本电脑等。其次，要安排会议的餐饮和茶歇服务，确保参与者在会议期间得到适当的休息。此外，还需要准备会议签到表和相关文档，以便参与者在共创会中记录和交流信息。

一、方案的准备

OKR目标共创会方案

会议名称： OKR目标共创会

会议目的： 通过共同参与和合作，制定明确的OKR目标，推动团队的协作和成果达成。

会议时间：（具体时间）

会议地点：（具体地点）

参与人员：（列出参与共创会的所有人员名单，包括团队负责人、管理者和团队成员等）

会议主持人：（指定一名主持人负责带领会议）

会议议程：

1.开场导入

- 主持人介绍会议目的和议程，强调共创会的重要性，激发参与者的积极性和合作意愿。

2.澄清战略方向

- 公司战略和业务重点的介绍，回顾过去OKR执行情况，分析行业和市场的趋势，确保所有参与者对战略方向有清晰的认识。

3.分组共创目标（O）

- 参与者按团队划分，每个团队由团队负责人带领。

- 各团队站在团队负责人的视角，共同讨论并制定目标（O），确保目标具有挑战性、可衡量、有价值和有意义，同时确定目标的突破点。

4.分组共创关键结果（KR）

- 团队在团队负责人的指导下，进一步分拆目标（O），确定关键结果（KR）。
- 关键结果（KR）需遵循SMART原则，确保每个关键结果（KR）都是具体、可衡量、有挑战、与目标相关且有明确的完成期限的。

5.OKR撰写优化

- 参与者对共创出的目标（O）和关键结果（KR）进行检查和优化，确保各项OKR完整、合理、具有挑战性。
- 目标（O）优化遵循目标、衡量、意义、突破点4条标准检查。
- 关键结果（KR）优化遵循SMART原则检查。

6.会议总结与下一步行动安排

- 主持人对本次共创会进行总结，确认最终的OKR目标。
- 确定下一步的行动计划和时间表，包括目标执行的时间范围、跟进进度的频率以及团队间的沟通协作方式等。

会议结束后，会务人员负责整理会议记录和共创的OKR目标，将相关材料发送给所有参与者和相关团队。之后，根据确定的行动计划，团队负责人和管理者需持续跟进OKR的执行情况，确保目标的顺利完成和团队的高效合作。

二、材料的准备

材料的准备在OKR目标共创会上起着至关重要的作用，它为参与者提供了必要的信息和数据，帮助他们在共创会中做出明智的决策和制定具有挑战性的OKR目标。

1.上级组织委任的战略目标

这些是来自上级组织的战略目标和重要方向，对整个组织的发展方向起着引导作用。在共创会上，参与者应该了解上级组织的战略目标，这有助于他们将个人和团队的目标与组织整体战略相对应，确保OKR目标的对齐和一致性。

彼得·霍金斯的5C高绩效团队教练体系，特别强调上级组织的目标委任，可以参见第48页图3-2。一个组织的成功，需要放到更大的组织网络中去观察。特别是目标的确认环节，最重要的工作就是获得最重要的相关利益者，即上级组织或董事会、股东会的委任目标。

代入委任目标可以有多种方式，供大家根据实际情况选择。

方式一：邀请上级组织/董事会/大股东的代表，参加OKR目标共创会。请他们把上级组织/董事会/大股东的委任目标在会上进行宣讲。

方式二：请组织的负责人，在OKR共创会上宣讲委任目标。

方式三：请OKR教练，调研上级组织/董事会/大股东，把调研的意见代入OKR目标共创会。

我在字节跳动的OKR目标共创工作坊实战中，都是邀请团队的上一级领导参会，现场讲述他对团队的定位、目标和期待。现场还会有些对关键问题的讨论。经过这个环节，团队成员就了解了更高层组织对本团队的要求。在共创OKR目标时，会更有方向感。

2.来自行业、市场和客户的动态

了解市场的最新发展趋势、竞争对手的动态和行业的变化，有助于团队更好地把握外部环境，及时调整目标和策略。在共创会前，团队成员应收集相关行业信息，以便在共创会上做出基于市场趋势和竞争情况的目标设定。客户需求是企业发展的重要驱动力，理解客户需求有助于确定目标的价值和意义。在共创会上，团队成员可以分享客户的反馈和需求，从而制定更加贴近客户的OKR目标。

在IBM的BLM模型中（可以参见第79页图4-2），市场洞察是战略制定中的关键步骤。市场洞察，要始终将重心放在了解客户需求、竞争对手的动向、技术进步和市场经济环境变化上，识别企业的机会和风险。在代入行业、市场和客户的动态时，BLM模型的市场洞察是非常实用的工具，见表5-1。

表5-1　市场洞察（一）

市场洞察	主要思考点
行业和市场	你所处的行业和市场是什么？行业的价值链发生了什么变化？市场的规模和未来的增长预期如何？ 宏观环境、技术与服务、人口统计数据、法律与政策发生了什么主要变化将影响到你所在的行业？
客户	你服务于哪些客户？他们的基本特征是什么？ 客户的需求与当下最紧迫的挑战是什么？ 为什么客户选择你的产品与服务？
竞争对手	在整个市场上发生了或者正在发生什么变化？ 你的竞争对手有哪几类？谁是主要的竞争对手？ 他们的经营状况如何？未来竞争的主要策略是什么？

在目标共创会的实战中，我通常会提供表5-2，让参会的人员提前准备。特别要求对外接触客户、市场的参会者必须准备，同时要求内部平台部门、职能部门的参会者也要做好准备，牵引大家从客户、市场的视角思考管理的目标。

表5-2　市场洞察（二）

市场洞察	趋势	机会	威胁
宏观分析（市场、行业、技术等）			
客户需求与痛点			
竞争对手的策略			

3.上个周期的复盘总结

上个周期的复盘总结是回顾过去执行OKR的情况，发现问题和优势，为制定新的OKR提供参考。参与者应该在共创会前复习上个周期的总结报告，从中吸取教训，避免重复犯错，并在新的周期中做得更好。

通常，OKR新周期的目标共创与上一个周期的OKR复盘，在一个会上进行，这样最节省管理者的时间。OKR复盘环节结束后，复盘总结自然成为OKR目标共创的输入之一。

如果没有在一个会上进行，在OKR目标共创前，需要参会者将上一周期的OKR复盘总结结论代入，见表5-3。

表5-3　复盘表

复盘表					
时间：　月　日			学科：		
目标回顾	评估结果	分析原因	经验教训		
预期目标	亮点	成功因素	学到的经验	待改进之处	
达成情况	不足	失败原因	未来改进计划		
			具体行动	时　间	责任人

三、会务的准备

会务的准备涉及会议的组织和安排。首先，需要预订会议室并确保会议场地的设施和设备齐全，如投影仪、白板、笔记本电脑等。其次，要安排会议的餐饮和茶歇服务，确保参与者在会议期间得到适当的休息。此外，还需要准备会议签到表和相关文档，以方便参与者在共创会中记录和交流信息。

1. 场地准备

- 确定会议的参与人数和会议规模，选择合适大小的会议室，确保所有参与者都能有足够的空间。

- 确保会议室设施齐全，包括投影仪、白板、音响系统和高速互联网，以便进行演示和交流。

- 检查会议室的舒适度，确保座椅舒适、空调和照明系统正常运行、空气流通状况较好。

2. 餐饮茶歇准备

- 根据会议时间和参与者的需求，安排相应的餐饮服务，包括早餐、午餐和茶歇。

- 提供多样化的餐食选择，考虑到可能有不同的饮食偏好和需求，如提供素食、无麸质等选项。

- 确保饮料供应充足，包括水、茶、咖啡、水果等，以保持参与者的精神状态。

3. 文档道具准备

- 提前准备会议签到表，包含参与者的姓名和联系方式，以便会议登记和统计。

- 准备会议议程和日程安排，明确共创会的流程和时间分配，让参与者清楚会议的内容和安排。

- 提供笔记本和笔等工具，方便参与者在会议期间做记录和交流。

- 是否需要道具、需要什么类型的道具，要和主持人或OKR教练提前沟通，做好准备。

我在OKR共创会的实战中，会务的准备，通常会请公司行政的同事配合，一般他们都有丰富的经验。在会议共创文档的选择上，推荐用在线文档工具，如飞书文档、腾讯文档、钉钉文档等。使用这些工具，让共创的过程能留痕，能及时同步，效率更高。我服务的大多数客户，OKR共创会都用在线文档。只有少数客户，因为集团保密纪律的要求，只能用现场白板纸的方式进行。

第三节　OKR的撰写

针对公司级、部门级的OKR撰写，通过战略解码、共创目标（O）、共创关键结果（KR）的环节，会产出一版共创后的OKR。通常这一版OKR会用企业习惯的语言、习惯的表达方式。如果还想在OKR目标上设定得更精准，就需要对OKR的文本精细化打磨。通过对OKR的文本打磨，让OKR表达得更精准，互相有更深度的共识，避免理解偏差从而影响执行效果。

针对小团队或者个人的OKR撰写，流程可以简化为厘清逻辑、对齐目标、撰写文本几个环节。

一、厘清逻辑

厘清逻辑是简化的战略解码。可以通过鱼骨图（参见第88页图4-6）或思维导图（参见第88页图4-7），对影响目标达成的关键成功要素进行逻辑拆解。

1.厘清业务与管理的关键成功要素（KSF）

鱼骨图或思维导图可以将各个要素以树状结构展示，帮助我们更好地理解它们之间的关系和层次。在绘制鱼骨图或思维导图时，可以按照以下步骤进行。

第一步，明确业务与管理的范围：确定要撰写OKR的业务和管理范围。这可能涵盖多个方面，如销售、市场营销、研发、人力资源等。明确范围有助于后续的鱼骨图或思维导图构建。

第二步，识别关键成功要素：在每个业务和管理范围内，识别关键成功要素。例如，在销售范围内，关键成功要素可能包括客户开发、销售渠道、产品定价等。在人力资源范围内，关键成功要素可能包括员工招聘、培训发展、绩效管理等。

第三步，画图整理：将每个范围内的关键成功要素用鱼骨图或思维导图整理出来。在思维导图的顶层是业务与管理的范围名称，下面是各个关键成功要素，可以再进一步展开子要素和关联因素。

2.结构化思考

确保每一层的各个要素符合MECE原则。在鱼骨图或思维导图中，每个关键成功要素及其子要素应该被明确划分。在结构化思考中，重点区分各个关键要素是否为同一个层级的，区分是父要素还是子要素，避免父要素和子要素出现在同一层级。

在同一层要素中，确保没有遗漏，也确保没有重叠。

3.聚焦高优做减法

在找到所有关键成功要素后，要缩减数量。找到当下周期中最有价值、最关键，且本部门/本人可控的3—5个因素。这是为了保持目标的聚焦性和可实现性。要做减法，可以根据以下步骤进行。

第一步，评估重要性：对所有的关键成功要素进行评估，找出对当前周期业务和管理最为重要的因素。这些因素应该是直接影响业绩和结果的要素。

第二步，评估可控性：在找出重要因素后，进一步评估其可控性。选择那些本人和团队可以直接影响和控制的因素，以确保可操作性。

第三步，缩减数量：根据重要性和可控性的评估，将关键成功要素的数量缩减至3—5个，以确保目标的聚焦性和可实现性。

通过对业务的独立思考、找到有价值的工作领域及关键成功要素，梳理部门或个人层面有价值的目标。通过厘清逻辑、结构化思考和聚焦高优做减法的过程，撰写OKR时可以更好地厘清业务与管理的关键成功要素，并确定最关键且本部门或本人可控的因素，从而制定出聚焦且实现可能性高的OKR目标。这些步骤有助于提高OKR的质量和可执行性，推动团队或个人朝着战略目标迈进。

二、对齐目标

OKR撰写中，需要网络状地对齐目标，如对齐直接上级甚至隔级的目标，对齐协调部门的目标，自我对齐甚至对齐下级提出来的有价值的目标。

1.向上对齐

对齐上级目标是OKR制定过程中至关重要的一步，它确保个人或团队的目标与上级目标保持一致，与组织整体战略保持协调。在OKR制定过程中，存在几种不同的对齐方式：

- 自己的目标（O）来自上级的目标（O）：这种情况下，个人或团队的目标直接来源于上级设定的目标。上级目标是更高层次战略目标的具体展示，个人或团队的目标应该是为实现上级目标作出的具体贡献。

- 自己的目标（O）来自上级的关键结果（KR）：有时，上级目标可能没有直接指定个人或团队的目标，而是通过设定关键结果来达成目标。在这种情况下，个人或团队的目标可以根据上级的关键结果来确定，确保与上级目标对齐。

2.横向对齐

在实现目标的过程中，协同他人也是至关重要的。团队内部的协作和支持可以提高目标实现的效率和质量。在OKR制定过程中，个人或团队可以积极响应他人的协作目标，主动提供帮助和支持，共同推进整个团队的目标实现。

同时，个人或团队也应该主动寻求他人的协助目标，如果在实现自己的目标过程中需要其他团队或个人的支持，应该及时沟通并协商，确保获得必要的资源和协助。

3.自我对齐

OKR目标对齐中，还要做自我的对齐。检查OKR，是否做了本部门/本职位真正难而重要的事。检查上个周期的OKR总结复盘，经验教训是否得到了吸取。自我对齐是非常有挑战性的。需要面对事实，挑战人性。挑战那个容易回避真正的难题、容易找容易目标和路径的自我。挑战那个面对挫折、失败容易逃避、容易归因于外的自我，真正能够从挫折、失误中学习。自我对齐这个步骤，往往需要OKR教练的帮助。

4.向下对齐

有时候，业务环境可能发生变化，下级或业务一线的同事，更靠近客户、靠近市场，能够更敏锐地感受到变化。有时也需要调整个人或团队的目标，对齐下级目标以适应这些变化。

通过对齐上级目标和积极协同他人甚至对齐下级目标，个人或团队可以更好地融入组织的整体战略，发挥团队协作的优势，共同实现更大的目标。这种整体协同和目标对齐的方式有助于提高组织的整体绩效和创造更大的价值。

三、撰写文本

OKR文本要是动宾结构，不要模糊的形容词，不要里程碑和目标的简单堆砌，最后形成完整的目标（O）文本：动宾词组＋核心抓手＋方向目标＋指标，形成符合SMART原则的关键结果（KR）文本。

1.要使用动宾结构

OKR文本应该采用简洁明了的动宾结构，目标（O）、关键结果（KR）使用动词＋名词或名词性短语。这样的结构使目标和关键结果之间的逻辑关系清晰，让人一目了然地知道目标的实现需要通过哪些关键结果来完成。

错误示例："目标（O）：用户满意度为优。"

正确示例："目标（O）：通过减少产品故障率、缩短客户服务响应时间、提升用户反馈率，提高用户满意度，用户净推荐值NPS高于15%。"

2.不要模糊的形容词

OKR文本应该尽量避免使用模糊的形容词，要使用具体的、可衡量的词语来描述目标和关键结果。不要使用模糊的形容词如"大幅度提高""明显增加"等，要使用具体的数字或百分比来描述目标的实现情况。不要使用抽象的词语，要描述具体的动作。

错误示例："部门高效协同，支撑业务快速发展。"

正确示例："业务部门提起需求，24小时内响应，支撑季度末业务增长率达到15%。"

3.不要里程碑和目标的简单堆砌

OKR文本应该是明确的、具体的目标和关键结果，而不是简单地列出任务和里程碑。目标应该是具有挑战性和野心的，而关键结果应该是可衡量和可达成的。简单地堆砌任务和里程碑，不能揭示目标与关键结果的逻辑关系，不能体现OKR的价值与意义。最终可能无法提供明确的方向和激励。

错误示例："O1：物流业务营收不低于1.5亿元，毛利192万元，网货收入不低于8000万元。"

正确示例："O1：通过开拓集团内外客户，发展网络货运，从0到1拓展物流业务，季度末营收不低于1.5亿元，毛利192万元。"

4.完整的目标（O）与关键结果（KR）的撰写

完整的目标（O）在撰写前，要完成四个层面目标问题的思考：目标是什么？如何衡量目标达成？目标完成的价值和意义在哪里？完成目标需要从哪里突破？

结合这四层目标问题的思考，整理成目标（O）的文本。基本的结构如图5-2所示。

图5-2 目标的四层问题

例如："目标（O）：继续尝试/验证多种产品与服务，探索咨询与服务工作室的打法，合同额/营收适度增长，达到××万元/××万元，为健康快乐的下半生工作模式开局。"

- 突破点：继续尝试/验证多种产品与服务，探索咨询与服务工作室的打法；
- 目标：合同额/营收适度增长；
- 衡量：××万元/××万元；
- 意义：为健康快乐的下半生工作模式开局。

关键结果（KR）的撰写，要符合SMART原则，如下页图5-3所示。

例如：

目标（O）：继续尝试/验证多种产品与服务，探索咨询与服务工作室的打法，合同额/营收适度增长，达到××万元/××万元，为健康快乐的下半生工作模式开局。

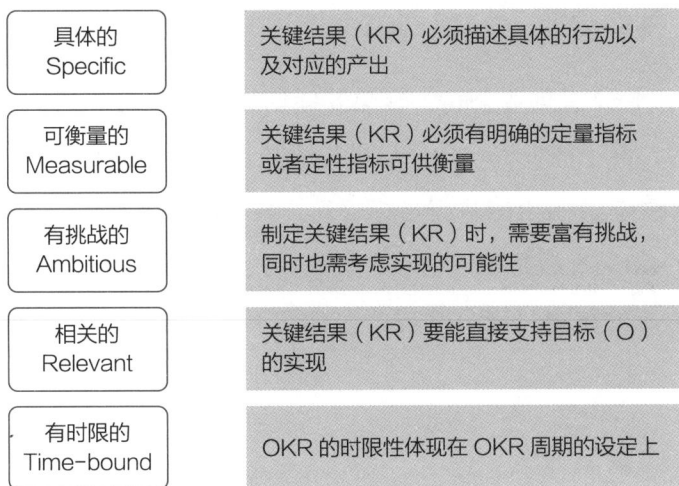

具体的 Specific	关键结果（KR）必须描述具体的行动以及对应的产出
可衡量的 Measurable	关键结果（KR）必须有明确的定量指标或者定性指标可供衡量
有挑战的 Ambitious	制定关键结果（KR）时，需要富有挑战，同时也需考虑实现的可能性
相关的 Relevant	关键结果（KR）要能直接支持目标（O）的实现
有时限的 Time-bound	OKR的时限性体现在OKR周期的设定上

图5-3 SMART原则

KR1：【OKR】全力拓展OKR咨询+教练的客户，全年服务4—6家，合同额/营收××万—××万元/××万—××万元，迭代产品有深度、有实效，为客户创造更多价值，成为工作室的核心业务；

KR2：【教练】持续提升教练能力，上半年通过PCC认证，体验教练服务80—100位客户，高管教练累计服务20—30位客户，净推荐值（NPS）50%—70%，团队教练服务5—10家客户；成为工作室的增长业务；

KR3：【常年顾问】探索常年顾问模式，寻找合适的企业与企业家，深入沟通1—3家，建立信任，长期服务，为未来奠定基础；

KR4：【培训】围绕组织发展、人才发展、教练核心能力，拓展线上线下培训、工作坊业务，辅助获客，全年营收××万—××万元。

第四节 OKR目标共创的案例

一、案例背景

Z公司是一家创业公司,聚焦互联网快应用领域。创始人是个连续创业者,善于捕捉机会。公司成长比较快,创业第四年,有近百人的团队时决定用OKR来进行目标管理。1—2月双月已经推行了OKR,2月底请OKR辅导教练OKR培训,同时1—2月复盘、3—4月目标共创。因为创始人的重视,亲自参与,在OKR目标共创中,工作做得非常扎实。

二、方案设计

公司2月25—28日OKR培训与辅导方案如下。

1.概述

目标:

- 学习OKR的理念与案例、统一认知;

- 复盘1—2月OKR执行结果;

- 讨论共创3—4月双月OKR。

参加人:公司中高管30人

- 分组名单

  ◦ 组一:

  ◦ 组二:

  ◦ 组三:

时间:2月25—28日

地点：

2. 物料与材料准备

☐ 物料准备

　　☐ 1个白板、三色白板笔各2根

　　☐ 线上文档

　　☐ 提升能量的水果、零食、饮料

☐ 材料准备

　　☐ 各位参会中高管分头提前准备，线上填写

3. 日程

表5-4　Z公司OKR目标共创日程表

时　间	活　动	内　容
2月25日 9:00	签到	
2月25日 9:00—12:00	上半场： OKR理念与 案例分享	• 开场，谈期待、对齐目标 • OKR的历史沿革 • OKR的理论基础 • 字节及飞书OKR客户的实践案例 • OKR调研 • 问答
2月25日 13:30—18:30	下半场： 1—2月OKR 复盘	• 提前准备复盘材料 • 介绍"飞阅会"方法 • 复盘
2月26日 9:00—12:00	3—4月OKR 共创	• OKR的撰写指南 • 创始人讲行业洞察、目标期待 • 分组研讨，共创3—4月公司级目标（O） • 分组展示、教练点评，聚焦3—5个公司级目标（O）
2月26日 13:30—17:30	3—4月OKR 共创	• 分组研讨，每个目标（O）的关键结果（KR） • 分组展示、教练点评 • 汇总，输出公司级的OKR • OKR对齐

时 间	活 动	内 容
2月27日 9:00—12:00	部门A： 3—4月OKR 共创	• 公司级OKR的输入与宣导 • 部门负责人谈对3—4月的认知和期待 • OKR撰写要点培训辅导 • 分组/共同研讨部门级目标（O） • 分组/共同研讨每个目标（O）的关键结果（KR） • 汇总、输出部门3—4月OKR
2月27日 13:30—17:30	部门B： 3—4月OKR 共创	• 公司级OKR的输入与宣导 • 部门负责人谈对3—4月的认知和期待 • OKR撰写要点培训辅导 • 分组/共同研讨部门级目标（O） • 分组/共同研讨每个目标（O）的关键结果（KR） • 汇总、输出部门3—4月OKR
2月28日 9:00—12:00	部门C： 3—4月OKR 共创	• 公司级OKR的输入与宣导 • 部门负责人谈对3—4月的认知和期待 • OKR撰写要点培训辅导 • 分组/共同研讨部门级目标（O） • 分组/共同研讨每个目标（O）的关键结果（KR） • 汇总、输出部门3—4月OKR
2月28日 13:30—17:30	部门D： 3—4月OKR 共创	• 公司级OKR的输入与宣导 • 部门负责人谈对3—4月的认知和期待 • OKR撰写要点培训辅导 • 分组/共同研讨部门级目标（O） • 分组/共同研讨每个目标（O）的关键结果（KR） • 汇总、输出部门3—4月OKR

三、方案执行

第一天，上午做OKR理念与案例的培训，下午做1—2月复盘。

第二天，公司核心管理团队共创公司级3—4月OKR。

公司级OKR责任人Z总，他是创始人兼CEO，是个连续创业者，学习能力非常强。在共创完成后，高管团队已经共创出了一稿结合企业实际的公司级3—4月OKR。Z总在接受OKR教练辅导后，马上发现原来

定的目标（O）中有逻辑及表述的问题。并且开始动手逐条推敲、修改，直到全部满意。下面举个例子。（参见图5-4）

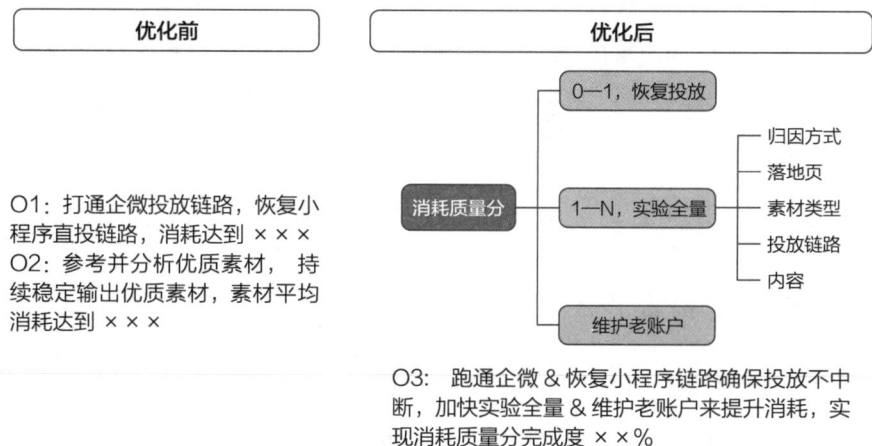

图5-4　Z公司OKR辅导优化前后对比示例

高管团队一起共创了两个业务类的OKR目标：

O1：打通企微投放链路，恢复小程序直投链路，消耗达到×××；

O2：参考并分析优质素材，持续稳定输出优质素材，素材平均消耗达到×××。

在听到OKR教练讲的战略解码、思维导图后，Z总马上画出了关于这个业务的思维导图，画出图后发现，两个目标（O）指向同一个业务结果目标，以消耗质量分命名。再运用MECE原则，检查影响消耗质量分的关键因素，是否有遗漏、是否有交叉重叠时，发现遗漏了一个维护老账户的因素。经过这个过程，画出了思维导图。梳理了影响消耗质量分的因素：①从0到1恢复投放；②从1到N实验全量；③维护老账户。其中，影响从1到N实验全量的子因素有5个：归因方式、落地页、素材类型、投放链路、内容。这5个子因素，就是形成关键结果（KR）的直接素材。

在听到OKR教练讲解目标（O）的四层问题（参见图5-2）后，Z

总把前面的两个目标（O）整合调整为：

O3：跑通企微＆恢复小程序链路确保投放不中断，加快实验全量＆维护老账户来提升消耗，实现消耗质量分完成度×× %。

每个公司级的 OKR，都经过这样的推敲后，整个公司的 OKR 质量提升到了新的水平。业务逻辑关系更简洁、目标更清晰、举措和实施路径更明确。

第三天、第四天，分别进行了四个部门的部门级 3—4 月 OKR 共创。

四、案例复盘总结

在 Z 公司的案例中，完整使用了 OKR 目标共创的七步流程：①前期准备；②开场导入；③澄清战略方向；④共创目标（O）；⑤共创关键结果（KR）；⑥ OKR 撰写优化；⑦总结与下一步工作安排。实践下来非常有效。通过完整的共创会，不仅产出了公司 3—4 月的公司级 OKR，参会的管理者也更了解了业务、了解了创始人的战略思考。管理者参与制定了公司级的 OKR，在执行中也能更认同、更坚决。

在本案例中，Z 总学习非常认真，掌握内在原理。学习了战略解码、目标的四个层面、关键结果（KR）的 SMART 原则，马上用在公司级 OKR 的撰写和修订中，大大提升了 OKR 质量。OKR 是"一把手"工程，"一把手"的重视与投入，是 OKR 落地实施的最关键要素。OKR 能够在 Z 公司成功实施，也验证了这一点。公司级的 OKR 不仅需要公司"一把手"口头重视，还需要他来亲自写。在接下来的辅导中，各部门的 OKR，部门负责人亲自接受 OKR 教练的辅导，掌握 OKR 的共创流程、撰写要点，在辅导的过程中厘清业务与管理中的关键成功要素，不断聚焦高价值的目标，写出符合质量要求的 OKR。在辅导过程中，拿到了结果，也学到了方法。经过三个周期的辅导，该公司的管理层已经基本掌握了 OKR 落地的实践技能。

Objectives and Key Results

06

第六章　OKR目标对齐与跟进

OKR 目标对齐，与传统的 KPI 目标分解有所不同。传统方式通常按照层级逐级分解，按照组织结构的职能来划分目标。然而，OKR 的目标对齐更加注重以事为中心的、网络式的对齐，而不是过多考虑职位层级或职能分工。这意味着跨组织和跨部门的对齐是常态。初次实施 OKR 时，管理者和员工可能会对这种直接跨层级和跨部门的对齐方式感到拘束，甚至存在顾虑。这时，OKR 教练的角色变得至关重要，他们需要引导和推动目标对齐的过程，同时宣传 OKR 思维和理念。当存在普遍的目标对齐问题或顾虑时，OKR 教练可以组织专门的对齐会议。这些会议通过公开讨论每个目标（O）和关键结果（KR）的对齐需求，让发起对齐的一方和承接对齐的一方一起协商，最终达成共识。当目标对齐问题局限在特定部门或团队时，OKR 教练可以召集相关负责人参加专题会议，倾听双方的需求和挑战。在需要时，他们还可以使用工具如"空椅子"的方法，让双方互换角色，从对方的视角看待问题，促进相互理解，推动合作。

OKR 目标跟进，是频率最高的工作之一。然而，最大的挑战就是，团队往往会被日常紧急事务所吸引，逐渐忘记了最初设定的目标和关键结果。这部分是由于个人和团队更倾向于从事熟悉和容易获得成就感的工作。然而，OKR 的初衷是达成具有挑战性的目标。在执行过程中，这些目标有可能被遗忘。OKR 教练的角色在于持续提醒团队，不要只忙于日常工作，还要时刻牢记设定的 OKR 目标和它们的进展情况。目标跟进通常与周会或双周会相结合。一个实际的例子是，将负责人本周期的 OKR 作为周会或双周会的模板。会议中，参与人员会记录每个目标和关键结果的最新进展、挑战以及需要讨论的问题。

"飞阅会",是字节跳动使用飞书工具实践出来的高效开会方案。"飞阅会"能够显著提升开会效率。本章会系统介绍"飞阅会"的实践做法。"飞阅会"的实践做法,体现了数字化工具在会议管理中的巨大潜力,有效地提升了会议的效率和质量。通过这一方法,字节跳动在会议中取得了更高的工作效率和成果。其他组织也可以借鉴"飞阅会"的理念,将数字化工具与良好的会议实践相结合,实现更加高效的会议管理和决策过程。

第一节　OKR目标对齐

目标对齐是组织中实现整体协同的关键步骤。在这一过程中,OKR和KPI对齐的方式有所不同。KPI的目标通常是从最高的战略目标开始向下层层分解,本部门或个人的目标主要是向上承接,以确保整个组织朝着统一的方向前进。OKR的目标对齐方式更为灵活且综合,有向上对齐、横向对齐、自我对齐、向下对齐多种方式。

向上对齐,是OKR目标对齐的重要方面。它是指团队成员的个人或部门目标要与上级的目标保持一致,并向上级目标对齐。这种对齐确保了整个组织的目标是一体的,各个层级之间没有偏差和冲突。向上对齐的过程中,团队成员需要清楚了解上级目标,并将其融入自己的目标制定中。这不仅有助于确保个人目标与组织整体目标一致,还能够提高团队成员的意识和责任感,促进个人目标的有效实现。

横向对齐,是OKR的重要特点之一。它强调不仅要向上对齐上级目标,还要与相关业务和管理部门的目标进行横向协调。这种横向目标对齐确保了不同部门之间的协作，使整个组织能够形成一个紧密协调的体系，共同朝着整体战略方向前进。在横向目标对齐过程中，各个部门之间需要积极交流，了解彼此的目标和重点工作。通过开展沟通与合作，不仅可以减少资源的浪费和重复努力，还能够共享信息和经验，促进知识的传递和共同学习。通过横向目标对齐，不同部门之间可以形成更加紧密的合作关系，共同推进整个组织的发展和成长。

自我对齐，OKR的目标不再是等上级的目标确定后，分解制定，而是从自己的部门或职位出发，寻找最有价值、最重要的目标。同时也不断对前面的OKR周期反思总结，把学习到的经验教训用在当下的OKR制定中，这是自我对齐。

向下对齐，鼓励下属主动参与思考，从大家的OKR中，找到有价值的目标（O）或关键结果（KR），并主动对齐。团队成员不仅要理解和接受上级目标，还要思考如何通过自己的工作和职责对整个组织目标作出更大的贡献。

OKR的目标对齐方式更加灵活和透明，鼓励团队成员在目标的制定过程中发挥主动性和创造性。这种目标对齐方式有助于激发团队成员的积极性和创造力，促进跨部门协作，从而实现整个组织的共同成功。

一、向上对齐

对齐上级目标是OKR制定过程中的重要环节，它确保个人或团队的目标与上级目标保持一致，与组织整体战略保持协调。在OKR的制定过程中，可以存在不同的对齐方式。

自己的目标（O）来自上级的目标（O）：个人或团队的目标直接来源于上级设定的目标。上级目标是更高层次战略目标的具体展示，个人或团队的目标应该是为实现上级目标作出的具体贡献。这种对齐方式确保了组织的目标在各个层级之间的衔接和统一，使个人或团队的努力与整体战略保持一致。

自己的目标（O）来自上级的关键结果（KR）：上级目标没有直接指定个人或团队的目标，而是通过设定关键结果来达成目标。在这种情况下，个人或团队的目标可以根据上级的关键结果来确定，确保与上级目标对齐。这种对齐方式更加灵活，允许个人或团队根据自身的情况和能力来制定目标，同时保持与上级目标的协调。

在对齐上级目标的过程中，有一些操作要点需要特别注意。

以事为中心，充分沟通背景信息：在确定个人或团队的目标时，应充分了解上级目标的背景和意图。与上级进行充分的沟通，了解上级目标的重要性和优先级，确保制定的目标能够更好地服务于组织整体战略。

抽离出来，切换上级委任的视角：在对齐上级目标时，个人或团队需要将自己从自身的角色中抽离出来，切换到上级委任的视角。以上级的期望为导向，对齐目标、衡量标准、意义与价值，甚至关键实现路径和突破点。这样可以确保制定的目标更加客观、明确和符合上级的期望。避免表面上向上对齐了目标，但实际上理解有偏差。澄清目标达成的衡量标准，能让彼此对目标达成的标准拉齐。对齐完成这个目标的意义与价值，能够让彼此更深入理解这个目标的设定意图。探讨和对齐实现目标的关键路径和突破点，有助于拓展思路，同时对资源和障碍有共识，更有利于集中注意力去攻克难题。

二、横向对齐

在实现目标的过程中，协同他人也是至关重要的。团队内部的协作和支持可以提高目标实现的效率和质量。在OKR制定过程中，个人或团队应该积极响应他人的协作目标，主动提供帮助和支持，在沟通中达成共识，共同推进整个团队的目标实现。

为了实现同级目标的对齐，个人或团队需要注意以下几个方面。

1. 工作价值与重要性对齐

在与同级团队对齐目标时，需要确保各个目标之间的工作价值与重要性相互协调。这意味着个人或团队的目标不应该与其他同级团队的目标相冲突或重叠，而是相互补充和配合，形成一个整体的合力。

2. 以事为中心，充分沟通背景信息

在与同级团队对齐目标之前，需要充分了解其他团队的背景信息和目标设定意图。通过充分的沟通和交流，可以更好地理解其他团队的需求和挑战，从而更好地对齐目标，确保各个团队的工作在整体上保持协调和一致。

3. 主动寻求他人的协助目标

在实现自己的目标过程中，如果需要其他团队或个人的支持和协助，应该及时沟通并协商。通过主动寻求他人的帮助，可以更好地解决问题，提高工作效率，确保自己的目标能够顺利实现。

4. 共同协调和推进

在对齐同级目标的过程中，个人或团队应该共同协调和推进各自的工作，确保整个团队的目标在时间上和进度上保持一致。及时分享进展和问题，共同解决挑战，形成高效的工作合力。

对齐同级目标是团队协作的重要环节，它能够确保团队内部的工作协调一致，实现整体目标的高效推进。通过积极响应他人的协作目标，主动寻求他人的协助目标，团队可以形成紧密的协作关系，共同实现战略目标并取得卓越的业绩。

三、自我对齐

OKR目标对齐中，还要做的是自我对齐。检查OKR，是否做了本部门/本职位真正难而重要的事。检查上个周期的OKR总结复盘，经验教训是否得到了吸取。自我对齐是非常有挑战性的。需要面对事实，挑战人性。挑战那个容易回避真正的难题、找容易的目标和路径的自我。挑战那个面对挫折、失败容易逃避、容易归因于外的自我，真正能够从挫折、失误中学习。自我对齐这个步骤，往往需要OKR教练的帮助。

1.检查OKR，对齐本部门/本职位的真正难而重要的事

在自我对齐的过程中，需要仔细检查制定的OKR，确保其与本部门或本职位的实际职责和挑战相符合。这意味着OKR不能是轻松可达的目标，而应该是具有一定难度和挑战性的目标，能够推动个人或部门实现进一步的成长和发展。

在检查OKR时，个人或部门需要对每个目标进行审视，有哪些真正正确的目标，但因为难达成，而被放弃了。如果遇到这种情况，需要停下来，把那些难而重要的目标写出来。针对这些目标，理性思考、深入研讨。确保写出的OKR与组织整体战略目标相一致，并且能够对组织的发展产生积极的影响。

2.检查上个周期的OKR总结复盘，经验教训是否得到了吸取

回顾上个周期的OKR总结复盘是非常重要的一步。通过反思过去的OKR执行情况，个人或部门可以发现在目标设定和执行过程中存在的问题和不足之处。同时，也可以从中吸取教训，以便在新的OKR制定中更加理性和高效地设定目标和关键结果。在这一步骤中，个人或部门需要勇于面对失败和挫折，将其视为宝贵的学习机会。只有从失败中吸取教训，才能不断进步并提升OKR的质量和执行效果。

自我对齐是一个具有挑战性的过程，它要求个人或部门直面自身的优势和劣势，勇于接受挑战和变革。在这个过程中，OKR教练的帮助和引导是非常重要的。OKR教练可以帮助个人或团队客观地评估OKR的设定情况，发现问题并提供有效的解决方案。同时，OKR教练还可以激发个人或团队的潜力，引导他们克服自身的限制，实现更高水平的目标和成就。通过自我对齐，个人或部门可以明确目标、激发动力，并在OKR的实施中取得更加优异的业绩。

四、向下对齐

向下对齐同样是OKR制定过程中重要的一环。有时候，业务环境可能发生变化，下级或业务一线的同事更靠近客户、市场，能够更敏锐地感受到变化和需求。在这种情况下，个人或团队可能需要调整目标，对齐下级目标以适应这些变化。通过向下对齐，个人或团队可以更好地面对客户、面对市场的变化，确保组织目标的灵活与务实。这种对齐方式，在变动的环境下，有助于确保个人或团队的工作在整体上保持一致和协调，形成一个有机的整体，从而更好地实现整体战略目标。

在对齐下级目标的过程中，个人或团队需要特别注意以下几点。

1.适用于业务环境变化较大的情况

当业务环境发生较大变化时，对齐下级目标变得尤为重要。这种情况下，个人或团队需要灵活应对变化，及时调整目标以适应新的需求和挑战。

2.特别关注自驱力强、独立思考的下属的OKR

在对齐下级目标时，特别关注那些具有自驱力和独立思考能力的下属的OKR是至关重要的。这些下属通常能更敏锐地感知业务变化和需求，他们的目标对整个团队的成功起着关键作用。

3.充分沟通和了解下级目标

在对齐下级目标之前，个人或团队应该与下级充分沟通，了解他们设定目标的意图和考虑。通过深入的交流，可以更好地理解下级的工作重点和挑战，主动提供协助和支持，形成良好的工作合力。

通过向上、横向、自我与向下目标对齐，个人或团队可以实现整体协同和合作，发挥团队协作的优势，共同实现更大的目标。这种整体协同和目标对齐的方式有助于提高组织的整体绩效，创造更大的价值，并推动组织实现持续的成长和成功。

第二节　OKR目标跟进

OKR落地实施有四个步骤，即目标共创、目标对齐、目标跟进和结果复盘。在这四个步骤中，目标跟进是占用时间最长的。通常目标共创、目标对齐在OKR实施周期初的前两周，占用1—2天时间，结果复盘在OKR实施周期末的最后一周，占用1—2天时间，目标跟进却贯穿整个周期。同时OKR目标跟进的挑战也很大，非常容易在日常工作中迷失目标，以战术的忙碌阻碍战略思考和跟进。在OKR的目标跟进上，字节跳动总结了在OKR上开周会、用"飞阅会"的方式开周会等好的实践方案，值得借鉴。

一、OKR目标跟进的挑战

OKR工具是低频使用的，因此保持OKR在日常的跟进，往往会面临很多挑战。

挑战一：交完作业，可以放下了

OKR的制定过程是个非常烧脑的过程。OKR制定涉及的人员范围比较大，从CEO到各位高管，从高管到中层管理者，从中层管理者到基层管理者，甚至基层员工。OKR制定流程也比较长，经过共创会、目标拆解和承接、目标共识讨论。OKR目标制定后，还要上下左右目标对齐。通常走完整个过程一两周已经过去了。关于OKR的制定，参与者往往都有疲惫的感觉。进入日常工作后，终于可以放松一下，回到日常熟悉的管理节奏，回到擅长的管理方法和工具上来了。

交完OKR的作业，终于可以放下了。这种懈怠的心理，是在OKR跟进过程中首先会面临的挑战。此时，也凸显了内外部OKR教练的价值。OKR教练需要持续宣传并贯彻OKR，它不是只制定目标，而是目标的制定、对齐、跟进、复盘的闭环管理的过程。OKR教练需要和管理者持续展开对话，关注大家的心理状态，听大家对于OKR没有说出来的话，实时给予疏导。OKR教练此时需要展开针对OKR运营的组织、培训、教练辅导工作。具体内容参见OKR运营辅导章节。

挑战二：没时间

OKR通常的周期是季度，在一个季度前一两周过去后，公司上上下下的注意力往往会转移到日常业务、管理的具体事项上。特别是管理者的时间，很快会被各种会议填满。管理者的注意力会被主动安排的、被动安排的会议转移走，陷入无休无止的日常工作忙碌中。

我在辅导OKR的过程中，通过深入的教练对话，发现很多管理者，其实内心深处并不反感自己的时间被日常工作填满，往往内心还有种被需要的满足感和充实感。而且忙碌的很多事情，都是他们熟悉的、擅长的，内心很确定。谈起OKR的目标和进展，似乎隔得很遥远，是另一件事情了。手头有太多的事情，市场的、客户的、业务的、团队的，很多紧急的事，有的看上去也很重要，实在没时间搞OKR的专门跟进了。

我曾辅导过一家医美行业的上市公司，负责销售的副总裁刚刚从某汽车行业互联网公司空降过来，季度初参与了OKR的培训、目标共创、目标对齐等环节，推进得很顺利，没什么异常。一个月过去后，发现他团队的OKR对齐、更新、跟进的指标停在那里不动了。我在他繁忙的会议间隙，找到了他，一聊，才发现，他用起了自己熟悉的销售管理工具，和OKR没有关联起来。繁忙的销售管理，已经让他没时间再做OKR的跟进了。我跟他探讨了他熟悉的销售管理工具和OKR的跟进周会，以及将其二合一的可能性，同时也强调了必要性：CEO目前已经建立了公司级OKR周会，CEO会通过OKR周会跟踪各业务板块的进展。和CEO的工具方法对齐，工作的最新进展更能被看到，事半功倍。最终我说服了这位副总裁，他开始重视OKR的跟进工作。

挑战三：回避挑战

在OKR的日常跟进中，还会遇到一个常见的挑战，就是回避挑战。如果OKR制定得好，是应该聚焦有高优价值的目标，要有挑战和突破的。挑战和突破并不是人人喜欢的，也不是时时能做到的。人还是会自然地选择用战术的忙碌阻碍战略的思考。那些挑战和突破的目标立在那里，人也会自觉或不自觉地选择忽略、忘记。有时也会从心底质疑目标是否正确，是否过于激进。

在我做OKR教练辅导的过程中，陪着中高层管理者直面挑战目标，是个重要工作内容。需要辅导大家，在日常工作中，抬起头来回看目标，反思哪些行为、觉察是回避了挑战或滑入了容易的、熟悉的工作方式里。

我曾经做过某个创新互联网平台公司的OKR教练。当年年初，我推动人力资源部制定了全年的几个有挑战的目标（O），人力资源部负责人带领团队分解到了第一季度。过程辅导中发现，第一季度时间刚刚过去

2个月，所定的关键结果（KR）都百分百达成了。目标达成本来是好事，仔细一检查，我就发现了问题。原来第一季度写的几个关键结果（KR），都过于保守了，基本上是例行工作就能达成的。在季度执行的过程中，回避了年初制定的挑战目标。作为OKR教练，我指出问题后，人力资源部负责人有一些尴尬，道理她是知道的，但在执行过程中，还是回到了惯性行为中。从知道到做到，不容易，OKR教练需要实时通过反馈，提醒客户，在日常OKR跟进执行中，不要回避挑战。

二、OKR跟进会实践

字节跳动公司在OKR的跟进中，探索出了一种方案：在OKR上开周会。就是将团队负责人的OKR做成团队日常周会的模板。每次周会或双周会，都在这个模板上进行。每次的周会或双周会，集体回顾一下期初设定的OKR。让低频使用的OKR和高频使用的周会结合起来。起到OKR目标跟进的效果。结合字节跳动的实践，梳理OKR跟进会的具体操作方式如下。

1.整合OKR跟进会与周会

很多企业都有周会或双周会的会议机制。通过周会或双周会跟踪各项事务的进展，规划接下来的行动，统一管理团队成员的工作。实施OKR后，OKR的跟进，不需要单独再增加会议，而是和原周会合二为一。字节跳动的实践是在OKR上开周会。某地产企业也在OKR实施中制定了不增加会议的原则，如果因为OKR的实施需要增加一个会议，就要在原有基础上减少一个会议。我在辅导企业OKR落地时，首先会梳理企业的会议机制。帮助企业把OKR跟进会和原有周会整合起来。

2. 制定结合OKR的周会文档模板

某团队 OKR 周会模板（样例）（参见表6-1，表6-2，表6-3）

使用 OKR，可以让团队成员参与目标的制定分解，共同寻找实现路径，充分发挥主观能动性。每周一次的进展对齐，能让每个成员更充分理解目标、贡献想法，结合及时反馈与纠偏，更好更快地完成目标。

一、团队 OKR 进展同步

所有团队成员协同填写负责人 OKR 的最新进展和下一步计划，会上针对进展集中讨论。

O1：通过启动校园活动、招募校园大使、策划大赛等多种措施，第四季度曝光量达到 ×× 万人次、转化率达到 ×%，为明年深度运营奠定基础。

表6-1　OKR周报模板1

关键结果（KR）	本周进展	风险同步和资源支持	下周计划
填写可衡量目标完成度的关键结果 KR1：校园活动顺利上线，曝光量不少于100万人次@某人A	填写关键结果（KR）的最新进展情况 • 策划案已完成评审，详见文档（使用@插入相关文档） • 预算方案初稿完成团队内讨论	描述完成目标可能存在的风险，以及需要的资源支持 • 活动预算不足，希望增加预算 • ……	记录下周需要完成的具体任务 □完成预算方案审批@某人A □开始在北区高校试点@某人B □……
KR2：描述关键结果@某人C			
KR3：描述关键结果			

O2：通过线上拉新裂变、提升大客户贡献、推动渠道合作等策略，确保第四季度新用户增长50%，完成年度目标。

表6-2 OKR周报模板2

关键结果（KR）	本周进展	风险同步和资源支持	下周计划
填写可衡量目标完成度的关键指标 KR1：线上拉新裂变贡献30%增长@某人C	填写关键结果（KR）的最近进展情况 • 策划案已完成评审，详见文档（使用@插入相关文档） • 预算方案初稿完成团队内讨论	描述完成目标可能存在的风险，以及需要的资源支持 • 风险：天气异常，对原计划有一些影响 • 应对计划：原定投放A地区的方案，改为B，但是成本会上升1.2倍	记录下周需要完成的具体任务 □春节前开始第一个实验@某人C □确定和合作伙伴的方案@某人C □……
KR2：大客户销售贡献15%增长@某人A			
KR3：渠道合作贡献5%增长			

O3：通过NPS投放平台搭建、投放并回收、重点反馈优化等手段，NPS达到业界一流水平>30%。

表6-3 OKR周报模板3

关键结果（KR）	本周进展	风险同步和资源支持	下周计划
填写可衡量目标完成度的关键指标 KR1：10月前完成NPS投放平台建设@某人D	填写关键结果（KR）的最近进展情况 • 已完成80%，详见文档（使用@插入相关文档）	描述完成目标可能存在的风险，以及需要的资源支持 • 暂无	记录下周需要完成的具体任务 □春节前可以开始提测@某人D □……

续表

关键结果（KR）	本周进展	风险同步和资源支持	下周计划
KR2：11 月初开始投放并回收 @ 某人 A			
KR3：产品侧在 12 月底完成 Top 20 的重点反馈优化 @ 某人 B			

二、专项讨论（参见表6-4）

此为可选部分，会前由主持人收集，如无则跳过。

表6-4　OKR周报模板专项讨论

专项名称	发起人	背景	风险与支持	下一步计划
第四季度市场营销策略	@ 某人 E	……	……	☐

三、关键结论与工作计划（To Do List）

关键结论：

a. 策划案已通过评审，需要增加预算

b. 新用户增长的方案改投 B 地区，成本上升 1.2 倍

c. 专项讨论的第二季度规划由 @ 某人 C @ 某人 D 一起负责

d. ……

工作计划（To Do List）：

☐ 预算方案明天开会单独讨论，尽快确定 @ 某人 A

☐ NPS 需要收集竞品的数据 @ 某人 D

☐ ……

3.周会前完成周会文档填写

时间：周会文档填写原则上要求提前一天完成。在实际操作中，如果发现文档填写得不够完整、不符合要求，需要在会议开始前，留10分钟到20分钟让大家填写。

工具：最好使用在线文档工具。例如，飞书文档、钉钉文档、腾讯文档等可以在线编辑的文档。好处是可以同步编辑、共同看见，能够提高信息的沟通效率。避免离线文档、传来传去的信息效率损失。这也体现了工具的价值。

填写要求：

- 部门员工一起填写，负责人关注最终结果，成员填写针对每条 KR本周/双周的重要进展、风险和下一步安排。

- 填写重要信息，不是罗列流水账。

- 强调事实信息、数据、进展，避免笼统、模糊。一篇好的周会文档的衡量标准是，一位新加入的同事能看懂。

- 句式：做了哪些动作，有哪些成果，有哪些意义。

4.周会现场

周会现场管理的要点如下。

- 会议定位

  ◦ 情况通报：汇报本周工作进展、成果等。

  ◦ 问题讨论：讨论出现的问题、困难及其解决方案。

  ◦ 计划对齐：对接下来的计划进行协调和对齐，确保各部门协同配合。

- 问题讨论时机

  ◦ 发现问题第一时间讨论：及时达成共识，避免问题积压和信息损耗。

- "飞阅会"形式
  - 高效开会：会议紧凑、重点明确，集中精力解决问题。
  - 鼓励评论：鼓励参会者提问、评论，促进开放讨论，不排斥任何问题。
- 坦诚清晰
  - 对事不对人：讨论时专注于问题本身，避免人身攻击。
  - 坦诚表达：鼓励清晰表达问题、意见，促进更深入的讨论。
- 会议记录与跟进
  - 指定专人：确定会议记录人，负责记录讨论、结论和待办事项。
  - 重点记录：重点记录待办事项和重要结论，确保后续跟进。
- 会议结束回顾
  - 会议回顾：最后回顾本次会议的待办事项、取得进展和风险识别。
  - 取得进展：总结本周工作的进展，突出取得的成果和成就。
  - 风险识别：指出可能存在的风险，为下周做好准备。
  - 下周计划：分享需要协同配合的重要工作，确保各部门了解并准备。

通过以上周会现场管理要点，可以实现高效、明确的会议流程，促进问题的及时解决和合作的顺利开展，同时鼓励透明坦诚的沟通，推动团队的整体协同和成长。

5.周会后的跟进

周会后的跟进，可以确保讨论的问题得到解决，计划得以执行，形成问题的闭环，不断迭代持续提升会议效率。跟进的动作，可以放到下一次周会开始，也可以根据紧急状况，随时跟进通报。以下是周会后跟进的要点。

- 待办事项追踪
  - 确保会议记录中的待办事项得到具体分配和执行；
  - 每个待办事项都应指定责任人、明确截止日期以及进度更新。
- 进展报告
  - 负责人应定期向相关人员报告待办事项的进展情况；
  - 根据进展情况，及时调整计划或采取必要的行动。
- 风险管理
  - 关注可能出现的风险，确保及时采取措施来应对；
  - 若出现意外情况，要及时通知相关人员，协调解决方案。
- 问题解决
  - 如果在计划执行中遇到问题，要立即采取措施解决；
  - 鼓励团队成员提出解决方案，促进问题快速解决。
- 反馈收集
  - 收集会议参与者的反馈，了解会议的效果和改进空间；
  - 根据反馈意见，逐步优化会议的内容和形式，不断调整会议流程，提升会议效率和价值。

周会后的细致跟进，可以确保会议讨论的问题得到解决，计划得到落实，团队协作更加高效，同时也为不断提升会议的质量提供了有效的反馈和很好的机会。

第三节 "飞阅会"实践

"飞阅会"，是字节跳动使用飞书工具实践出来的高效开会方案。"飞阅会"能够显著提升开会效率。本节系统介绍"飞阅会"的实践做法。

"飞阅会"的实践做法，体现了数字化工具在会议管理中的巨大潜力，有效地提升了会议的效率和质量。通过这一方法，字节跳动在会议中取得了更高的工作效率和成果。其他组织也可以借鉴"飞阅会"的理念，将数字化工具与良好的会议实践相结合，实现更加高效的会议管理和决策过程。

一、"飞阅会"的来源

"飞阅会"是字节跳动的飞书团队，借鉴A、B两公司的优秀开会实践，结合飞书文档、飞书日历、飞书妙记等数字化工具开创的高效开会解决方案。

如何高效开会，是管理中常见的话题。多家公司都有优秀的实践。我们先看一下A、B这两家公司的实践经验。

（一）A公司的高效开会实践

A公司的高效开会实践，概括起来是3个公式、6个步骤、9条铁则。

1. 3个公式

（1）开会＋不落实＝零；

（2）布置工作＋不检查＝零；

（3）抓住不落实的事＋追究不落实的人＝落实。

2. 6个步骤

会前准备材料→明确会议主题→设置会议纪律→梳理会议议程→落实会议结果→确保跟踪检查。

3. 9条铁则

（1）凡是会议，必有准备：不开没有准备的会议；

（2）凡是会议，必有主题：开会必须有明确的会议目的；

（3）凡是会议，必有纪律：会议前先宣布会议纪律，并设置纪律检查官；

（4）凡是会议，会前必有议程：会议之前，明确清楚的会议议程；

（5）凡是会议，必有结果：开会的目的就是解决问题，所以，会议要形成有效决议；

（6）凡是会议，必有训练：对"如何开会"进行专门培训；

（7）凡是会议，必须守时：准时开始、按时结束；

（8）凡是会议，必有记录：一定要有一个准确完整的会议记录；

（9）凡是散会，必有事后追踪：决议事项要有责任人和完成期限，更要有跟踪和检查。

（二）B 公司的高效开会实践

1.会前准备

- 缩减不必要的会议：确保会议内容和所有参会者有关
- 两个比萨原则：用两个比萨可以喂饱参会人员，即严格控制参会人数
- 主动制定日程：提前做好日程安排
- 采用 6 页纸备忘录，禁止使用 PPT
  ◦ What we do?（背景）
  ◦ Why we do it? or What's the problem? （解决什么问题）
  ◦ How we do it?（怎样做）
  ◦ Validation（验证）
  ◦ Discussion/Analysis（讨论/分析）
  ◦ Summary（总结）
- 或者 1 页纸备忘录

- 项目的背景
- 主旨
- 对应的行动计划
- 最后想达成的目标

2.会中

- 集体默读6页纸或1页纸备忘录15分钟
- 一切可量化的数据是支撑业务和做出决策的关键
- 鼓励依托数据和事实的充分讨论

3.会后

- 强调行动和执行力

字节跳动的飞书团队，在学习了多家公司的优秀开会实践后，总结了一场高效会议的关键要点：

- 只开必须开的会，信息传递、例行检查时，用群聊信息、文档等方式替代；
- 开会前必须准备文档，没有文档不开会；
- 开会后默读文档，划词评论，坦诚清晰、直接发表意见；
- 针对评论，展开深入讨论；
- 所有会议都有结论和待办事项，落实到责任人、时间节点；
- 会议留档，更大范围可见。

飞书团队经过在实践中的探索，充分发挥飞书文档、飞书会议、飞书日历等功能，形成的一套会议解决方案，称为"飞阅会"。（参见图6-1）

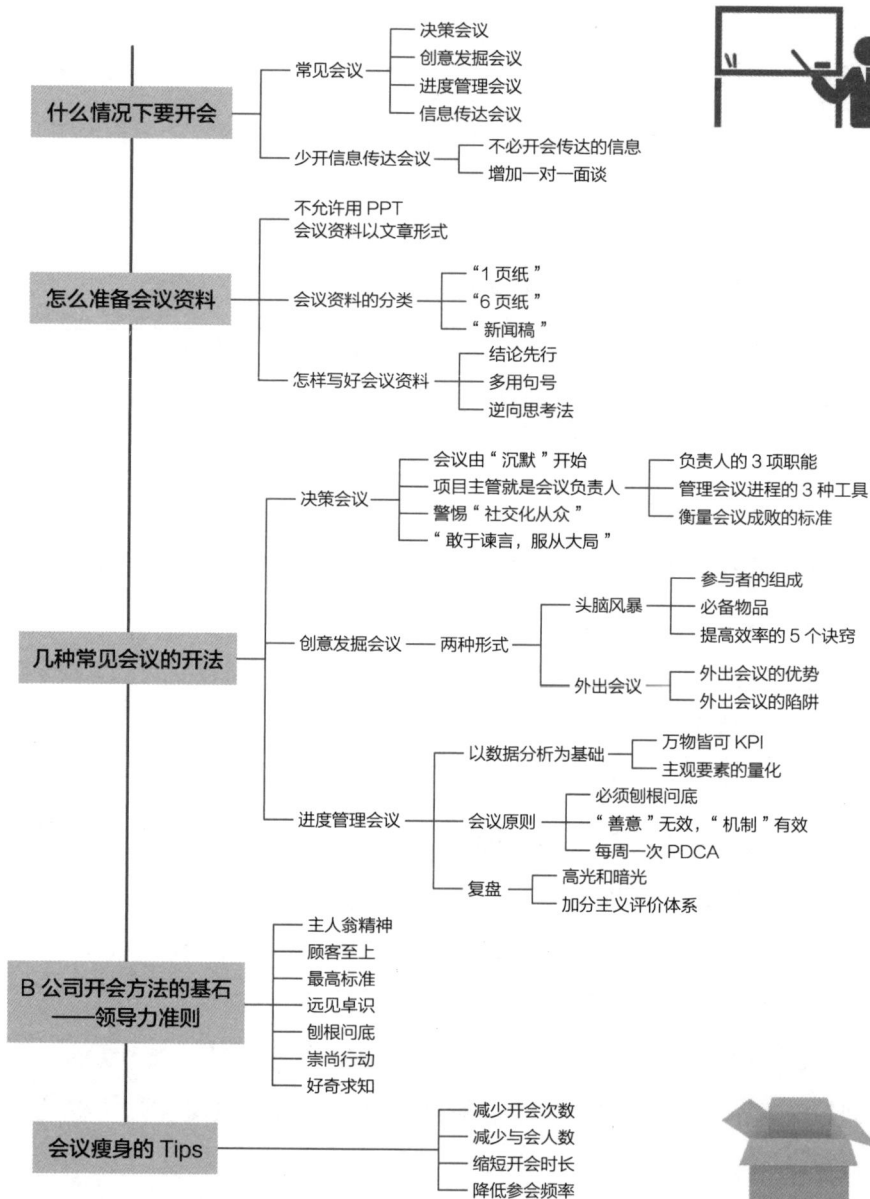

什么情况下要开会
- 常见会议
  - 决策会议
  - 创意发掘会议
  - 进度管理会议
  - 信息传达会议
- 少开信息传达会议
  - 不必开会传达的信息
  - 增加一对一面谈

怎么准备会议资料
- 不允许用 PPT
  会议资料以文章形式
- 会议资料的分类
  - "1 页纸"
  - "6 页纸"
  - "新闻稿"
- 怎样写好会议资料
  - 结论先行
  - 多用句号
  - 逆向思考法

几种常见会议的开法
- 决策会议
  - 会议由"沉默"开始
  - 项目主管就是会议负责人
    - 负责人的 3 项职能
    - 管理会议进程的 3 种工具
    - 衡量会议成败的标准
  - 警惕"社交化从众"
  - "敢于谏言，服从大局"
- 创意发掘会议 —— 两种形式
  - 头脑风暴
    - 参与者的组成
    - 必备物品
    - 提高效率的 5 个诀窍
  - 外出会议
    - 外出会议的优势
    - 外出会议的陷阱
- 进度管理会议
  - 以数据分析为基础
    - 万物皆可 KPI
    - 主观要素的量化
  - 会议原则
    - 必须刨根问底
    - "善意"无效，"机制"有效
    - 每周一次 PDCA
  - 复盘
    - 高光和暗光
    - 加分主义评价体系

B 公司开会方法的基石
——领导力准则
- 主人翁精神
- 顾客至上
- 最高标准
- 远见卓识
- 刨根问底
- 崇尚行动
- 好奇求知

会议瘦身的 Tips
- 减少开会次数
- 减少与会人数
- 缩短开会时长
- 降低参会频率

图6-1　B公司如何开会

二、"飞阅会"为什么高效

（一）传统会议容易低效的环节

1.会议不聚焦，会议中容易跑题

传统会议经常因为议题不明确，参与者的意见分散，导致会议内容容易偏离主题。讨论的广度可能超出了预定范围，导致时间被浪费和议题无法得到深入的讨论。

2.一场会议中，只有领导轮流发言，占用时间

在传统会议中，往往只有领导层的人员轮流发言，而其他成员的声音被忽视。这不仅限制了多元意见的表达，还浪费了参与者的时间，尤其是在与自己不相关的议题上。

3.会议冗长，讨论不充分

传统会议常常因为讨论抓不住重点和低效，导致会议时间过长。长时间的会议容易让人疲惫，无法保持高度的专注，讨论中重复信息太多，讨论不充分，无法得出有效的结论。

4.无异议或无结论

一些传统会议缺乏积极的讨论和挑战，导致参与者在会议中保持沉默，或者无法达成共识。缺乏异议和深入讨论的会议很难产生创新性的想法和有效的解决方案。

5.会议结论和待办事项不落实，不闭环

传统会议即使得出了结论和待办事项，也往往因为缺乏有效的跟进机制，而无法在实际行动中得到落实，导致会议成果流于形式，无法产生实际的影响。

（二）"飞阅会"提高效率的环节

1. 开会前必须准备文档，在文档上开会

在"飞阅会"中，会议的主要内容以文档的形式事先准备好，事先准备文档，没有文档不开会的规则，倒逼着会议的组织者做更充分的准备，会议主题明确。避免了开无效会、低效会。

以文档形式，代替了PPT。让参会者专注内容，而非形式。用文档的形式，信息密度更高，可以更直接地展示观点、逻辑框架和关键的数据、事实等详细信息。

用在线共同编辑的文档，可以同步编辑，看见彼此的观点与进度，会提升彼此的投入度。

会议围绕着文档内容展开，避免跑题，特别能避免领导开会聊着聊着就跑题的情况。参与者在会议前需要仔细阅读文档，以便在会议上更专注、高效地讨论。这种方式避免了开会时的信息传递有误和重复，能确保参与者充分理解议题。

2. 默读文档，从发言变默读，从串行变并行

人从听语音获取信息的效率，远低于从看文字获取信息的效率。人每分钟能说180字到200字，每分钟能看300字到1000字。在通常会议中，发言人依次发言，是串行的方式。如果每个人发言5分钟，5个人发言就会占用25分钟时间，全体参会人员听到的是5个人的意见。在"飞阅会"中，默读文档，是并行方式。15分钟到20分钟时间，所有参会人对文档上的所有内容都能交叉评论。参会人员越多，效率提升越显著。

从现场发声，到用评论表达，表达意见的门槛降低了。所有人都有发言的机会。特别会鼓励平时不爱发言的参会者用笔表达，好想法才不会被埋没。这也特别适合内倾的、不善发言的工程师群体。

3.针对评论展开讨论，不重复已知信息

在"飞阅会"中，讨论重点放在了文档的评论区，参与者针对文档内容中的评论进行深入的讨论，而不是重复已知信息。这确保了讨论的深度和高效性。

4.会议形成结论和待办事项

在"飞阅会"中，讨论的过程会形成结论和待办事项，这些结论和待办事项会被记录在文档中。这使会议的成果能被清晰地记录下来，而不会因为会议结束而被遗忘。

5.会后形成文档、评论、妙记，内容沉淀，有效追溯上下文

"飞阅会"结束后，参与者的评论和讨论也会被记录在文档中，形成完整的会议内容。这样的文档成了会议内容的沉淀，方便参与者在之后追溯会议的上下文，也能让事后想了解会议内容的人快速掌握关键信息。

6.待办事项，转成任务直接关联责任人和日历提醒

会议中产生的待办事项会被直接转化成任务，与责任人关联，并设置日历提醒。这确保了会议中的任务可以迅速得到执行，避免遗漏。

（三）"飞阅会"适合哪种会议类型（参见表6-5）

表6-5　"飞阅会"适合与不适合的会议类型

适合"飞阅会"	不适合"飞阅会"
涉及多方有效的信息交流和讨论（如团队周会）	单向信息传递，不涉及双向沟通的（如演讲）
需要明确决策和行动的会议（如评审会）	纯粹关于想法交流和探讨的会议（如头脑风暴会）
参会人整体认知水平比较一致，兼具一定的互补性	参会者对会议主题的认知有较大差异的会议（如专业人士和非专业人士的会议）

三、字节跳动用"飞阅会"开OKR周会实践

（一）会前准备

1.日程准备（参见表6-6）

表6-6　会议日程准备

作为组织者	作为参会人
• 创建会议日程 • 明确会议主题 • 添加所有必要参会人 • 在日程中描述议程 • 提供会议附件	• 收到会议日程邀约，回复是否参加 • 会前阅读会议文档

2.文档准备

会议发起人，在会前必须准备文档。文档注重内容，不注重格式，避免使用PPT。

如某团队OKR周会文档，由部门负责人或会议主持人准备文档，部门全部成员更新文档，同步自己所负责事情的最新进展。

会前，部门负责人或会议主持人，将文档链接发到会议群或部门群里，让大家提前阅读。

（二）会中步骤

1.默读文档、划词评论

在会议的前15—20分钟，参会人员全部默读文档。同时在文档中划词评论。把自己对文档内容的任何意见和建议用文字的方式留在文档的评论区。在默读过程中，相关负责人可以对评论意见进行回复，其他知情者也可以补充评论内容、添加新观点。（参见图6-2）

关键结果（KR）	本周进展	风险同步和资源支持	下周计划
填写可衡量目标完成度的关键结果 KR1：校园活动顺利上线，曝光量不少于100万人次 @某人A	填写KR的最近进展情况 • 校园活动筹备进展50% • 校园活动策划 @某人A	描述完成目标可能存在的风险，以及需要的资源支持 • 活动预算不足，希望增加预算 • ……	记录下周需要完成的具体任务 ☐ 完成预算方案审批 @某人A ☐ 开始在北区高校试点 @某人B ☐ ……
KR2：描述关键结果 @某人C			
KR3：描述关键结果			

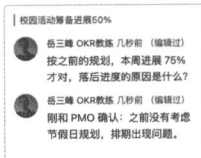

校园活动筹备进展50%

岳三峰 OKR教练 几秒前（编辑过）
按之前的规划，本周进展75%才对，落后进度的原因是什么？

岳三峰 OKR教练 几秒前（编辑过）
刚和PMO确认：之前没有考虑节假日规划，排期出现问题。

图6-2 划词评论

参会者完成阅读和评论都会点击一下完成阅读的按钮，让主持人了解阅读进展情况。（参见图6-3）

⊘ 标为了已读

1人已参与

图6-3 标记已读

2. 围绕评论展开讨论

部门负责人或会议主持人，带领全体人员围绕评论展开讨论。

一般讨论会按评论的顺序进行，如果遇到已经有文字回答的评论，提出者已经表示同意的，就可以跳过，聚焦在一些关键评论议题中展开。

3. 记录会议结论和待办事项

在会议进程中，会议主持人或指定人员帮助会议负责人记录会议的结论和待办事项。

4. 会议总结

会议收尾阶段，部门负责人或会议主持人带领大家回顾会议结论和待办事项，确认责任人、下一步检查的时间节点。

本周OKR周会待办：

□ 完成×××@员工A

□ 完成×××@员工A

□ 完成×××@员工A

□ 完成×××@员工B

（三）会后安排

1.会议记录归档

如果是OKR周会，周会的进展回传到OKR系统中，留作记录。

周会文档附有飞书妙记的文字、视频资料，按时间顺序归档，供查阅。

2.待办任务跟踪

待办事项转成任务，会跟进责任人在时间节点前自动提醒。

Objectives and
Key Results

07

第七章　OKR复盘

OKR复盘，是一个关键的反思和学习的过程，用于评估和总结一个周期内的目标达成情况。在OKR实施中，复盘是一个至关重要的环节，它不仅有助于评估目标的实现，还能深入分析实现过程中的成功因素和挑战，以便更好地优化未来的目标设定和执行策略。

通过OKR复盘，团队和个人能够反思过去的工作，了解目标的实际达成情况，评估关键结果的实现情况，发现哪些因素对目标达成产生了积极影响，同时也能识别哪些方面需要改进和优化。这种反思和学习的过程有助于团队成员深入了解他们的工作和目标，从中吸取经验教训，进一步提升效率和执行力。

OKR复盘的成功除了依赖于流程、工具和方法外，团队的心理安全度也是重要的影响因素。本章会介绍在OKR复盘前，通过团队心理建设的方式，提升团队心理安全度的方法与案例。

在实践中，用"飞阅会"的方式做OKR复盘，能起到事半功倍的效果。本章还会介绍"飞阅会"做OKR复盘的案例。

第一节　OKR复盘会的流程

OKR复盘会，一般会涉及七个环节，分别是前期准备、团队建设、回顾目标、评估结果、分析原因、总结经验、下一步工作安排，其中回顾目标、评估结果、分析原因、总结经验是复盘的核心环节。一场OKR复盘会的效果如何，取决于这几个核心环节推进的深度。如果用第六章

第三节介绍的"飞阅会"的方式做复盘，能起到提高复盘效率的作用，可以在复盘流程环节，融入"飞阅会"的步骤。（参见图7-1）

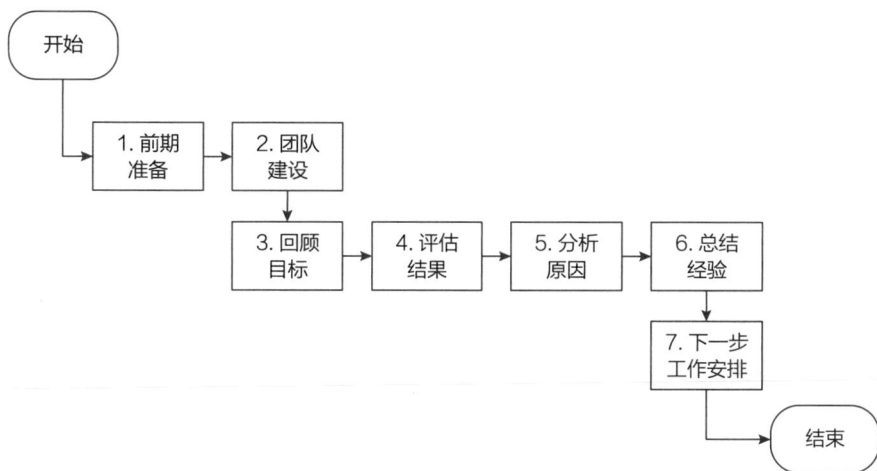

图7-1　OKR复盘会流程

一、前期准备

适用场景：普遍适用。

流程步骤如下。

第一步，确定会议时间、地点和议程：选择合适的时间和地点，以便参与者能够全程参与，规划会议的议程，明确会议的流程和安排，包括每个环节的时间安排和讨论重点，确定会议的主持人或OKR教练。

第二步，邀请参与者：确定参与复盘会议的人员，包括高层管理者、部门负责人、重要团队成员等。确保涵盖了所有需要参与OKR复盘的人员。

第三步，准备资料和工具：准备与会议主题相关的资料和工具，如最新客户资料、市场变化、上一周期OKR的执行情况、与参会者本人相关的目标（O）与关键结果（KR）执行结果的具体数据等，会议组织者提前一周将复盘文档发给参会者，做好准备。

第四步，邀请参会者做复盘准备：请参会者在 OKR 系统中完成自评打分和进度状态更新，并规定最晚完成时间，梳理好针对本周期 OKR 的思考回顾内容，明确相关的经验和教训。

二、团队建设

适用场景：深度复盘的会议选用。团队建设的目的是提高团队的心理安全度，促进团队能够面对问题、深度复盘。

流程步骤如下。

第一步，确定团队建设的目标与主题：明确团队建设环节的目标，确定环节的主题。通常 OKR 复盘中的团队建设，以建立互相的连接、增进彼此信任、提升团队心理安全度为目标。

第二步，选择引导师或教练：选择有经验的、风格与团队匹配的引导师或教练，有助于快速识别团队问题，建立与团队的信任。

第三步，设计团队建设的环节与工具：根据团队建设环节时长的安排，设计活动。选择合适的工具与方法，常用的工具和方法有欧卡、沙盘、乐高游戏、即兴喜剧、社会大剧院等。

第四步，执行团队建设方案：由引导师或教练结合现场团队的状态执行并及时调整方案，保证团队建设目标的达成。

第五步，团队建设活动总结：最后总结本环节的发现与收获，并连接到 OKR 复盘的主题。

三、回顾目标

适用场景：普遍适用。

流程步骤如下。

第一步，展示期初设定的OKR：回顾期初设定的目标（O）与具体的关键结果（KR）。

第二步，回顾期初设定OKR背后的目的：回顾期初时设计OKR背后的思考路径、目标背后的意图和想法、当时的重要判断。

第三步，检验目标与意图：事后回顾，检验当初设定的目标及其背后的意图，判断哪些是对的，哪些是错的。

四、评估结果

适用场景：普遍适用。

流程步骤如下。

第一步，查看结果：针对目标（O）与关键结果（KR），查看完成的事实和数据，看真实的结果。

第二步，评估结果：整体判断，每一项目标（O）完成的情况。通常用三级评估，即超出预期、达到预期、未达预期，或五级评估，即远超预期、超出预期、达到预期、未达预期、远未达成预期。

第三步，找出亮点与不足：找到OKR执行中达成预期或超出预期的，或有创新突破的亮点，找到未达预期的不足。

五、分析原因

适用场景：普遍适用，找到成功或失败的真正原因。

流程步骤如下。

第一步，分析亮点的客观原因：深入分析亮点和已取得的成功的客观原因。这可能涉及实施的策略、执行计划的有效性、团队的协同等方面，识别哪些实际因素导致了目标的达成。

第二步，分析亮点的主观原因：接着，考虑亮点的主观原因，如团队成员的积极性、创新性、领导的支持等。深入讨论团队文化和态度对目标达成的积极影响。

第三步，分析不足的客观原因：探究目标未能完全达成的客观原因。这可能包括外部环境变化、资源限制、未预见的挑战等。了解何种因素对目标达成产生了限制作用。

第四步，分析不足的主观原因：分析未能达成目标的主观原因，如团队的认知偏差、疏漏、执行计划的失误、沟通问题等。这有助于识别可改进的方面，以避免类似问题在未来的目标设定和执行中重复出现。

六、总结经验

适用场景：普遍适用。萃取提炼、举一反三，找出经验与教训。

流程步骤如下。

第一步，提炼经验：可以从这次OKR实施中成功的地方学到什么，有哪些规律和经验可以复用。

第二步，总结教训：可以从这次OKR实施中不足的地方吸取什么教训，有哪些做法未来需要避免。

七、下一步工作安排

适用场景：普遍适用。

流程步骤如下。

第一步，制订直接行动计划：针对复盘结果，制订直接行动计划，确定责任人、时间节点。

第二步，梳理进入下期OKR的内容：确定可以进入下一期目标（O）

或关键结果（KR）的内容，导入下期目标共创的流程。

第二节 OKR复盘前的团队心理建设

OKR复盘的成功，远非仅仅依赖于流程、工具和方法，其中最大的挑战是团队的心理安全度。心理安全度在OKR复盘中扮演着关键的角色，它能够让团队成员在讨论和反思中感到自由、开放和安心。

哈佛大学的艾米·埃德蒙森教授强调了心理安全度对团队创新与绩效的积极影响。在OKR复盘中，团队成员需要能够毫无保留地分享他们的观点、经验和想法，不论是积极的还是负面的。这种开放性的讨论和共享，才能真正促进知识的传递、问题的解决以及持续改进的实现。团队的心理安全度高意味着每个成员都能够表达自己的看法，不会因为担心被批评或负面评价而退缩。这种信任和尊重的氛围，能鼓励创新思维的涌现，使团队能够更好地挖掘问题的本质，找到更有效的解决方案。

在OKR复盘前，通过团队心理建设环节的设计，干预并提升团队的心理安全度，这是很好的实践。在团队心理建设中，需要专业教练的积极引导和支持。领导者应该鼓励成员分享自己的经验，倾听并尊重他人的意见，同时也要树立一个承认错误和从失误中学习的文化。通过心理安全度建设环节，团队能够更加深入地进行OKR复盘，挖掘问题的根本原因，从而完成一场高质量的OKR复盘。

下面举一个我操作过的OKR复盘前团队心理建设的案例。

2020年年初，我在某公司入职后，负责的第一件事是OKR执行。因为外部环境、产业上下游变化很大。到了季度末，OKR的执行情况并不理想，我组织做了一次复盘。管理团队压力都很大。再加上创始人实施组织人才升级战略，引进、提拔了多位高管，高管们互相也不太了解。于是，我特意设计了团队心理建设的环节。

正式复盘是一个周末，团队心理建设安排在周五下班后，用欧卡游戏的形式进行。欧卡是一种"自由联想卡"或"潜意识投射卡"，也称欧卡。

欧卡的经典卡牌是一套模糊的图像卡牌，如图7-2所示。它的神奇作用是，不同人看到同一个图像，会联想到不同的东西，这种联想和每个人的内在世界甚至潜意识相关联。通过游戏环节的设计，可以让参与者在轻松的游戏中，卸掉职场面具，深度交流，从而建立互相间的信任。

图7-2　欧卡

这次高管团队共15人，分成两组，创始人和几位高管一组，首席财务官（CFO）和另外的高管一组。通常如果人数在10人左右，则不宜分组，因为彼此的信息不会遗漏。但这次OKR复盘参与的高管比较多，只好分成了两组。

周五晚上从7点开始，结合大家的作息，这样时间比较宽松。本次的欧卡游戏，我一共设计了5个环节。

1.预热："我想上火星"故事接龙，15分钟

多数高管是第一次玩欧卡游戏，对欧卡还不熟悉。通过故事接龙，让大家熟悉欧卡，也放松下来。

规则是：

- 每人抽或选一张牌。抽牌，是不看图案盲抽、用不常用的手，大多数人是左手；选牌，用看到的图案选择合适的牌，用常用的手。
- 看到牌后，和图片的内容关联，接龙前一位讲述者的内容，随意讲述一个自己想要去火星的主题故事。

这个环节大家带着好奇，开始慢慢放松下来，一点点进入了角色。随着游戏进行，不时迸发出笑声。场子暖起来了，一般讲过两轮后，开场预热的环节结束。

2.童年故事，30—50分钟

童年故事，是探索成长经历。成长经历特别是童年的成长经历，往往包含非常丰富的信息：成长故事、性格养成、家庭环境等。让高管们互相听到这部分故事，能够加深彼此的了解。

规则是：

- 抽或选3张牌
  - 一张代表成长的环境
  - 一张代表难忘的人
  - 一张代表难忘的事
- 讲述自己的童年成长故事
- 其他人保持安静、深度聆听，不需要反馈

3.黄金时刻，30—50分钟

这个环节，让参与者讲述生命中、工作中最辉煌的"高光时刻"，激发自身能量，让彼此知道过往的成功。

规则是：

- 抽或选2张牌
  - 一张代表工作中最棒的一件事
  - 一张代表生命中最棒的一件事
- 描述一个黄金时刻
  - 为了那个时刻，你付出了什么
  - 有哪些人协助了你
- 其他人深度聆听，讲述完鼓掌回应

4.生命风暴，30—50分钟

这个环节，让参与者讲述自己的人生低谷。面对挫败是不容易的，当着同事的面讲出来也需要很大的勇气。因此把这个环节靠后推出，让参会者已经有了连接、有了信任再进行。放在黄金时刻后进行，能够让讲述者带着更高的能量，勇敢面对，突破自我。

规则是：

- 选3张牌
  - 一张代表某次低谷的事件
  - 一张代表怎么面对、怎么突破
  - 一张代表你从中学会了什么
- 其他人深度聆听，讲述完鼓掌回应

在现场，我作为主持人，在两组中间巡回引导。听到了很多精彩的故事。场中地位最高、最有权威的人如何表现很重要，往往会引发其他人的模仿。公司创始人很开放，绘声绘色地讲起了他的人生低谷故事。

他的第二次创业失败，同时他追求的异性对象也不搭理他。创业和感情都跌入低谷，他才选择去了大厂，积蓄了几年的力量，重新创业，公司成功上市。听了创始人的故事，感受到了他的坦诚，更理解了没有人可以随随便便成功。

5.我眼中的你，每人10—15分钟

这个环节，是让参与者通过欧卡，互相给反馈。借助欧卡，可以规避平时反馈的顾虑，更自然、深入地反馈。

规则是：

- 案主转身或回避；
- 小组成员每人选一张卡片代表自己眼中的他；
- 案主解释卡片的意象，猜谁给出的卡片；
- 给出者解释自己的意象。

设计了猜牌的环节，增加了互动，增加了不确定性，让参与者感到好玩、有趣，就是在这样轻松、愉快的氛围中，把一些重要的反馈互相给出去。

第二天复盘，在现场能感受到高管团队面对问题更放松、更坦诚，剖析问题更直接、更深刻。前一天晚上的团队心理建设起到了很大的作用。

第三节 "飞阅会"OKR复盘案例

用"飞阅会"的方式做OKR复盘，能够提高复盘的效率。要做好"飞阅会"方式的复盘，更需要做好复盘前的准备。本节就结合案例，具体谈一下如何用"飞阅会"的方式，开OKR复盘会。

一、"飞阅会"的要点

"飞阅会"作为一种高效的会议形式，在提升会议效率和参与度方面表现出色。以下是"飞阅会"的要点。

第一步，开会前准备文档：在"飞阅会"之前，会议召集人或主持人需要准备会议所需的文档，包括会议议程、相关资料、问题清单等。这些文档应该提前发送给参与者，以便大家在会议前有时间阅读和准备。没有文档不开会，确保会议的针对性。

第二步，默读文档阶段：在会议开始时前15—20分钟，参与者先静默阅读会议相关的文档。这个阶段的目的是让每个参与者对会议议题和内容有一个初步的了解，同时可以在文档中划词评论，对文档中自己感兴趣的内容，提出自己的意见、建议。与评论相关的参会者，可以对评论进行回复和解答。划词评论的方式，将依次串行的发言，变为并行的文字表达，提高了效率。同时保证每个参会者都有机会表达意见，提升了参会者的投入度。

第三步，讨论环节：在默读阶段之后，会议进入讨论环节。主持人引导参与者，依次讨论划词评论的内容，包括展开讨论问题、分享见解、提供建议等。这个环节的重点是针对评论内容展开深入讨论，而不是重新讲述已知信息，从而高效地推动会议进程。

第四步，形成结论和待办事项：在讨论环节之后，会议应该总结出重要的结论和待办事项。这些结论和待办事项应该清晰明确，涵盖会议讨论的重点问题和解决方案。这样可以确保会议的结果具有实际行动性，并能够有效地引导下一步工作。在会议结束后，会议记录应该被整理并发送给参与者，以便大家可以回顾会议的讨论和决定。

二、"飞阅会"OKR复盘案例

(一)案例背景

某公司作为国有集团旗下的子公司，定位于其专业领域内的创新与突破，2023年以来，面临着持续挑战与发展机遇，意识到目标管理对于实现战略突破至关重要，该公司在2023年第一季度开始了对OKR的尝试应用。OKR被选择为目标管理工具，旨在帮助团队明确目标、追求卓越，并在竞争激烈的市场环境中取得实质性的增长和创新。

随着首个季度的结束，为了确保OKR的有效性和提升管理效率，公司决定筹备一场OKR复盘会议。在此过程中，公司充分利用了飞书这一协同办公工具，将"飞阅会"的方式引入复盘会议中，以期通过高效的讨论和协作，为下一个季度的目标制定和执行打下坚实的基础。

这一创新举措不仅在目标管理方面体现出公司的进取心和创新精神，也展现了公司积极拥抱数字化办公的态度。通过"飞阅会"的形式，公司期望能够在团队内部建立更加高效、集思广益的会议文化，强调自主思考与互动讨论，进一步提升团队协作的效能。这个案例充分体现了公司对于持续改进和创新的追求，以及对于现代目标管理方法的积极探索和应用。

(二)方案设计

某公司2023年第一季度复盘方案如下。

1.方案概述

目标：第一季度公司级OKR复盘，深入复盘一个季度的工作得失，总结经验。复盘要求如表7-1所示。

表7-1　复盘要求

是√	不是 X
• 重在内容和找原因，进行自身反省及经验沉淀	• 流水账式复盘
• 重在本质和规律，有数据和事实支撑	• 简单下结论，把偶然结论定义为规律
• 带着开放的心态多角度换位思考	• 强调客观，推卸责任

时间：4月3日

方式：线下

参加人：公司中高管12人

主持人：岳三峰

2.准备

☐ 物料准备

    ☐ 2个白板、白板笔

    ☐ 线上文档

☐ 材料准备（各位中高管分头准备，复盘会前完成）（参见表7-2）

表7-2　OKR复盘准备材料

一季度OKR目标	达成情况说明

• 目标与达成结果：

• 分析原因（主观与客观）：

• 经验与教训：

3. KISS复盘（参见图7-3）

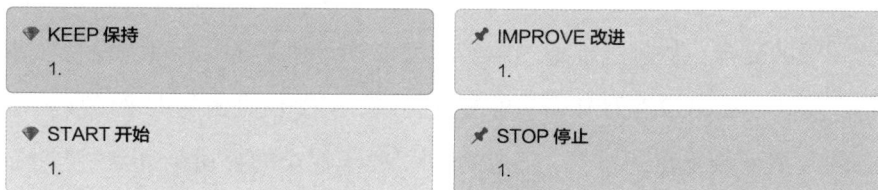

🍃 KEEP 保持	✈ IMPROVE 改进
1.	1.

🍃 START 开始	✈ STOP 停止
1.	1.

图7-3 KISS复盘

4. 复盘会日程（参见表7-3）

表7-3 复盘会日程

时　　间	内　　容	备　注
提前1周	发送复盘材料模板，请参会者做好准备	
提前2天	提醒参会者准备好复盘材料	
4月3日 16:00—16:20	• 开场 • 谈期待、对齐目标，每人用一句话谈：你对复盘和共创会的期待	
4月3日 16:20—16:40	• 默读，评论复盘文档	
4月3日 16:40—17:40	• 复盘讨论	
4月3日 17:40—17:50	• 总结会议结论与待办事项	
4月3日 17:50—18:10	• CEO总结 • 退出，用一句话总结OKR复盘中的收获	

（三）方案执行

1. 材料的准备

在材料准备环节，发现参会的管理者重视程度参差不齐。公司级的

OKR复盘，要求各位中高层管理者，要带领团队，先做好自己部门或业务条线的复盘，然后，将复盘的结果整合成公司级复盘的材料，参加公司级的复盘。从材料准备的翔实程度来看，有部分中高层管理者准备得不够，要么是没有召开团队的复盘会议，要么就是匆匆走了过场。还有的是把下级复盘的材料，直接搬到了要求提交的公司级复盘材料上，没有经过总结整理。

2.现场复盘

（1）补充OKR复盘文档

复盘会按预定的时间举行，针对复盘材料参差不齐的情况，临时增加了补充复盘文档的环节——20分钟时间。这20分钟时间非常高效，各位参会的中高管，在一份OKR复盘文档上共同编辑。文档的模板是CEO的一季度OKR，在CEO的每一个目标（O）和关键结果（KR）下，各位相关的中高管，补充完善各自分管领域的进展结果数据与事实，分析主客观原因，总结经验与教训。

公司CEO的OKR复盘材料：

- **回顾目标：**（2023年一季度CEO的OKR）
- **完成结果：**
- **问题分析（主观与客观）：**

  三家公司的营收和毛利严重低于预期，客观方面是大环境还未改善，经济整体不及预期，主观方面是对所在的行业了解不够细致。业务立项和执行没有完全达成共识，导致过程中出现变形，部分人员心态敷衍，没有真正聚焦落地。

  ◦ 创新业务未能有效有序开展，客观上存在既有利益难以突破的难题，主观上未能深入调研，抓住关键点，顺势切入，导致部分创新业务开展不顺。

- 战略组织人才一盘棋的思考还不够深入，客观上当前人才还不能完全支撑，主观上学习力、认知力和决策力还没有作为重中之重去考虑。

- **经验与教训，下一步优化举措**

  - 基于当前认知，合理设置OKR目标，以成功的姿态，建立内部业务推进形态，二季度以锚定内部业务为主基调，不忘初心，降本增效，取得集团和股东的认可；以创新的姿态，打造外部业务发展生态，聚焦增收创利，助推企业可持续发展。

  - 强化战略引领，聚焦业务落地，将战略蓝图、人才蓝图和资本蓝图统筹考虑，做好发展和安全的统筹、当下和未来的统筹、营收和效益的统筹。

  - 定准业务线，配齐配强人才队伍，采用赛马机制，以战役形式推进，确保二季度经营指标超预期。

（2）默读文档写评论

在默读文档环节，安排了20分钟时间，但5分钟后，只有CEO在留评论。在领导没有发言表态前，大家都不敢发言。教练此时出面做了干预，要求每一位参会者至少要留5条评论。大家才开始写起来。最终参会的所有中高管留下了106条评论。

（3）围绕评论复盘讨论

按照"飞阅会"的方式，复盘讨论就不再围绕文档正文展开，而是围绕评论内容展开。CEO作为这个阶段的主持人，依次讨论大家留下的评论。

（4）总结复盘结论和待办事项

复盘后总结了11条待办事项，并落实了责任人和完成时间。

☐ SP衍生业务加速推动。本周四与财务、XY审计共同研究SP业务模式和MT供应链业务，优化业务模式。

☐ 人力流程基于现状优化完善，制订人才盘点计划，HR建立对标机制，整理各招聘网站的简历范围，对标公司的人员情况等信息，为各团队提供信息支撑。

☐ 人力持续跟踪、创新OKR管理，每双周编制OKR评价报告，制定OKR专项考核制度，推动OKR文化建立，提升全员认知。

☐ 产业互联网平台验收，与AL共同梳理SOW，明确一期验收条件与需求（合同清单、变更事项等），完成与数智中心验收内容的沟通确认，确保顺利验收。

☐ 结合内部物流整合计划，制订网货—产业互联网产品推广方案，成立公司内部项目小组，协助战略部组织召开专题论证会，取得支持并做试点推广。

☐ 运营中心建立网货运营体系，完善运营制度，匹配财务管理制度；修订、优化绩效考核落地方案；制订运营体系整改方案，组织专题会议向公司领导汇报。

☐ JS公司制定绩效考核管理制度，形成落地方案，提升整体组织与人员认知，提高公司运营管理水平。

☐ JG业务中心细化完善考核方案，人力部门做好支持工作。

☐ 业务中心、运营中心与风控部门加强配合，加强合同回款履约率的跟进和督导，风控部门设立考核标准。

☐ 业务落地要与数字化支撑同步推进，风控团队、运营团队、技术团队加强配合，落实风控数字化、智能化，组织专题会议进行拉通。

☐ 确保公司6月利润为正，组织专题会议讨论。

（四）案例复盘总结

一是用"飞阅会"做OKR复盘，复盘材料的充分准备非常重要。要在开会前确保材料准备到位。

二是公司级OKR复盘，在CEO的OKR上展开，能保证会议更聚焦公司的最终目标。如果按各自分工领域复盘，会使复盘会议充斥大量细节，最终会导致公司的结果导向不明确。同理，部门级的OKR复盘，最好在部门负责人的OKR上展开。

三是用"飞阅会"做OKR复盘，调动每位参与者，面对问题、坦诚清晰的评论很重要。在层级观念比较重的组织中，需要会议主持人推动和干预。如在这个案例中，主持会议的教练现场要求每人必须写5条评论。

Objectives and Key Results

08

第八章　OKR 与绩效

OKR 与绩效究竟是什么关系，是个绕不开的话题。在本书中，一直强调 OKR 是目标管理工具，与绩效评估工具是平行的关系。很多并不熟悉 OKR 的企业客户，不容易认清二者的关系。例如，2023年9月中石油组织 HR 大赛，请我去讲授一天 OKR 课程，我这部分课程内容被分在绩效新工具板块里。在组织者看来，OKR 是一种绩效的新工具。这也是一种典型的对 OKR 的认知。OKR 与绩效的关系，几乎是每次培训课程中，客户都会问到的问题。厘清 OKR 与绩效的关系，是 OKR 实施过程中必须解决的问题。

在本章，系统介绍绩效管理的几个发展阶段。结合字节跳动、华为、理想汽车等案例，介绍 OKR 与绩效结合的方式。想实施 OKR 的企业，需要升级绩效体系。建立相对绩效评估的体系，然后和 OKR 的目标管理建立联结。让 OKR 目标管理更高效地共创目标、聚焦关键、创新突破。让绩效评估体系更有效地评估员工的价值创造，识别高绩效与低绩效员工。发挥 OKR 与绩效评估两个工具与方法的优势，驱动企业效率与创新目标的达成。

第一节　绩效管理的发展

从更长远的历史视角来看，绩效管理是伴随着工业化历程而演变的。工业化经历了蒸汽时代、电气时代，最终到了信息时代。绩效管理也经历了从最早的计时计件，到关键绩效指标（KPI），再到1992年平衡计分卡（BSC）、1996年IBM个人绩效承诺（PBC）等多种形式的演变。绩效管理理念也逐渐从绝对绩效发展到相对绩效。

一、计时计件与KPI

伴随工业化的历程，绩效管理一直在演变。在工业化的不同阶段，绩效管理的形式和理念都经历了巨大的变革。蒸汽时代和电气时代是工业化历史中两个重要的时期，绩效管理在这两个时期采用了计时计件和KPI的方式，这些方式塑造了当时的工作文化和劳动关系，也为后来绩效管理的演进奠定了基础。

1.蒸汽时代：计时计件

蒸汽时代是工业化历程的早期阶段，从19世纪初到19世纪70年代，工业革命席卷了欧洲和美国。在这个时期，工厂和制造业迅速兴起，机器取代了手工劳动，大规模的工业生产成为可能。然而，随着工厂的扩大和生产规模的增加，如何有效地管理工人和测量工作绩效成了一个重要的问题。

计时计件制度在蒸汽时代迅速崭露头角。这种制度要求工人根据时间和产量来计算工资。简单来说，工人的工资是按照他们完成的产品数量或工作时间来计算的。这种制度的优势在于它的简单性和透明性。工人清楚地知道他们可以通过提高工作速度或延长工作时间来增加他们的收入，这激发了一种基于产量和效率的工作文化。

然而，计时计件制度也存在一些问题。首先，它可能导致工人过度劳累，因为他们追求更高的产量和更多的工作时间，以获取更多的报酬。其次，这种制度可能导致低质量的产品，因为工人可能会牺牲质量以满足数量的要求。最后，计时计件制度通常忽视了工人的技能和创造力，只注重数量和速度，这可能会限制工人的职业发展。

2. 电气时代：KPI

电气时代是工业化历程的继续，从19世纪70年代到20世纪初。在这个时期，电力和电子技术的发展推动了制造业的进一步发展。随着机械设备的电气化，工作过程变得更加复杂，需要更多的专业知识和技能来管理和操作。

在电气时代，随着工程师和科学家的崛起，绩效管理逐渐演变，超越了简单的计时计件制度。这个时代见证了关键绩效指标（KPI）的崭露头角，这是一项具有里程碑意义的进展。

KPI是一种量化的度量工具，旨在衡量组织、部门或个人在实现其目标和战略时的表现。与计时计件制度不同，KPI不仅关注数量，还关注质量、效率和效益。它被设计为更全面、更综合的评估工作绩效指标。引入KPI带来了绩效管理的重大变革。首先，KPI使组织能够更好地了解员工的工作表现，可以识别出哪些方面需要改进，以更好地实现其战略目标。其次，KPI可以提供实时的、可衡量的数据，帮助决策者做出明智的决策。最后，KPI有助于提高透明度和责任感，因为它为员工提供了清晰的目标和期望，有助于激励他们努力工作。

同时，工业心理学和组织行为学的发展也为绩效管理带来了新的理论基础。研究人员开始关注员工的动机、满意度和工作条件，以及如何通过管理实践来提高员工的工作绩效。这种关注员工的心理和情感方面的研究，为后来的绩效管理理论提供了坚实的基础。

蒸汽时代和电气时代的绩效管理方式反映了当时的工业化水平和生产方式。计时计件制度在蒸汽时代代表了数量和效率导向的管理方式，而电气时代引入了KPI，将绩效管理提升到一个更高的水平，更关注质量、员工满意度和生产过程的优化。这两个时代的经验为后来绩效管理理论和实践的发展提供了有益的启示。

二、BSC、PBC等几种绩效工具的演变

（一）平衡计分卡

1992年，哈佛大学商学院教授罗伯特·S.卡普兰和复兴国际方案总裁戴维·P.诺顿合作设计了平衡计分卡（Balanced Score Card，BSC），这一管理工具标志着绩效管理的重要突破。平衡计分卡的设计理念旨在将企业绩效评估从仅仅关注财务数据扩展到更全面、多维的视角，结合了长期与短期、过程与结果、内部与外部等多个关键维度。

多维度的考量。平衡计分卡的核心概念是将企业的绩效评估从传统的财务指标扩展到其他重要领域。它将绩效考核划分为四个关键领域。

- 财务层面：这包括了传统的财务指标，如净资产回报率、销售净利率、总资产周转率等，用于衡量企业的经济健康状况。
- 客户层面：这一领域关注客户满意度、品牌市场价值等客户相关的指标，以确保企业满足客户需求并维护品牌价值。
- 内部运营层面：内部运营领域涵盖了供应商管理改善、生产流程改善等，以确保企业的内部流程高效运转。
- 学习与成长层面：这一领域考虑到员工生产力、员工满意度等因素，以促进员工的学习和成长，从而支持企业长期的可持续发展。

关键成功因素与绩效指标。平衡计分卡的关键在于将企业的战略目标转化为具体的关键成功因素，这些因素反映了企业所期望达到的目标，并将它们转化为明确的行动内容。在此基础上，需要确定关键绩效指标（KPI）。每个关键成功因素都必须由至少一个关键绩效指标来描述，这些指标用来量化评估目标达成的程度，同时回答了"如何评估成

功"的问题。

平衡计分卡的方法不仅提供了一个更全面的绩效评估框架，还帮助组织在多个关键领域设定了明确的目标和指标。这使企业能够更全面地理解其绩效，不仅仅局限于财务数据，从而更好地实现战略目标和持续改进。BSC在全球范围内被广泛采用，为企业提供了一种综合的绩效管理方法，以便更好地衡量和改进其整体绩效。

（二）从BSC到KPI+GS

KPI+GS（Goal Setting）体系是平衡计分卡（BSC）的简化应用，旨在帮助组织更清晰地衡量绩效。在这一体系中，KPI代表结果目标（What），而GS代表行为目标（How），它们的结合共同构成了绩效的全貌。

共同点：

- 基于战略目标：KPI和GS的设定都是根据公司的战略目标进行的，这保证了它们与组织的整体方向一致。
- 关键驱动因素：它们都基于关键价值驱动因素，这些因素在实现战略目标方面起着至关重要的作用。
- 反映效果：KPI和GS都旨在反映关键业绩经营活动的效果，而不是关注全部操作过程。
- 设定与认同：它们由主管经理设定，并需要员工认同，确保目标的合理性和可行性。

不同点：

KPI：

- 定量衡量：KPI通过定量的方式来衡量经营活动的量化结果。
- 公式计算：它通常可以由客观计算公式得出。
- 当期业绩：KPI更侧重于考察当期业绩。

- 最终结果：它关注的是最终结果。
- 直接控制力：KPI更多地考察那些主管有直接控制力的工作。

GS：

- 定性衡量：GS主要用于定性衡量那些不容易量化的工作效果。
- 主管评分：它通常需要主管经理进行评分。
- 长期性工作：GS更适合考察长期性工作。
- 工作过程：它关注工作的过程。
- 无直接控制力：GS更适合考察那些主管无直接控制力的工作。

KPI+GS实现了以下目标：

- 清晰了解公司的关键驱动活动：主管领导通过KPI+GS更清晰地了解公司价值关键驱动活动。
- 及时发现问题：主管领导可以及时发现经营中存在的问题。
- 明确使命与工作重点：各层各类人员对各职位的使命和工作重点有了更明确的认识。
- 客观基础与全面衡量：KPI+GS提供了业绩管理的客观基础和全面衡量标准，有助于综合评估绩效。

KPI+GS指标体系突破了平衡计分卡的繁复要求，更灵活、更易用，更多的企业在实践中选择了这种绩效指标体系。

（三）个人绩效承诺

IBM自1996年起实行了以PBC（Personal Business Commitments，个人绩效承诺）为核心的绩效管理体系，这一体系深刻影响了IBM的组织文化，塑造了高绩效文化的典范。PBC是1996年到2016年IBM全球范围内的通用绩效管理方法。

PBC的核心原则是确保在经理与下属之间始终达成承诺和共识。这一过程以个人年度绩效评估为基础，旨在实现组织与个人的双赢。以下是PBC的关键元素。

PBC将目标分为三大类，包括业务目标（Business Goal）、员工管理目标（People Management Goal）以及个人发展目标（Individual Development Goal）。这种多元化确保了全面的评估和发展。

- 业务目标。每一位员工将根据其所从事岗位的工作性质、职责和企业年度工作计划的要求，在部门经理的指导和帮助下制定个人的业务目标。指标总数不超过10个，5个左右为宜。
- 员工管理目标。只针对经理人员设置，引导经理人员关注团队建设、下属培育，培养部门经理的领导能力，指标总数2—4个为宜。
- 个人发展目标。每一位员工在部门经理的协助下设置个人的发展目标并制订个人发展计划（IDP），不断提高自己的工作能力，从而推动个人和组织绩效的提高，指标总数2—4个为宜。

PBC体系强调三大承诺：赢、执行、团队合作。这三个承诺构成了IBM员工的核心职责，深刻影响了他们的工作态度和行为。

- 承诺赢（Win）：此承诺要求员工全力以赴，完成销售目标、市场占有率等业绩指标。无论遇到多大困难，员工必须坚决向前，因为在IBM，胜利始终排在首位，完成业绩目标至关重要。
- 承诺执行（Execute）：IBM强调执行力，认为计划和目标只是一部分，更重要的是实施。员工被鼓励不断挑战自己的潜能，通过持续的改进和执行能力的提升来实现业务流程的优化。
- 承诺团队合作（Team Work）：团队合作是IBM文化的重要组成部分。PBC鼓励各个不同单位和部门在同一个业绩目标下相互沟通和合作。这种矩阵式管理模式促进了高效协作，发挥了整体优势。

IBM的PBC绩效管理体系以承诺与共识为核心，多元化的目标设置以及三大承诺构成了这一体系的基石。它的成功经验为其他企业提供了有益的启示。华为等公司通过学习IBM的PBC，结合本公司的实践，也建立了高效的绩效管理体系。

（四）IBM的Check Point绩效管理体系

2016年，IBM从PBC绩效管理体系转向了Check Point绩效管理体系。这个改变带来了许多新的元素，从年度目标到更加短期的目标，从单一的评价方式到多维度的绩效评价方式，从半年度/年度绩效评估到持续的反馈和更新，以及更加频繁的目标讨论。（参见表8–1、图8–1）

表8–1　IBM从PBC到Check Point绩效管理变化

PBC	Check Point
年度目标	更加短期的目标
单一的评价方式	多维度的绩效评价方式
半年度/年度绩效回顾考核	持续的反馈会议
绩效结果每年归档	对里程碑与阶段性成果的定期更新
以团队为基础的绩效评价决策与排名分布标准	授权、赋能直线经理

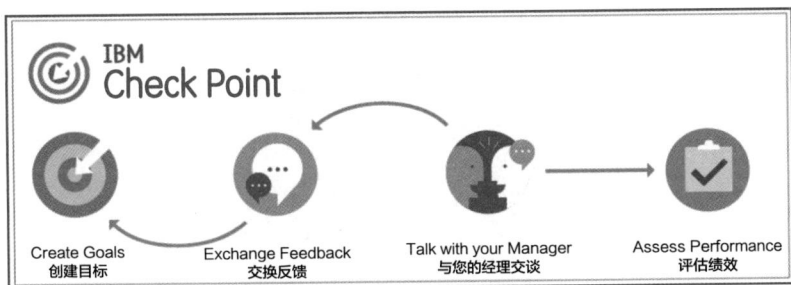

图8–1　IBM的Check Point

Check Point绩效管理体系的核心特点：

- 更加短期的目标：Check Point体系将重点放在更具体、更短期的目标上。这使员工能够更频繁地检查他们的进展，及时调整战略，以确保他们在不同的时间段内都能保持高绩效。

- 多维度绩效评价：Check Point强调多维度的绩效评价，从可衡量的业务成果、对客户成功的影响、创新、个人对他人的责任到技能。这样的评价方式更全面地反映了员工的贡献和潜力。

- 持续的反馈和更新：Check Point鼓励持续的反馈文化。每个部门的经理每月至少向员工征求一次反馈意见，确保员工的声音得到听取。此外，经理和员工至少每年进行四次关于目标的讨论和改进，以保持团队目标的敏捷性和持续性。为了更方便地反馈，甚至开发了ACE（Application Creation Environment，手机应用开发）有关的应用程序。（参见图8-2）

- 更灵活的管理决策：Check Point体系不再依赖以团队为基础的绩效评价决策和排名分布标准。相反，它鼓励授权和赋能直线经理，使他们更灵活地管理和指导他们的团队。

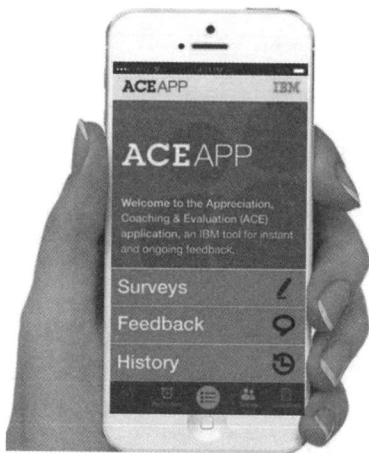

图8-2　ACE 程序

IBM的Check Point绩效管理体系代表了一种更加灵活、敏捷和多元化的绩效管理方法。通过更短期、多维度和持续的目标设定，以及更频繁的反馈和更新，IBM追求在不断变化的市场环境中实现卓越绩效，同时更好地满足员工的需求。这一变革体现了IBM对持续改进和创新的承诺。

三、从绝对绩效到相对绩效

在2011年到IBM工作时，我发现绩效管理采用的理念是相对绩效，这大大拓展了我的认知。在之前十多年的咨询生涯中，我也做过很多绩效咨询的案例，但用的都是绝对绩效的理念进行设计：在绩效指标经过分解后，要确定具体的指标权重，设定目标值，根据目标值的完成程度和所占权重，得出绩效分数，折算成绩效系数和奖金挂钩。

在IBM，用的是相对绩效。相对绩效是基于员工对绩效的相对贡献，通过部门分类和员工分级的两两对比，进行绩效等级评估，确保不同绩效水平的员工得到公平评估。这种分类确保了员工在相似工作环境中进行比较，从而更精确地确定他们的相对贡献。绩效等级与单项目标任务得分分离，PBC评估体系不将绩效结果与具体得分细化挂钩，而是侧重于确定员工的相对绩效等级。这意味着员工的绩效等级是基于他们在同一部门中的相对表现，而不仅仅是得分的数字。

员工绩效等级分布：

- 绩效等级1：最高贡献者，占比10%—20%。
- 绩效等级2+：中上贡献者。
- 绩效等级2：占比65%—85%。
- 绩效等级3：最低标准，需要提高，占比5%—15%。
- 绩效等级4：不满意。

头部的绩效等级 1，尾部的绩效等级 3、4通常由直线经理提出建议，并在团队会议上进行最终确定。而绩效等级 2、2+ 则由直线经理单独判断和决定。这种层级化的决策过程，经过了多层次的审查和讨论，以确保评估的公平性。

总结一下绝对绩效与相对绩效，在理念、具体绩效指标、目标值设定、绩效评估方式等方面都有明显差异，二者也有各自的优势与不足。（参见表8-2）

表8-2　绝对绩效与相对绩效

比较内容		绝对绩效	相对绩效
理念		控制、不相信	授权、相信
内容	绩效指标	量化指标为主，倾向于将任务目标量化 指标有权重	量化指标、工作任务目标结合 指标无权重
	目标值	非常关键，是上下博弈的焦点	目标值不是关键决定要素，看相对价值贡献
	绩效评估	按目标值完成度计算结果得分，按得分算绩效结果	直接上级评估绩效等级，隔级校准，最终决策
优势		客观、精准，结果导向强	灵活性强，适用于变动环境，回归工作价值，避免目标偏差的错误引导
不足		依赖指标、目标值的准确性，不适合变动较大的环境	主观评估，容易受人的因素影响

使用相对绩效管理，会让人们把注意力从对目标值高低的博弈上转移到工作本身，思考工作结果如何能创造真正的价值。使用相对绩效，也可以解放对目标精细化设定所需要的时间资源。我在IBM工作期间，记得有一年中国区CEO更换，时间已经过去两个季度了，我们的PBC目标还没有确定，但并没有影响团队、顾问的工作。

相对绩效，在环境剧烈变动的今天，被越来越多的企业采用。我工作过的腾讯、VIPKID和字节跳动，使用的都是相对绩效。

在相对绩效管理的模式中，对管理者有更高要求。要求管理者在绩效期能够放弃部分控制感，接纳不确定性。要求管理者在绩效评估时，能克服个人的偏好、公正客观。字节跳动在实践中通过飞书360绩效工具，在相当程度上，克服了评估者的主观因素干扰，这部分在案例部分具体介绍。

第二节　OKR与绩效的结合

OKR与相对绩效体系更容易结合。OKR很难与绝对绩效体系结合。OKR与绝对绩效的管理理念相冲突。绝对绩效体现的是控制、权威、外在驱动等管理理念。OKR体现的是相信、创新、内在驱动等管理理念。这两者是鱼和熊掌，不可兼得。相对绩效和OKR背后的管理理念一致。OKR目标管理驱动价值创造，相对绩效做价值评估，薪酬激励体现价值分配，三个工具协同配合完成价值创造、价值评估和价值分配的全过程。在实践中，实施OKR的企业，OKR教练需要帮助企业升级绩效体系，从绝对绩效体系升级到相对绩效体系。

一、价值管理三阶段

无论是作为目标管理工具的OKR，还是作为绩效管理工具的KPI，回归本质，都是企业管理的手段。企业存在的理由是创造价值。各种工具在价值管理的过程中，究竟发挥怎样的作用？思考清楚这个问题，是破解OKR与KPI关系的关键。

我曾经做过多次测试，问辅导的企业管理者，说起KPI时，大家会联想到什么。大家的回答五花八门，有的说是下达的指标，有的说是考核结果，有的说是奖金。这种就是典型的泛化了KPI概念。如果我们回归企业创造价值的本源去思考，如图8-3所示，价值管理的全流程可以分为三个阶段，即价值创造、价值评估、价值分配。调研时管理者的回答就涵盖了价值创造、价值评估、价值分配这一过程。显然，KPI承载的期待过高了，需要为KPI解绑。

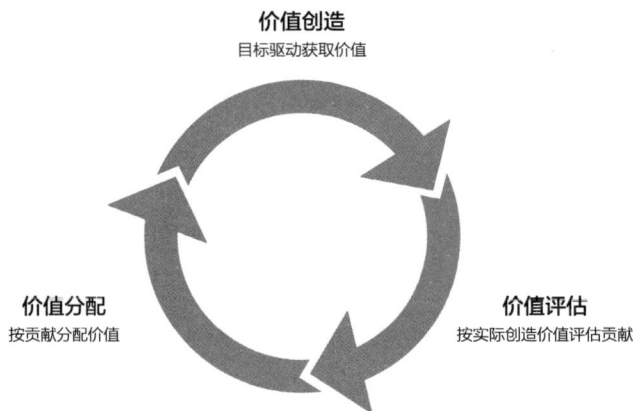

价值创造
目标驱动获取价值

价值分配
按贡献分配价值

价值评估
按实际创造价值评估贡献

图8-3 价值管理飞轮

让目标管理回归价值创造，让绩效评估回归价值评估，让薪酬管理回归价值分配，各自在不同阶段发挥核心作用。根据企业目标确定性高低，选择不同的工具。（参见表8-3）

表8-3 企业目标确定性与价值管理工具

	企业目标确定性高	企业目标确定性低
价值创造工具	KPI	OKR
价值评估工具	绝对绩效	相对绩效
价值分配工具	绩效结果与奖金直接挂钩	绩效等级与奖金间接挂钩

价值创造工具。对于确定性目标，用KPI管理。规则是严谨、高效率，追求确定性。对于不确定的目标，用OKR管理。规则是大胆创新、快速试错。通过有价值、有意义、有挑战的目标牵引，驱动团队或个人持续创造更高价值。

价值评估工具。对于确定性目标，用绝对绩效方式，考核目标完成度，严谨、客观。对于不确定的目标，用相对绩效方式，根据实际创造的价值，相对排序。

价值分配工具。对于确定性目标，用绝对绩效方式，绩效分数和奖金直接挂钩。对于不确定的目标，用相对绩效方式，根据绩效的相对排序，和奖金间接挂钩。

二、OKR与绩效结合的前提

我在和想实施OKR的客户接触中，发现有一种普遍的心态——既要又要。既想要用KPI驱动目标一定完成，又想要用OKR驱动员工勇于挑战、勇于突破。如果客户是用绝对绩效模式，期初签订KPI目标责任状，按目标完成度严考核、硬兑现的，这种既要又要，大概率是不可能同时实现的。员工会从理性出发，选择相信KPI，不会相信OKR。

实施OKR并将其与绩效管理相结合，前提是企业领导者要真的相信OKR理念。这意味着领导层需要逐渐放弃传统的绝对绩效理念，如严格的KPI目标考核和硬性的绩效奖金，转向相对绩效的管理方式。以下是一些关键的观念改变。

一是从控制到信任。传统的绝对绩效管理往往强调对目标和实现方式的严格控制。员工需要按照既定的计划执行，否则可能会受到惩罚。在OKR中，领导者需要放下对细节的过度控制，转向对员工的信任。他们相信员工能够自主制定并实施OKR，并在实现过程中发挥创新和创造力。

二是从目标完成度到价值创造。传统的绝对绩效管理通常依赖于目标完成度来衡量员工的绩效。在OKR中，领导者应该更关注员工是否创造了价值。这意味着绩效评估应该更加注重员工的贡献、创新和对组织整体目标的支持，而不仅仅是目标是否按计划完成。

三是从硬性奖金到绩效评级。传统的绝对绩效管理通常采用硬性奖金制度，员工的奖金直接与目标完成度挂钩。在OKR中，领导者可以考虑采用更加灵活的绩效评级体系，将员工分为不同的绩效等级，然后根据绩效等级分配奖金。这有助于减少员工的焦虑感，鼓励他们更加专注于创造价值。

四是从命令与控制到赋能与支持。传统的绝对绩效管理常常是基于命令与控制的体系，领导者指挥员工按照既定计划执行。在OKR中，领导者需要更多地赋能和支持员工。他们的角色是提供清晰的愿景和方向，然后让员工自主选择实施路径。这种赋能有助于激发员工的创新和动力。

五是从长周期回顾到持续反馈。绝对绩效管理通常依赖于年度或半年度的绩效回顾。在OKR中，领导者需要建立持续的反馈机制，让员工随时了解他们的绩效，并及时做出调整。这有助于员工更好地适应变化和实现目标。

企业领导者的理念改变是OKR与绩效管理相结合的关键前提。他们需要放弃传统的绝对绩效理念，转向相对绩效的管理理念，更加注重信任、价值创造、绩效评级、赋能和持续反馈。这种理念改变可以为组织带来更大的灵活性和创新力，有助于OKR的成功实施。

三、企业案例

（一）字节跳动

字节跳动在实践中探索了一套OKR+360绩效的方案。OKR与绩效评估分开，是两个工具、两个流程。这样既能保持OKR的创新驱动作用，又能客观评估员工贡献。（参见图8-4）

目标管理与绩效评估分开
目标管理与绩效评估解耦，释放想象力，鼓励员工创造高业绩

事后评估产出对组织的价值
基于每个人对组织的价值贡献程度，而不是基于目标达成率

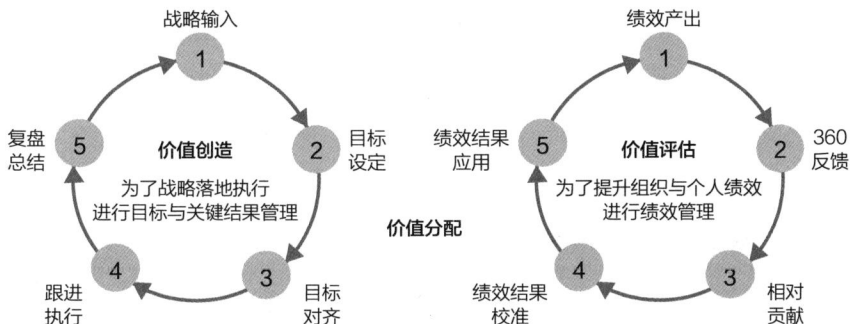

图8-4　字节跳动OKR与绩效管理

要在理念上区分价值创造、价值评估和价值分配。OKR是用作价值创造的工具，360绩效评估是用作价值评估的工具。

1. OKR驱动价值创造

OKR应用分为五个步骤：战略输入、目标设定、目标对齐、跟进执行、复盘总结。

首先，字节跳动鼓励所有团队，思考业务本质，找到真正重要的、有价值的事。找到大概正确的方向，鼓励大力出奇迹，大胆尝试探索。通过OKR目标设定，将这些策略转化为具体、可衡量的目标。这些目

标应该具备挑战性和激励性，能够激发团队的潜力。

接下来，通过飞书OKR，@相关方，确保目标跨组织对齐。目标对齐是围绕事展开的，不考虑部门、层级的因素，确保事的目标达成，连接到了公司内足够的、合适的人和资源。过程中，也可以随着实际情况的变化，灵活再对齐。促使组织内围绕关键事，协同工作，以实现整体一体化的目标。

然后是跟进执行，字节跳动各个团队，使用"飞阅会"，在OKR上开周会，实时跟进目标的执行过程。这有助于团队保持对OKR目标的专注，避免陷入日常执行的细节，而忽略真正重要的目标。

最后，复盘总结是在OKR周期交接时举行的，往往和目标共创同步。通过文档各个团队回顾过去的目标、实际达成的结果，分析原因，总结经验教训，并为下一个OKR周期做好准备。这个过程鼓励不断改进，确保组织在不断迭代中提高绩效并适应变化。

2. 360绩效评估完成价值评估

360绩效评估是不同于OKR的另一个工具和流程。

字节跳动360绩效评估的实践要点：

- 事后价值评估：不评估目标达成率，而是关注员工的实际产出对组织的价值贡献。

- 360°评估：员工个人绩效评估中，邀请协作方（上级、下级、平级）反馈。只有掌握全方位的信息，管理者才能做出高质量的判断。

- 逐层校准：借助绩效工具，管理者可以通过系统的数据分析报表，进行绩效结果校准，拉齐组织内的绩效评估标准，让公司的价值导向充分落地。

字节跳动360绩效评估分为五个步骤：个人填报绩效产出、360反馈、上级评估相对贡献、绩效结果校准、绩效结果应用。

（1）个人填报绩效产出

员工先基于自己过往周期的OKR，撰写工作总结。需注意撰写的是重点工作产出，而不是罗列任务事项。填写工作总结时要聚焦、有效、完整。填写自己最重要的几项工作产出，一般不超过5项。有具体的业务数据、进度、承担角色的说明。描述的颗粒度适中，不过于宏观，也不沉溺在细节中。做工作总结时，对于保密项目，可以使用代号，或者设置权限。

填报产出后，自评绩效等级。等级从高到低分为：O、M+、M、M−、I、F六级。

（2）360反馈

员工根据协作紧密度邀请评估人。直接下级和直接上级默认全部参加评估。评估人不是越多越好，数据显示5—8人比较有效。从合作关系的密切程度思考360°评估人的全面性、合理性。360绩效系统，也会根据算法推荐合适的评估人，供员工选择。HR和直接上级可以补充评估人，但不能删减评估人。

被邀请的评估人，可以拒绝评估。开始评估时，系统会提醒仔细阅读绩效评估方案中各个维度和档次的定义、说明，充分理解评估标准。要求评估人客观评估，根据客观事实而非个人喜好进行评估，尽量填写具体案例。要真实反馈，充分考量具体合作内容，对熟悉的工作产出提供完整、清晰的真实评语，帮助上级多方面了解被评估人。

评估人要避免给所有人过高或过低评级，也要避免给所有人都是中间评级；避免只评估对方近期表现，而不评估半年/全年表现；避免评语过于简单，缺少对具体示例的描述和说明。

评估人的评级和评语对被评估人是保密的，鼓励评估人真实反馈。

（3）上级评估相对贡献

直接上级基于对员工所在角色的产出预期，借助OKR信息、员工自评结果、360°评估反馈信息，综合判断，给出相对绩效评级。

上级评估时，首先阅读员工自评结果、360°评估反馈，还可以点击被评价员工的OKR，查看评估周期内的目标、过程记录文件，提供最具时效性的信息帮助管理者，在评估中"还原"员工实际产出。在评估中，直接上级基于岗位预期产出，和同级别、同类型岗位人员实际产出价值比较，综合做出评价。

飞书绩效，基于算法，给每个管理者打出"严格""适中""宽松"的标签，提醒管理者在评估时更客观、更公正。

（4）绩效结果校准

上级评估结束后，隔级的管理者开始对绩效初评结果进行校准，确保管理者、评估人遵循了一致的评估标准。通过绩效校准，可以避免评估误差，确保绩效结果在更大范围内的准确性和公平性。

绩效校准的基本原则：

- 基于岗位预期产出做评价：工作产出应该符合岗位、职级的预期要求。

- 根据事实评价产出贡献和价值：评价产出而不是工作量或完成度。

- 重视可比性与差异性：同序列、同岗位（或相近岗位）、同职级人员的产出更可比；不同业务、相似业务的不同阶段，充分尊重其差异性；与竞品、标杆对象进行横向比较。

- 逐级校准，自下而上：所有上级要至少向下校准至 –2 的员工绩效。

隔级校准时，会借助飞书360绩效评估，量化展示评估偏差，直观展示评估结果分布，辅助管理者判断评估结果的可信度。

（5）绩效结果应用

绩效评级结果会应用于奖金分配、调级调薪。在字节跳动，调薪与能力挂钩，看长期，能力通过持续的绩效体现；奖金是对短期已创造价值的奖励，看现在。短期的绩效优秀，给予奖金；持续的高绩效，给予调薪。

（二）某公司

某公司是基于贡献，而非基于目标完成率做绩效评估，该公司的绩效体系是典型的相对绩效。2018年，该公司升级了PBC 2.0。内部团队可以选择用OKR体系，也可以选择用PBC体系。无论选择OKR还是PBC，绩效评估流程都是相同的。

在使用OKR以后，公司并没有遇到绩效评估流程大幅调整的问题。因为公司一直以来都是基于岗位价值贡献做绩效评估。在PBC 1.0时，绩效评估就不是简单基于数据的汇总，而是结合关键绩效得分、个人关键举措（管理者还包括人员管理目标）的综合评定。

1.绩效初评

在绩效评价启动时，直接主管需要结合员工工作涉及的相关部门的绩效评价者的意见，对员工的绩效进行初评。

- 先确定绩效等级A的员工在关键绩效指标部分得分基准值。对于在基准值以上的员工，根据个人关键举措、人员管理等目标完成情况，进行综合评议，确定等级为A的人选，如有必要，对员工在关键事件中的表现进行补充说明；其余人员如无其他异常表现，通常确定为B+。

- 确定绩效等级为C的员工在关键绩效指标部分的得分上限，对于范围内的员工，根据个人关键举措、人员管理以及在关键事件中的表现，确定C的人选，其余人员确定为B。

- 对于其他人员，由经理做出B或B+的判断，其中如果关键绩效指标部分突出，但其他项完成得明显不好，则评定为B；如果关键绩效指标部分不很突出，但其他部分完成得出色，也可以评为B+。

PBC 2.0后，对于使用OKR的人员，也使用相同的流程。直接主管结合员工岗位职责要求，看员工实际的价值贡献，同时也参考相关部门的绩效评价者的意见，对员工的绩效进行初评。先评出A、C，然后确定B+、B。

2.集体评议

初评结果出来后，上级管理团队负责对照员工PBC或OKR，集体评议员工的绩效，控制比例分布，审视高低绩效和特殊人群，并且对员工最终考核结果的合理性、公正性负责。

公司的上级管理团队对员工绩效的集体评议流程主要包括以下六个步骤：

第一步，提前明确集体评议规则。在员工制定PBC之前，就需要向员工明确团队的绩效导向和评议规则，而不是在评议时再制定，让员工提前正确认识绩效评价标准。

第二步，审视集体评议信息表。集体评议信息表全面记录了员工的个人绩效事实，一般包括员工的绩效事实和直接主管初评结果等信息。审视集体评议信息表实质上是对员工的绩效事实进行审核，以全面了解员工绩效。

第三步，介绍评议规则及注意事项。在开展集体评议之前，需要回顾绩效导向和评议规则，让评议成员形成统一的绩效语言、绩效理念、思想导向和评价标尺，澄清一些常见的评价误区，对相同层级、相似工作性质的员工的绩效标准理解一致，减少主管的标准误差。

第四步，分层排序，重点评议两端和边界、跳变等特殊情况的员工。评价员工绩效等级时，需要分层分段排序评议。重点是评议两端和边界等人员的绩效，也就是逐个把员工的绩效事实放在"标准秤"上称重，给出排序和绩效等级。

第五步，按比例分别整体拉通审视，确定最终结果。对各主管评价的所有为A的员工，需要在统一评议规则下再逐一评议，按照比例分别整体拉通审视评议。例如，对于绩效为A的员工，首先根据他们的绩效事实和主管建议评为A的理由逐一审视，各主管评议讨论，识别出最优秀的员工，确定"锚点"，同时给出发展建议，然后依次排序；随后评议绩效排名在此员工后两位的员工，进行排序和调整，直到把绩效为A的人员评议完。

第六步，达成一致意见后签字。经过评议，各主管和评议团队对评价结果达成一致意见之后，在评议结果表上签字确认。在上级管理团队集体评议员工绩效后，更高一级管理团队负责审视团队整体绩效分布、批准绩效集体评议结果，最后正式公示。

3.正式公示

每个员工的绩效结果都要公示。不仅要公示绩效评估结果，还要公示评语，包括员工自评、周边评价、主管评价。

正式的公示，体现了公司以公开促公平的理念。这一点和字节跳动不同，字节跳动绩效结果是保密的，只有主管、本人和相关HR可以看到。绩效评估评语，本人是不可见的，只能是主管在绩效沟通时转述给员工。字节跳动是通过数据标签、提示管理者的打分偏好，来保证评价的公平。这里体现了两家公司的不同理念。

该公司绩效公示的范围，初设是在最小部门范围内，这是出于信息安全考虑。但这只是一个最基本的要求。评为 A 的员工，部门主管可以选择在更大范围内公示。

4.绩效结果应用

该公司的绩效考核结果，直接影响员工的物质奖励和非物质奖励、晋升、降职和淘汰等，具体会应用在年终奖金分配、职级调整、工资涨幅、期权额度、职位升迁等方面。

（三）理想汽车

理想汽车是一家智能汽车研发制造企业。理想汽车的案例，是典型的高科技制造企业如何使用OKR与绩效的案例。

智能汽车赛道玩家众多，造车新势力、传统车企、智能硬件厂商互相竞争。智能汽车复杂的业务链条、瞬息万变的竞争环境、迅速扩大的组织规模，都给企业管理带来了挑战。基于战略目标高效实现的诉求，理想汽车开始将OKR作为公司目标管理的工具。OKR覆盖范围包括公司研发部门、公司职能部门、公司销售管理人员。不包括一线销售和生产制造人员。与常规使用方法不同，在理想汽车员工制定承诺型OKR，强调目标使命必达。通过周报日报的形式，及时跟进纠偏。

承诺型OKR在制定过程中，增加了主管审批、确认的环节，如图8-5所示。员工在季度初根据战略目标的分解，撰写自己的承诺型OKR，发起OKR确认。直接上级审批OKR内容，审批重点在OKR内容及目标（O）的权重。审批通过后，确定承诺型OKR，进行OKR周会、月会跟进。直接上级给出下属OKR执行的评论和反馈。季度末进行复盘。

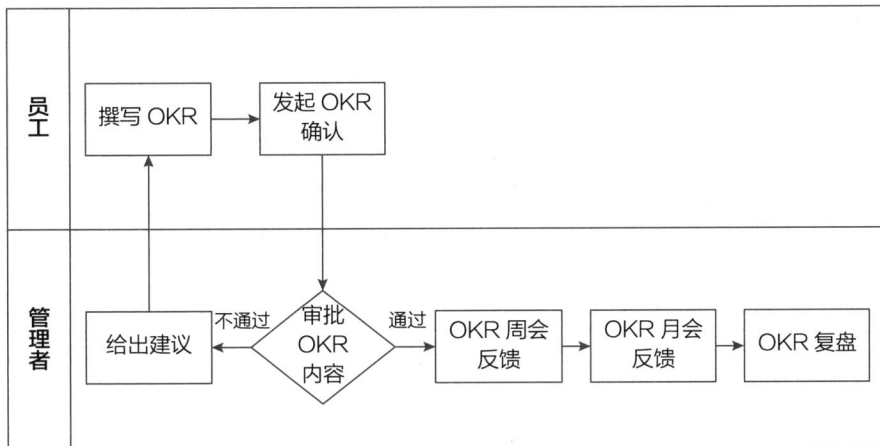

图8-5　理想汽车承诺型OKR

理想汽车承诺型OKR，既利用了OKR目标共创、透明的优势，又结合了制造业业绩严谨管理的特质，经过21个月的实践后效果显著。2019年第四季度，理想ONE推向市场，又过了11个月，理想ONE就登顶了新能源SUV月销量排行的第一。

2021年第二季度起，理想汽车开始使用飞书绩效。与通常的OKR与绩效评估解耦不同，在理想汽车，OKR执行情况与绩效评估是相关的。OKR的执行结果，通过一些规则与绩效结果关联。如"交期""成本"两个维度，承诺型OKR完成都超出预期的，绩效评级更有可能获得O或者E；完成都低于预期的，绩效评估结果不能高于M。

飞书绩效直接调用OKR系统中的设定和复盘内容，并引入360°评估机制，多方还原员工实际产出。最后依然由上级综合多种信息，为员工给出绩效等级。

2023年理想汽车学习某公司，也引入了PBC。承诺型OKR与PBC有更多相似之处，绩效评估流程没有改变，绩效评估周期从原来的一年四次调整为一年两次。绩效评估结果等级分布从2-6-2调整到2-7-1，即被评为"O/E"等级的员工占20%，被评为"M"等级的员工占70%，被评为"I/F"等级的员工占10%。

整体来看字节跳动、某公司、理想汽车三个案例，其共性是：都使用OKR+绩效评估的管理工具；都使用相对绩效的管理方式。

字节跳动是互联网公司，OKR进行得比较彻底，除一线销售、审核人员全部应用OKR。绩效使用360绩效评估，通过自评、360周边评估反馈、直接上级绩效评级、隔级校准确认。OKR执行结果与绩效评级不直接关联，只作为绩效评级的一个输入，供评级时参照，没有对应规则。

某公司，OKR与PBC平行应用，各部门自己决定选择哪种方式。主管参考周边评级作出绩效评级，集体评议最终确认。OKR或PBC执行结果与绩效评级结果有默认的指导性规则关联。评级和评语默认公开，以公开促公平。

理想汽车，使用承诺型OKR，OKR目标制定时需要上级审批通过，要确保完成。承诺型OKR执行结果与绩效评价通过明确的规则直接关联。

第三节　OKR实施中的绩效体系升级

在OKR实施案例中，升级绩效体系是一个系统工程，是一场组织变革。要理念转变、制度流程升级、工具升级，甚至领导力也需要升级。需要更多管理者从指挥、命令型的管理者，升级为教练型的领导者。绩效制度升级涉及全员，牵一发而动全身，建议成立专门的项目组，统筹规划、精心设计、逐步试点，然后全员推广。

一、绩效现状和驱动力调研

OKR实施中，要完成绩效体系升级，首先需要深入了解绩效管理现状以及各团队及员工的驱动力现状。

绩效现状调研包括对公司的现行绩效管理制度的审查（如表8-4）。这意味着要审查当前使用的绩效评估方法、绩效考核周期和奖励体系。此外，还需要了解员工和管理层对目前绩效体系的看法和反馈。这个过程有助于确定绩效管理的痛点，针对性优化。

驱动力调研，了解全员驱动力状况，呈现员工驱动力处于无动机、外在动机、内在动机哪个阶段。识别不同的驱动力阶段，绩效体系升级时，针对性优化设计。

（一）绩效现状调研

表8-4　某公司辅导前调研问卷

序号	题　目	类型
1	我了解公司的战略目标	评分题
2	请写出公司战略目标的关键词	描述题
3	我清楚自己工作与公司战略目标之间的关联	评分题
4	我所在团队的氛围：信息公开透明，能及时共享信息	评分题
5	我所在团队的氛围：组织扁平化，层级观念弱，能平等发表意见	评分题
6	我所在团队的氛围：授权一线自主思考决策，允许一定容错空间	评分题
7	公司推行OKR，我希望得到哪方面的支持： • 管理层带头使用 • 能充分了解新工具、新方法对我日常工作有什么价值 • 我能方便地获得相关指导（如培训、文档、答疑等） • 我能获得专人的持续辅导 • 我能了解公司内的最佳实践 • 其他请输入	多选题

续表

序号	题 目	类型
8	我的工作目标是如何制定出来的： • 自上而下为主，上级制定目标、指派工作 • 自下而上为主，自己制定目标后和上级沟通/审批 • 自上而下和自下而上同时进行，上级和我各自制定目标，再沟通对齐 • 不预设目标	单选题
9	我所在团队的业务方向、工作目标会经常调整	评分题
10	当我所在团队的业务方向、工作目标发生调整时，通常如何处理： • 会主动和协作方同步信息，并共同商议后续计划 • 会主动和协作方同步信息，但往往不会共同商议后续计划 • 不会主动和协作方同步信息，但自己团队会制订新计划 • 不会主动和协作方同步信息，自己团队也不会制订新计划 • 其他请输入	单选题
11	团队工作成果很大程度上依赖跨团队协作	评分题
12	当前跨团队协作很顺畅、效果很好	评分题
13	团队日常如何跟进目标： • 没有对目标进行跟进 • 不定期查看目标的进展 • 有定期的例会讨论目标的进展 • 采用项目管理的方式跟进目标 • 采用每天跟踪数据变化的方式跟进目标 • 其他请输入	多选题
14	每个期末（如季度），团队工作成果和期初目标总体一致	评分题
15	绩效考核标准和对我的职级、岗位职责要求是一致的、清晰的	评分题
16	绩效考核过程能够帮助我看清自己的优势和不足，明确下一个考核周期的努力方向	评分题
17	绩效考核结果能够真实反映我的工作产出及对团队/组织的贡献	评分题
18	我希望OKR为团队工作带来以下方面提升： • 我更清楚工作和公司战略、团队目标的关联 • 团队目标更聚焦，减少资源浪费 • 更有效地落实团队目标、推进工作	多选题

序号	题　目	类型
	• 团队成员能获得更多的个人成长 • 团队间更易达成共识，减少协作成本 • 其他请输入	
19	我对OKR落地最担心的是： • 换汤不换药，另一种KPI • 和绩效奖金挂钩，不敢提挑战目标 • 花费大量时间、效果不如预期 • 没有好的在线工具，用不起来 • 公司文化氛围、管理理念不匹配 • 其他请输入	多选题
20	我的角色是： • 一线员工 • 团队负责人 • 公司高管	单选题
21	我所在的部门是： • 某部门 • 某部门	单选题

调研结果形成报告，推动管理层对绩效变革达成共识。可以在对员工理念宣贯时使用，宣传绩效变革的必要性；可以在方案设计时使用，作为针对性制度流程设计时的参照；也可以协助选择合适的试点团队。

（二）驱动力调研

在进行绩效体系升级前，公司需要深入了解员工的驱动力状况。此举不仅有助于把握员工的绩效情况，还能够根据不同的驱动力模式来制定有针对性的绩效体系。

按照爱德华·德西提出的自我决定理论，假如外在动机内化（internalized）或整合进了一个人的自我感中的话，那么曾经由外在因素所导致的行为就会变成由内在动机所驱动的行为。就像图8-6中所描述的动机连续体一样，内化具有多种不同的水平。

- 无动机：此时员工个体要么不投入活动，要么仅仅是走过场而已。
- 外在动机，内化的不同水平。
  - 外部调节：员工为了获得由他人所支配的奖赏或避免惩罚，而做出行为时。
  - 内投调节：员工行为仍旧受到奖赏和惩罚的驱动，出现了偶尔由自我所控制的情况。
  - 认同调节：员工行为仍然由外部因素驱动，但开始出于活动本身的收益而考虑其价值时，此时的目标与仅仅是一种惩罚或奖赏相比，更加个人化。
  - 整合调节：当员工不仅认为行为有用，而且也将其整合于自我感之中时，员工还并不真正受内在动机驱动，行为仍是一种实现目的的手段。
- 内在动机：员工为了活动本身的内在满足感而去完成一项行为。

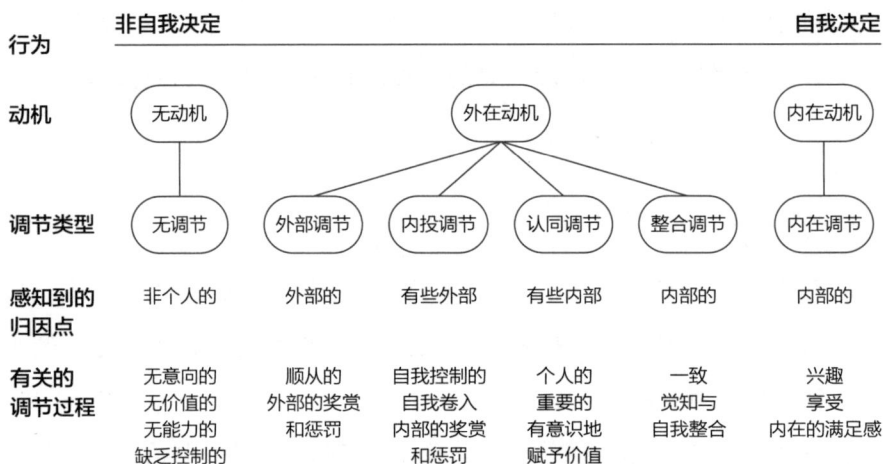

行为	非自我决定					自我决定
动机	无动机		外在动机			内在动机
调节类型	无调节	外部调节	内投调节	认同调节	整合调节	内在调节
感知到的归因点	非个人的	外部的	有些外部	有些内部	内部的	内部的
有关的调节过程	无意向的 无价值的 无能力的 缺乏控制的	顺从的 外部的奖赏 和惩罚	自我控制的 自我卷入 内部的奖赏 和惩罚	个人的 重要的 有意识地 赋予价值	一致 觉知与 自我整合	兴趣 享受 内在的满足感

图8-6 驱动力内化的阶段

通过了解员工所处的驱动力内化的阶段，公司可以更好地调整绩效体系，以满足不同员工的需求。例如，对处于无动机阶段的员工，公司可以设计更具挑战性的工作任务，激发他们的兴趣；对处于内在动机阶段的员工，可以提供更多的发展机会，以满足他们的自我成长需求。（动机测评问卷如表8-5所示）这种有针对性的设计可以更好地推动员工的绩效提升。

表8-5　动机测评问卷

序号	题目	评分（7分制）
1	我选择这份工作，希望通过它达成某种生活	
2	我看重工作提供的这份收入	
3	我问过自己这个问题，我似乎不能管理好与这份工作有关的重要任务	
4	从这份工作中我感受到极大的学习乐趣	
5	工作已经成了我自己的一部分	
6	我希望在工作上能够成功，否则我会很愧疚	
7	我选择这份工作，是为了实现我的职业目标	
8	我选择这份工作，是因为工作中充满了很有意思的挑战，这让我感到很满足	
9	我选择这份工作，是为了挣钱	
10	我选择这份工作，将它作为我生活方式的一部分	
11	我希望我能胜任这份工作，否则我会感到很失望	
12	我不知道我为什么要工作，我们的工作条件比较差	
13	我希望成为生活的"赢家"	
14	我选择这份工作，希望通过它实现一些重要目标	
15	我选择这份工作，是因为我想体验到成功完成挑战性任务后的那种满足感	
16	因为这份工作给我提供了安全感	
17	我不知道为什么工作，我们被寄予了太多期望	
18	因为这份工作是我生活的一部分	

在大家填写完后，对问卷进行回收和整理，按照如下规则对得分进行汇总统计。（参见表8-6）

表8-6 动机测评统计

	无动机	外部调节	内投调节	认同调节	整合调节	内在动机
题号	3、12、17	2、9、16	6、11、13	1、7、14	5、10、18	4、8、15
得分						

最高维度得分，表明该团队主要是受该种动机所驱动。通过驱动力调研可以呈现不同团队所处的驱动力阶段，为下一步变革做好准备。可以通过设计一系列的干预举措，帮助团队和个人提高内化动机的水平。在选择OKR和相对绩效试点时，可以优先选择内化动机水平高的团队进行。通过实施OKR和相对绩效，也能帮助团队提高内化动机水平。

二、相对绩效的制度流程再造

从绝对绩效的体系到相对绩效的体系，是一场变革，是一场流程再造。绩效制度涉及全员，牵一发而动全身，要统筹规划、精心设计、逐步试点，然后全员推广。

（一）理念宣导

在发动变革之前，理念宣导非常重要。需要通过高层出面做一系列的宣导，在员工心里创造一种紧迫感。帮助大家认识到变革的必要性，以及马上采取行动的重要性。

宣导围绕绩效现状的共识、绩效升级对实现公司愿景与战略目标的重要意义、绩效升级的紧迫性、绩效升级给员工个人带来的好处、绩效升级需要的员工支持等方面展开。

下面是我的OKR教练辅导客户在绩效变革时，公司CEO的宣讲稿大纲：

"绩效管理是任何组织成功实现其愿景和战略目标的核心要素之一。在我们的公司，我们一直致力于提高绩效管理的质量和效率，以便更好地服务我们的客户，提高员工的幸福感，实现可持续增长。

"首先，让我们一起来共创绩效现状。绩效管理是一个动态的过程，需要不断地评估和改进。在我们的组织中，我们一直在努力完善绩效管理体系，但我们也必须承认，存在一些挑战和问题。有时，员工可能感到绩效评估不够公平或透明，这可能导致不满和动力下降。此外，过度强调短期业绩可能会妨碍长期战略目标的实现。因此，我们需要共同认识到现行的绩效管理模式可能需要一些改进。

"其次，绩效升级对我们公司实现愿景和战略目标至关重要。我们的愿景是建立一个高效、创新、协作的组织，为客户提供卓越的产品和服务。要实现这一愿景，我们需要确保每个员工都充分发挥潜力，积极参与到公司的战略目标中。绩效升级可以帮助我们更好地对齐个人目标和公司战略，确保每个员工在推动公司前进的道路上都发挥积极的作用。

"再次，绩效升级的紧迫性是显而易见的。竞争日益激烈，市场变化迅速，我们必须更加灵活和敏捷。如果我们的绩效管理不能跟上这个节奏，我们将失去在市场上的竞争力。因此，我们需要立即行动，不断提高我们的绩效管理水平，以适应不断变化的环境。

"又次，绩效升级不仅有益于公司，还会给员工个人带来好处。通过更清晰的绩效标准和更频繁的反馈，员工将更容易了解自己在公司的角色和价值。他们将有机会为自己的职业发展制订更明确的计划，并更好地掌握自己的未来。绩效升级也可以提供更多的发展机会和奖励，鼓励员工不断提高自己的技能和贡献。

"最后，我们需要员工的支持来实现绩效升级。这个过程可能会带来一些变革和不适应，但我们相信，通过共同努力，我们可以建立一个更公平、更透明、更有激励性的绩效管理体系。我们鼓励员工积极参与，提出建议和反馈，以便我们可以不断改进我们的绩效管理方式，更好地满足员工和公司的需求。"

（二）制度、流程、工具表单升级

1.制度升级

优化设计绩效评估制度时，可以从以下几个维度来展开。

- 选择评估周期：与业务产出周期匹配，同时考虑实施成本；
- 设置评估维度（包括业绩、价值观等）：能清晰、全面地定义产出；
- 确定评分档次：能帮助产生有区分度的结果分布；
- 确定360° 评估邀约细则（包括邀约范围、评估人数量等）：兼顾成本和反馈的有效性，在可接受的成本下获取全方位的协作反馈；
- 绩效结果确定：权衡规则计算和管理者判断的有效性。

2.流程升级

图8-7为相对绩效评估的常用流程。

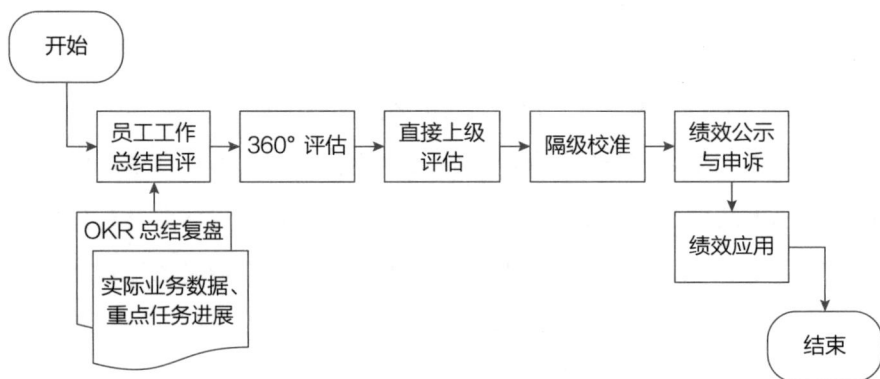

图8-7　相对绩效评估流程

3. 工具表单升级

绝对绩效评估通常设计严谨的指标，确定指标权重，最终绩效评定结果是以一个绝对的分数展示。典型的绝对绩效表单，如表8-7所示。

表8-7　某企业绝对绩效指标

分　类	KPI指标50%	权　重
效益类20%	净利润（万元）	10%
	净资产利润率（%）	5%
	资产保值增值率（%）	5%
运营类20%	技术方案差错率（%）	5%
	重大技术改进项目完成数（个）	5%
	科研课题完成数（个）	5%
	部门管理费用（万元）	5%
	工程质量合格率（%）	
	千人负伤率（‰）	
组织类10%	领导班子满意度	5%
	同级部门满意度	5%
GS指标50%		权　重
完成公司成熟技术和产品的标准化、系列化工作		10%
贯标体系有效运行并通过年度审核		10%
研发、技术创新规划的合理性与计划的执行情况		10%
季度质量、安全大检查完成情况		10%
保证公司使用设计、工艺标准、规范、规程的有效性，并对关联工作的责任部门执行情况进行监督		10%

升级后的相对绩效评估的工作目标用OKR或PBC等工具承载。绩效评估结果，通常是相对的绩效等级。（参见图8-8）

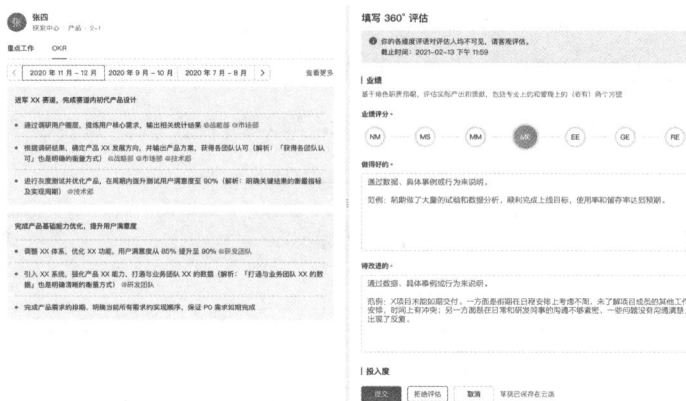

图8-8　相对绩效评估示例

（三）试点推广

通过试点，获得反馈，持续迭代完善，是绩效体系升级的宝贵经验。我在腾讯工作期间，经历了绩效体系从四档变成五档的过程。项目团队精心策划，先后在HR团队、某业务部门试点后，才全员推广。全员推广后还是引发了广泛的讨论，公司乐问平台持续热榜讨论了很多天。公司HR负责人出来向全员解释说明情况，最后才渐渐平息，绩效体系完成升级。

腾讯早期的绩效考核分四档，即S、A、B、C，S最优秀，C最差。当时企业正处在快速发展阶段，需要员工更有紧迫感。但随着公司的快速发展，很多业务成为行业第一，管理者和HR都希望考核更弹性化。考核结果从四档变成五档，从而肯定大部分员工的表现，只让头部和尾部凸显出来，好的表彰和发展，不好的鞭策甚至淘汰。

旧的绩效体系运作十几年，根深蒂固，改变面临很大困难和风险。HR用产品思维，先使用DEMO版、灰度测试，慢慢磨合之后，把实践中发现的问题逐步解决，再逐渐扩大。因此在四档变五档的变化中，共做了两轮试点，最后才全员推广。

第一轮，先在HR团队中做300人试点。在试点过程中发现，方案设计得再完美，和员工真正的感受还是有差别的，这一轮试点收到了很多吐槽，根据槽点对方案做了修改。

第二轮，寻找典型业务部门3000人的团队试点。又发现了很多问题，如业务人员对HR术语不理解，也有一些新的矛盾等。基于这些反馈再次对方案做了一轮优化。

最后全公司推广。经过两轮试水，新的绩效体系在全公司推广时虽然还是会听到一些不同的声音，但不适应或者排斥已大大降低。

在腾讯这次绩效体系升级的案例中，用产品思维做HR，先试点再推广，小步快跑、灰度迭代，既能响应业务需求又能不断纠错完善方案。建议尝试绩效体系升级的企业，借鉴腾讯绩效升级的经验，先试点，再推广。

三、管理风格和领导力升级

绝对绩效管理体系，通过绩效责任书，目标层层分解，绩效执行严格与奖金直接挂钩，管理者有控制感、有确定感。适配垂直领导方式。相对绩效管理体系，管理者会体验到某种程度的控制感丧失，要求管理者更有领导力，接纳不确定性。适配共享领导方式。

领导是影响他人的过程，并能促进个体与集体有效地完成共同的目标。团队中存在两种潜在的领导力资源。第一种是垂直领导，通常是指由上级或组织直接任命的自上而下式的领导。第二种是很有潜力的领导力资源，即共享领导。垂直领导能够直接对团队施加影响，共享领导则是在团队互动过程中涌现的。垂直领导一般依赖于明智的领导个体，是一种自上而下的影响过程，而共享领导则依赖于集体的智慧，是集体协作的过程。为了更好地区分垂直领导与共享领导，表8-8对垂直领导与共享领导的特征进行了梳理。

表8-8　垂直领导与共享领导的区别

领导特征	垂直领导	共享领导
行为表达	单个或多个行为	集体行为
团队结构	集中或层级的结构	横向或水平分散的结构
成员行为	依靠领导和命令	自主和自我领导
团队行为	响应领导的要求	协作并协商一致
团队愿景	团队领导为成员提供愿景	团队成员共同产生愿景

　　相对绩效管理体系的升级，要求管理者从过去熟悉的垂直领导，升级为共享领导。成为共享领导，意味着团队成员间是互动的，领导职责不再是集中于某个领导手中，而是广泛分布于团队成员之间，团队成员彼此协作，为团队结果负责，最终实现团队绩效、达成组织目标。共享领导力也是适应创新时代，适应组织复杂化、多样化的要求。在实际工作中，能根据情境，有选择地发挥垂直领导力，或者共享领导力。

　　一旦发展出了共享领导力的领导风格，所有团队成员就会共担责任，共同为集体、整合的团队工作负责。团队管理者也走过了四个阶段，即团队管理者、团队领导者、团队协调者、团队教练，完成了领导力的蜕变。具体内容请看第十章第二节"OKR与成就团队领导力"。

Objectives and
Key Results

09

第九章　OKR运营

OKR运营是公司OKR落地的必要动作。OKR的持续运营能够对抗组织的惰性，保持目标的活力。通过OKR运营，把低频使用的OKR和高频的目标跟进结合，引发持续的关注，确保OKR发挥出最大的价值和效能。只有通过持续的运营，OKR才能够真正成为组织成功和卓越的引擎。

OKR运营，要搭建运营的组织体系。高层领导、OKR运营责任人和内部教练共同构成了一个有效的团队，确保OKR在整个组织中的有效实施和推动，进而推动文化的转变、组织的变革。要建立OKR运营指标和报表体系。通常，OKR运营指标体系包括填写率、对齐率、跟进率、打分率、复盘率等指标。用好OKR周报、月报，推动OKR在组织中的落地。

OKR实施前，运营的关键是做好宣传和培训。OKR实施中的关键是按照OKR实施的周期，做好目标共创、目标对齐、目标跟进和结果复盘的运营动作，主要通过运营指标的监测和周报、月报，来推进OKR的实施。提升期主要是运营OKR内部教练，推动OKR落地效果深化。

OKR的深化运营不仅能帮助企业熟练使用OKR目标管理工具，更能帮助企业驱动文化创新、引领组织变革。通过将OKR与创新文化和变革紧密融合，组织能够在不断变化的市场环境中保持敏捷性和竞争力，实现创新和变革的双重目标。这种融合为组织带来了更强大的能力去适应未来的挑战，为持续的成功铺平了道路。

第一节　OKR持续运营的必要性

OKR的持续运营是一个"必要之恶"，是组织发展和创新的驱动力。它能够对抗组织的惰性，保持目标的活力，同时促进文化转变和组织变革。虽然OKR是低频使用的工具，但它却需要持续地关注和引导，以确保其发挥出最大的价值和效能。只有通过持续的运营，OKR才能够真正成为组织成功和卓越的引擎。

一、OKR工具是对抗人和组织的惰性的

惰性是人类天然的特点之一，同时也存在于组织中。在面对日益繁忙的工作、变化多端的业务环境时，人们往往容易陷入舒适区，停滞不前。OKR的引入正是为了对抗这种惰性。通过设定明确的目标和关键结果，OKR强有力地推动个人和团队朝着更高的标准和更大的成就努力。然而，这种推动作用是短暂的，如果没有持续的运营，人们很容易又回到过去的状态，目标会逐渐淡忘，积极性会逐渐减退。因此，OKR持续运营能够不断地唤醒团队的活力，让成员保持进步和创新。

在持续运营中，团队会经历目标的迭代和调整，这种动态的过程能够避免目标的僵化和落伍，从而保持目标的活力。定期的复盘会议可以激发团队对目标的思考，挖掘潜在的机会和障碍，以便及时调整方向并做出更正确的决策。

二、OKR是低频使用的工具

与日常的例会和工作相比，OKR的制定和评估并不是经常性的事

务。在典型情况下，OKR是以季度为周期进行的，这导致了一种"冷热不均"的现象，即在OKR制定的时候，团队可能会投入较大的精力，但是在季度周期中可能会逐渐淡忘目标，特别是在日常事务的压力下。

在这种情况下，持续运营变得尤为重要。持续运营可以通过不断地提醒、反馈和调整，让团队在OKR的周期内保持高度的关注和活跃度。例如，通过定期在OKR上开周会，团队成员每周或双周回顾目标，保持对目标的清晰认知，确保团队的日常工作始终与目标保持关联。

三、OKR的落地是转变文化、推动变革的长期过程

OKR的引入不仅是一个目标管理工具的更替，更是一种组织文化的转变。这种文化转变需要从个人到团队，从领导到员工，逐渐形成一种注重目标、追求卓越的价值观。然而，文化的转变不是一蹴而就的，需要经历一个持续的过程。

OKR持续运营在这个过程中起着关键的作用。通过不断地讨论、反思和改进，可以强化新文化的建立和传播。例如，在复盘会议中，团队可以分享实现目标的成功经验和挑战，从中吸取教训，不断完善工作方法和合作模式。通过OKR识别有潜力、敢挑战的个人和团队，给予认可和激励，推动创新和变革文化氛围建立。通过这种方式，OKR不仅是一种目标管理工具，更成了促进组织变革的催化剂。

综上所述，OKR的持续运营对于组织的发展和创新具有很大的必要性。它能够对抗惰性，保持目标的活力，推动文化转变和组织变革。尽管OKR是低频使用的工具，但通过持续运营，能真正将OKR融入组织的DNA，从而实现组织的成功和卓越。

第二节　OKR运营体系

OKR运营，要搭建运营的组织体系。高层领导、OKR运营责任人和内部教练共同构成了一个有效的团队，他们的合作和协调将确保OKR在整个组织中的有效实施和推动，进而推动文化的转变、组织的变革。要建立OKR运营指标和报表体系。这些指标在衡量和评估OKR的实施效果和运营效率方面起着关键作用。通常，OKR运营指标体系包括填写率、对齐率、跟进率、打分率、复盘率等指标。用好OKR周报、月报，推动OKR在组织中的落地。OKR实施前运营的关键是做好宣传和培训，实施中的关键是按照OKR实施的周期，做好目标共创、目标对齐、目标跟进和结果复盘的运营动作，主要通过运营指标的监测和周报、月报，来推进OKR的实施。提升期主要是运营OKR内部教练，推动OKR落地效果深化。做好这些关键运营动作，可以建立一个稳健的OKR运营体系，有助于组织更好地实施OKR，并取得卓越的绩效。

一、OKR运营组织体系

（一）OKR领导者

OKR领导者一定要是组织的一把手。OKR落地是一把手的工作，不能授权。

OKR的成功实施需要高层领导的积极参与和领导。作为一项战略性的目标管理工具，OKR的部署和推动需要高层领导的支持和引领，以确保整个组织能够真正对OKR持续运营投入精力和资源。OKR领导者应该是公司的最高层领导，通常是CEO亲自担任，CEO需要在OKR的推动过程中起到榜样和引导的作用。CEO应该亲自参与制定公司的OKR，为全员树立示范，展现出OKR在组织中的重要性和优势。

（二）OKR运营责任人

OKR运营，需要由专门的部门负责，通常由有实际管理权限的部门负责，如企业管理部、项目管理部、人力资源部等。需要指定专门负责人，通常是中层管理者，在组织内部有一定权威。责任人需要具备认真负责、不畏惧冲突的特质。

OKR运营责任人是OKR实施过程中的关键角色，他们负责协调、推动和监督OKR的执行和落地。选择合适的责任人至关重要。一个合适的OKR运营责任人应该具备多方面的特质，包括领导力、沟通能力、决策能力和问题解决能力。此外，他们还应该有足够的自信和毅力，能够处理各种挑战和冲突。OKR的推动往往需要对现有文化和工作模式进行调整和改进，责任人需要能够坚持原则，克服困难，确保OKR的顺利实施。

（三）OKR内部教练

OKR内部教练是一支专业团队，他们负责培训、指导和辅助组织中的各级管理者和员工掌握OKR的方法和技能。这些OKR内部教练应该是经验丰富、熟悉OKR的人员。

OKR内部教练，能够引导团队有效地制定、推动和评估OKR。内部教练需要能够理解组织的文化和业务需求，根据实际情况调整OKR的方法和工具。他们还需要具备良好的沟通和培训能力，能够将OKR的理念和方法传达给团队，并解答他们可能遇到的问题。

OKR运营组织体系的搭建是OKR持续运营的关键一步。高层领导、

OKR运营责任人和内部教练共同构成了一个有效的团队，他们的合作和协调将确保OKR在整个组织中的有效实施和推动，从而实现组织的发展。

二、OKR运营指标与报表

OKR运营，需要建立一套运营指标体系，这些指标在衡量和评估OKR的实施效果和运营效率方面起着关键作用。通常，OKR运营指标体系包括填写率、对齐率、跟进率、打分率、复盘率等指标，还可以关注目标（O）的数量、完成的状态等指标。

（一）OKR运营指标

1. 填写率

填写率是指在OKR周期开始后的两周内，实际填写的比例。它反映了团队成员对OKR目标制定的参与度和投入度。较高的填写率意味着团队更关注目标的设定和执行。

部门OKR填写率=部门实际OKR填写人数/部门使用OKR的人数

填写率通常在OKR新周期开始后的两周内使用，提醒员工及时填写OKR。

2. 对齐率

对齐率衡量个人或团队设定的OKR与组织战略目标之间的一致性。通常包含与上级目标、与横向需要协同的目标以及与下级目标的对齐。高对齐率表示OKR设定在整个组织内保持了较高的协调性和一致性。

部门OKR对齐率=实际对齐的节点数量/应该对齐的节点数量。

对齐的节点数量，是直接上级、平级或下级@到本人的目标（O）或关键结果（KR）次数。

对齐率通常在OKR新周期开始后的两周内使用，在员工填写完

OKR 后，提醒员工把本人的 OKR 在组织内多方向对齐。对齐率在 OKR 执行过程中，随着其他同事 OKR 的调整，也可能有重新对齐的需要，需要本人全程关注新被 @ 的情况。

3. 跟进率

跟进率是指在 OKR 周期内，OKR 目标和关键结果的执行进展情况得到及时跟踪和跟进的比例。高跟进率有助于防止目标进展滞后，及早识别问题并进行调整。

部门 OKR 跟进率 = 本周（双周）填写跟进记录的人数 / 本周（双周）部门使用 OKR 的人数

OKR 的跟进，通常和部门周会、双周会结合。按照在部门负责人 OKR 上开周会的方式，开完周会，做好 OKR 跟进记录。记录有多种方式，包括在 OKR 系统中手动填写记录、自动记录等。如果使用飞书文档开周会，可以将周会文档回传到 OKR 系统，自动记录。

OKR 的跟进率指标，需要运营人员在整个 OKR 周期都进行关注。

4. 打分率

打分率衡量了在 OKR 周期结束时，已设定的目标（O）、关键结果（KR）实际评分的比例。这可以提供一个定量的指标来衡量目标与关键结果的实际完成情况。

部门 OKR 打分率 = 已经完成打分的人数 / 部门使用 OKR 的人数

在字节跳动的实践中，只有自评打分。打分被看作对目标与结果完成情况的自我评估。通常是 0.1—0.4 分意味着完成情况不及预期，0.5—0.7 分意味着完成情况达到预期，0.8—1 分意味着完成情况超出预期。评分的结果不与考核评价挂钩，只作为自我目标管理的闭环使用。

5. 复盘率

复盘率是指 OKR 周期结束后，实际进行复盘会议的比例。复盘会议是对OKR执行情况的总结和反思，高复盘率有助于发现问题、总结经验、优化执行。通常在全公司范围内看复盘率指标。

公司OKR复盘率=完成复盘会议的部门数量/全公司使用OKR的部门数量

跟踪复盘率指标，督促各部门完成OKR周期最后一个动作，总结复盘。通过总结复盘，回顾目标、评估结果、深入思考总结经验与教训，促进团队的学习与成长。

6.目标（O）的数量

统计目标（O）的数量，提醒使用者避免目标（O）设置得过多或过少。目标（O）设置得过多，如多于5个，可能在执行中导致资源不聚焦，不能形成突破性进展。目标（O）设置得过少，如只有1个，可能对工作没有展开深入思考，对达成目标的关键成功因素没有解码。

7.目标（O）的完成状态

在OKR执行的过程中，关注目标（O）的完成状态，便于公司从整体上把握当期的目标进展。目标（O）的完成状态可以设为正常、有风险、已延期、未更新四种。在使用中，运营人员应重点关注已延期和有风险，可以在运营报表中标示出来，提醒相关负责人及早关注。发现有未更新的，提醒本人及时更新。

（二）OKR运营报表（参见图9-1）

在这些指标的基础上，可以制定OKR运营的周报、月报。

周报：周报是每周对OKR目标和关键结果进展情况的汇报。它可以帮助团队成员和管理者了解当前状态，及时调整执行策略。

月报：月报是每月对OKR目标和关键结果进展情况的综合汇报。它可以提供更长周期的OKR运营状态评估，帮助管理层了解情况，识别风险，及时干预调整。

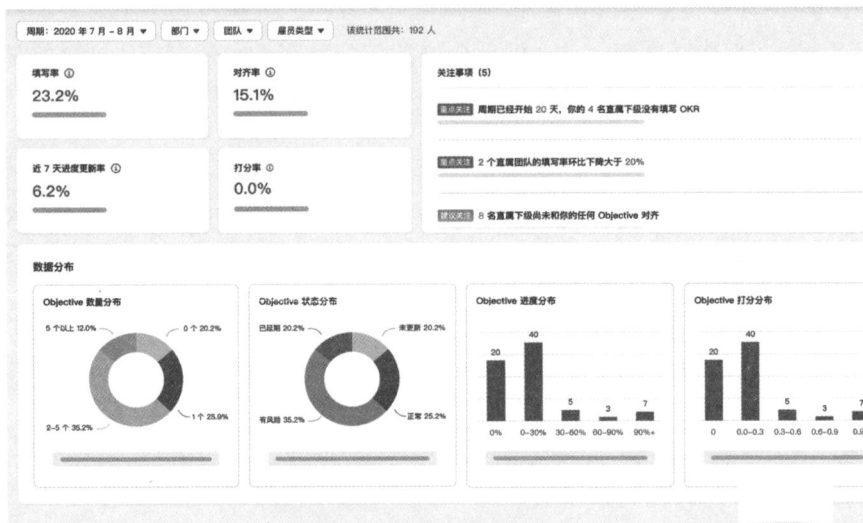

图 9-1　飞书 OKR 运营报表示例

这些OKR运营指标体系和运营报表，可以帮助组织监测和评估
OKR的执行情况，发现问题并及时进行调整。通过衡量这些指标，可
以更好地了解OKR在组织中的影响力和价值，以便进行持续的优化和
改进。同时，这些指标也能够为团队提供反馈和激励，推动更高效的
OKR实施和运营。

三、OKR运营过程管理

OKR运营涵盖OKR实施前、实施中和实施后的进一步提升期。实
施前运营的关键是做好宣传和培训，实施中的关键是按照OKR实施的
周期，做好目标共创、目标对齐、目标跟进和结果复盘的运营动作，主
要通过运营指标的监测和周报、月报，来推进OKR的实施。提升期主
要是运营OKR内部教练，推动OKR落地效果深化。

（一）准备期

1. OKR宣传

在准备期，运营的重心是宣传OKR。告诉全员什么是OKR，实施OKR的价值，OKR如何使用，等等。运用公司线上、线下的宣传渠道，创新宣传方式。

OKR宣传的渠道。通常OKR的实施是公司重要的管理举措，为达到宣传推广的效果，尽量多使用公司线上线下的多个宣传渠道，线上的如公司网站、公众号、小程序、员工线上论坛、公司全员群、管理干部群、线上文化宣传平台等，线下的如办公室的门厅、墙面、会议室、休息间、餐厅、电梯间、展厅、工位等。

OKR宣传的形式。可以设计海报、便签、易拉宝、头图、折页、宣传册、OKR定制笔记本、OKR实施手册、漫画、小游戏等。

2. OKR培训

在准备期，组织全面且有针对性的OKR培训是OKR运营的一个重要步骤。这些培训旨在确保组织内的各个层级和团队对OKR的概念、方法和实施流程有清晰的理解，以便在OKR周期开始后能够顺利执行和取得成果。以下是OKR培训组织的一些关键考虑因素和内容。

- 选择合适的培训教练或培训师：在选择培训教练或培训师时，需要考虑他们是否具备理论基础和实践经验的双重背景。理论基础能够确保他们对OKR的概念、原理和方法有深入的理解，而实践经验则可以使他们分享真实案例和实际操作中遇到的挑战和解决方法。OKR是个比较新的管理工具，和传统的绩效管理、平衡计分卡和战略解码等工具的关系，需要讲解清楚。这需要培训的教练或培训师有较深的理论功底。同时OKR又是非常需要实践落地的管理方法和管理工具，需要培训教练或培训师有在企业中亲身实践落地OKR的经验。

- 培训内容的设计：培训内容应该从理论到实践全面覆盖，涵盖OKR的基本概念、制定流程、撰写技巧、对齐原则、复盘流程等。可以分阶段分批进行，逐步深入。同时，案例分析和实践演练也是培训的重要组成部分，能够帮助学员更好地理解和掌握OKR的应用。

- 分层分批培训：OKR培训应该分层次、分批次地进行，覆盖从高管到基层的各个层级。不同层级的培训内容可以有所调整，更具体地针对不同层级的角色和职责进行讲解。高管层培训可以强调OKR的战略意义和推动变革的重要性，而基层员工培训可以着重讲解实际操作和执行方法。

- 互动和案例分享：培训过程中应鼓励互动，如提问、讨论和案例分享。通过实际案例的分享，可以更好地说明OKR的应用场景、挑战和解决方案，让学员能够从实际中获得启发和经验。

- 跟进和反馈：在培训结束后，可以设置反馈渠道，鼓励学员提出问题、分享感想和提供改进建议。根据学员的反馈，可以不断优化培训内容和方法，确保培训的持续改进。

通过这些OKR培训，组织成员可以更好地理解OKR的核心理念、方法和价值，为OKR运营的顺利实施奠定坚实的基础。同时，培训也有助于减少误解和阻力，提高团队的参与度和合作性，从而使OKR在组织中得以有效落地。

（二）实施期

在实施期，要根据OKR本周期不同实施阶段，针对性进行运营管理。在OKR周期开始前和开始后的1—2周，重点关注OKR的填写情况、对齐情况，过程中关注每周、每双周的OKR跟进情况，OKR期末关注各部门的OKR打分、复盘总结情况。

1. OKR撰写阶段运营要点

- 提前准备：在OKR周期开始前，提前提醒所有参与者准备OKR撰写所需的材料和信息。

- 提供模板与指导：提供撰写OKR的模板和指导，帮助参与者清楚地描述目标和关键结果。

- 设定期限：设定明确的截止日期，确保OKR在规定时间内完成撰写。

- 提供反馈与支持：为那些需要帮助的人提供支持，解答疑问，确保OKR的质量和合理性。

- 报表督促奖励：在新OKR周期开始后的两周，制定OKR填写率的周报甚至日报，公开发布，推动及时填写OKR。可以设置OKR最优撰写奖，根据填写时间、填写质量综合评估。奖励优秀的部门和个人。

2. OKR对齐阶段运营要点

- 促进交流：组织会议或沟通活动，促进各级别的目标对齐，确保下级目标与上级目标保持一致。

- 确保理解：解释OKR的对齐原则，帮助参与者理解如何将自己的目标与上级目标对齐。

- 梳理关键结果：确保关键结果能够量化、可衡量，能够明确地衡量目标的实现情况。

- 及时调整：如果在对齐过程中出现问题，需要及时调整，确保OKR目标的合理性和可执行性。

- 报表督促奖励：在新OKR周期开始后的两周，制定OKR周报，关注OKR的对齐率。公布OKR对齐率部门排名，设置对齐优秀部门、个人奖，鼓励主动、积极对齐目标的部门和个人。

3. OKR跟进阶段运营要点

- 确定跟进频率：确定OKR跟进的频率，是每周、每双周还是其他周期。

- 跟进进展：通过周会文档、OKR进展文档，监控关键结果的进展情况，了解目标的实现状态，及时识别问题并采取措施解决。

- 提供支持：为需要帮助的人提供支持，如资源调配、问题解决等，确保OKR的顺利推进。

- 报表督促奖励：在OKR执行周期内，制作OKR周报，按周、双周、月跟进OKR进展。对OKR跟进及时有效的部门和个人，总结写成案例，在公司内部推广。对OKR跟进不及时、敷衍的部门和个人，通过周报排名、周报、月报曝光，督促改进。

4. OKR复盘阶段运营要点

- 督促个人打分复盘：在OKR周期结束前一周，发出通知，提醒个人进行OKR自我评估打分，鼓励个人先行复盘总结。

- 促进组织复盘会议：在OKR周期结束前一周，发出通知，提醒各部门组织OKR复盘会议，鼓励团队成员分享目标达成情况、亮点和问题。

- 提供支持：向各部门提供复盘工具、方法论的支持，帮助其不断优化OKR的复盘和实施过程。

- 分析原因：选择参加部门的复盘会，通过分析原因，找出目标达成的成功因素或未达成的原因，为下一个周期做准备。

- 归纳经验：总结每个团队的复盘经验，为整个组织的OKR实施积累经验。
- 报表督促奖励：在复盘阶段结束后，选择公司复盘深入有效的部门，写成案例，宣传表彰，对没有复盘或复盘比较敷衍的部门给予曝光，安排复盘工具、方法论的培训，或安排教练专场支持。

OKR运营在实施期需要关注不同阶段的特点和重点，通过有效的管理和支持，确保OKR的顺利推进和达成，从而实现组织的目标和愿景。

（三）提升期

OKR实施2—3个周期后，管理者和员工对OKR的工具和技能层面，往往已经初步掌握。OKR的运营需要进入提升期。提升期的关键点是，深入业务本质的探索，提升团队领导力。提升期的运营要点是，建立OKR内部教练运营体系。

OKR运营组织体系的搭建是OKR持续运营的关键一步。高层领导、OKR运营责任人和内部教练共同构成了一个有效的团队，他们的合作和协调将确保OKR在整个组织中的有效实施和推动，从而实现组织的发展和成功。

1. OKR内部教练定位

OKR内部教练是企业内部兼职的OKR推广、提升团队。他们负责培训、指导和辅助组织中的各级管理者和员工掌握OKR的方法和技能。OKR内部教练，能够引导团队有效地制定、推动和评估OKR。配置适当数量的内部教练对于OKR的成功实施至关重要。

通常建议每位内部教练负责30—50名管理者和员工，以确保每个团队都能得到充分的指导和支持。内部教练的存在不仅可以提高OKR

的执行质量，还可以促进知识和经验的传递，使OKR的方法和文化在组织内得到更好的传播和落地。

2. OKR内部教练选拔

OKR内部教练，应该从企业推广OKR一段时间后，开始选拔。OKR内部教练应该是经验丰富、熟悉OKR，且应用OKR比较出色的人员。通常不建议企业中层部门一把手兼任。因为中层部门负责人往往业务和管理工作比较繁重，兼任OKR内部教练，往往无暇顾及。建议选拔学习能力强、成长意愿高的各级后备干部，通过主动报名、考试或演讲竞选上岗。

内部教练需要能够理解组织的文化和业务需求，根据实际情况调整OKR的方法和工具。他们还需要具备良好的沟通和培训能力，能够将OKR的理念和方法传达给团队，并解答团队成员可能遇到的问题。

3. OKR内部教练培养

OKR内部教练是从OKR实战中选拔出来的，也需要在企业业务与管理实战中培养。对OKR内部教练来说，首先，要成为OKR的培训师，能够胜任OKR的新人培训，通过培训也能促进内部OKR教练深度掌握OKR的理论与实操技能。其次，要能够辅导其他人的OKR撰写。识别他人OKR中存在的问题，基于书写逻辑和规范给出意见，提升所负责团队OKR的整体质量。最后，结合业务与管理经验，提出业务和管理层面的优化建议，从而让OKR内部教练对业务和管理有更系统的思考和认知。

针对OKR内部教练队伍，开展教练技能的专场培训。让OKR内部教练掌握教练发问、反馈、辅导的基本技能，拥有更好的教练状态。让OKR内部教练成为教练式领导者的践行者。

OKR内部教练的培养，可以和企业内部高潜管理者培养结合。是否承担了OKR内部教练的职责，也作为选拔高潜管理者的一个参考因素。给OKR内部教练更多的机会，在组织中更多地展示自己。

4. OKR内部教练评估与进阶

OKR内部教练，建议设置初、中、高三级，对应能力要求与评估标准见表9-1。

表9-1　OKR内部教练分级与能力要求

能力	初级OKR教练	中级OKR教练	高级OKR教练
理论基础	• 初步掌握OKR的相关理论基础 • 能够对新员工开展OKR培训	• 熟练掌握OKR相关理论 • 能够对新员工开展OKR培训，解答疑难问题	• 精通目标管理的相关工具、方法论 • 能基于企业实践，创造性应用
撰写与应用技能	• 掌握OKR撰写与应用技能，能够对员工进行OKR辅导 • 能够推进所负责部门的OKR目标共创、目标对齐、目标跟进、结果复盘全流程	• 熟练掌握OKR撰写与应用技能，能够对员工进行OKR辅导 • 能够推进所负责部门的OKR目标共创、目标对齐、目标跟进、结果复盘全流程 • 能够解决难题，调动团队积极性，有效提升OKR实施效果	• 熟练掌握OKR撰写与应用技能，能够对员工进行OKR辅导 • 能够有效推进所负责部门的OKR目标共创、目标对齐、目标跟进、结果复盘全流程 • 能够解决公司级难题，调动团队积极性，共同打造公司OKR实施的标杆团队
创造业务价值	• 无要求	• 能结合业务与管理实际，通过OKR实施，解决部门级业务问题，创造业务价值	• 能结合业务与管理实际，通过OKR实施，解决公司级重大业务或管理问题，推动变革，创造业务价值

OKR教练任期通常为1年，到期由对口部门、OKR运营负责人、横向部门360°考核，决定是否续聘。承担OKR内部教练的职责，给予更多机会、参与更多内部管理变革项目、绩效薪酬适度倾斜，给这个群体以激励。

第三节　OKR运营深化

OKR的深化运营不仅是一种目标管理方法，更是打造创新文化、推动组织变革的关键举措。

将OKR与创新文化融合，意味着在每一个目标、关键结果中注入创新的思维和精神，激发员工不断探索新领域、尝试新方法的意愿。这种融合不仅能够为组织带来更有活力的工作氛围，也为创造新的商业机会和解决方案提供了源源不断的动力。

同时，将OKR的深化运营与推动组织变革相融合，意味着将结果思维融入组织变革的每一个阶段。通过OKR，组织能够更加清晰地定义变革的目标和关键结果，明确每一步的推进方向。这不仅有助于将变革过程分解为可管理的部分，也可以激励团队在变革中保持专注和效率。OKR的运用可以使组织变革不再是模糊的口号，而是变为明确、可追踪的行动计划，从而稳步推进变革。

一、推动创新文化

将创新文化与OKR的深度运营相结合，以实现更卓越的绩效和组织成功。

（一）OKR与创新文化的共生

1. OKR与创新文化

正如第一章"OKR的流行与应用"中图1-1所示，OKR与创新型组织是相互适配的。

OKR与创新文化的共生是一种有机结合，两者之间存在深刻的一致性。OKR强调的是探索本质、挑战不可能，而创新文化注重的是鼓励尝试、持续学习和开放的思维方式。这两者在实质上都强调对变化的适应和对新事物的探索，因此在将它们结合起来时，可以实现一种相互促进的关系。

将OKR的目标设置与创新价值观相结合，意味着在每一个设定的目标中注入创新元素。目标不再是单纯的完成任务，而是通过设定具有挑战性的目标，激发团队成员的创造力和创新意识。创新文化鼓励员工提出新点子、尝试新方法，这与OKR推崇追求卓越、不断突破的理念相一致。通过将创新融入OKR的目标中，可以鼓励团队在实现目标的过程中探索新领域、尝试新方案，从而创造更大的价值。

创新文化为OKR的有效执行提供了动力。在创新文化下，团队成员更倾向于从不同角度思考问题、寻找突破点。这种思维方式与OKR的跨部门对齐、协同合作相契合，可以促进团队之间的交流和合作，实现更大范围内的目标达成。创新文化还培养了团队成员的适应性和灵活性，使他们能够更快地适应变化，并对目标设定和执行进行迭代和优化。

OKR与创新文化之间的共生是一种互相促进的关系。将OKR的目标与创新价值观相结合，可以激发团队的创新意识和探索精神。而创新文化为OKR的有效执行提供了动力，使团队更具适应性和协同能力。这种共生关系能够为组织创造更大的价值，推动创新和目标实现的双重目标。

2. 字节跳动OKR运营与"字节范"结合的案例

字节跳动作为一家充满活力和创新精神的科技公司，成功地将OKR的实践融入其创新文化中，推动员工不断追求创新和变革。字节跳动的OKR运营与"字节范"文化相结合，以创业精神、多元兼容、坦诚清晰、求真务实、敢为极致和共同成长的价值观为基础，实现了OKR在组织中的深度应用。

在字节跳动的实践中，OKR不仅仅是一套目标管理工具，更成为激发员工创新的引擎。创新是字节跳动DNA的一部分，它通过OKR将创新价值融入每个员工的工作目标中。

"字节范"文化的核心价值之一是多元兼容，这与OKR的跨部门对齐和协同合作的理念相契合。字节跳动在OKR的制定和执行过程中，强调团队之间的合作与共赢，甚至跨文化背景的兼容。团队之间会积极交流，分享信息，以确保各个部门的目标相互协调、互相支持。这种多元兼容的文化促进了不同团队之间的创新交流，带来更广泛的思维碰撞和创新机会。

此外，字节跳动的OKR实践也注重坦诚清晰和求真务实。在OKR的制定和跟踪过程中，强调明确的目标和衡量指标，使每个员工都清楚自己的职责和目标。这种清晰的指导帮助员工集中精力，追求实际可行的创新。坦诚清晰的文化也鼓励员工敢于表达自己的观点，推动思想碰撞，从而促进创新的涌现。

最重要的是，字节跳动的OKR实践与共同成长的文化价值相契合。公司鼓励员工不断学习、成长，OKR为他们提供了一个实现个人和团队目标的平台。公司的OKR运营团队，曾经组织了全公司的"Yes！OKR"活动。鼓励员工报名参加，通过OKR实现自己的个人发展目标，有的用OKR管理自己的减肥计划，有的用OKR追女朋友。参加者每周记录分享，结束后总结，达成目标的给予激励。参加者非常踊跃，OKR运营开展得有声有色。通过追求卓越的目标，员工不仅实现了自我提升，也为公司的创新和发展作出了贡献，实现了共同成长。

字节跳动成功地将OKR的实践融入其创新文化中，通过将创新价值融入目标设定、跨部门合作和鼓励多元思维，推动员工不断追求创新和变革。通过"字节范"文化的支持，OKR在字节跳动内部成为一种有力的推动力量，为公司的持续创新和成长注入了活力。

（二）激发创新的挑战与应对

OKR深度运营在激发创新文化方面确实会面临一些挑战，特别是在下行的经济周期下。以下是一些相关挑战的详细探讨。

1. 企业家对创新的态度

在经济低迷时，企业家和领导者可能会更加保守，更加注重稳定性和风险控制，而对创新的投入和支持可能会减少。这可能导致创新的资源和动力受到限制，影响到创新文化的培育。在这种情况下，需要通过充分的沟通和教育，让企业家理解创新在逆境中的重要性，以及如何通过OKR的深度运营来平衡创新和风险。

2. 管理者对失败的包容度

创新是伴随着试错和失败的，而在经济低谷时，管理者可能更加容易对失败和错误持有零容忍的态度。这可能抑制了员工提出创新想法的积极性，阻碍了创新文化的发展。在OKR深度运营中，需要强调"失败即学习"的理念，鼓励管理者从失败中吸取教训，同时为员工提供一个安全的环境，让他们敢于尝试新的想法和方法。

3. 员工对不确定性的适应度

在经济下行时，市场环境更加不稳定，员工可能会对未来感到不确定和焦虑。这可能导致他们对创新和变革产生抵触情绪，因而愿意选择稳定的做法。在OKR深度运营中，需要通过培训和沟通，帮助员工理解创新对于适应不确定环境的重要性，鼓励他们主动参与到创新文化的建设中。

4. 风险管理

在经济困难时期，企业更加注重风险管理，可能会限制创新项目的启动和投入。这可能导致一些创新机会被错失，影响创新文化的培育。在OKR深度运营中，需要在目标设定和权衡中充分考虑风险和潜在回报，通过数据和事实为创新提供有力支持，降低风险，提高创新的成功概率。

面对这些挑战，OKR深度运营需要采取综合的策略。首先，通过明确的OKR目标和关键结果，将创新与组织的战略目标紧密结合，确保创新始终与组织的长远发展相一致。其次，强调创新的价值和意义，以及在不确定环境下的适应性，通过实际案例和数据展示创新对于业务的积极影响。同时，建立开放的沟通渠道，鼓励员工分享创新想法和经验，形成一个共同推动创新的氛围。最后，对于失败要有包容的态度，鼓励员工从失败中学习，不断优化和调整创新实践。通过以上策略，OKR深度运营可以与创新文化相融合，推动组织在不确定的环境中持续追求创新和变革。

（三）通过OKR运营激发创新

通过具体的OKR运营手段，可以有针对性地激发组织中的创新氛围，促进员工在目标设定和实现过程中积极追求创新。以下是一些可行的手段。

1. OKR的理念宣传

在公司内部，定期举办OKR的培训和分享会，让员工了解OKR的核心理念和价值，明确OKR与创新之间的联系。通过案例分享，展示以OKR为基础的创新成功案例，激发员工的兴趣和动力，使他们愿意将创新融入自己的目标设定和工作中。

2.设定创新挑战的目标（O）或关键结果（KR）

在OKR设定过程中，鼓励员工在目标和关键结果中设定创新挑战。

这些挑战可以涵盖新的产品、服务、流程改进等方面。通过这种方式，员工会更有动力去寻求创新性的解决方案，推动组织朝着更具创新性的目标努力。

3.周报和月报的激励机制

在周报和月报中，特别关注那些与创新相关的进展和成果。对于在OKR实施过程中展现出创新行为的团队和个人，给予及时的肯定和表扬，强调他们的贡献对于组织创新文化的推动作用。这不仅鼓励了创新，还可以激发其他人的积极性。

4.总结并表彰成功的创新案例

在OKR周期末，进行OKR复盘总结时，重点关注与创新相关的成功案例。对那些取得显著创新成果的团队和个人进行表彰和奖励，将他们的经验分享出来，促使更多人受到鼓舞，参与到创新的实践中。

5.设立创新奖励机制

在OKR运营中，可以引入创新奖励机制，设立专门的奖项，如"最佳创新团队"或"最具创新精神员工"，以激励员工在OKR实施中积极寻求创新和突破。

6.创新沙龙和讨论会

定期组织创新沙龙和讨论会，为员工提供一个平台，分享创新想法、交流经验，促进跨部门的合作和创新合作，增进创新的互动和碰撞。

通过这些具体的OKR运营手段，组织可以在实践中将创新融入文化，激发员工的创新活力和积极性，从而在OKR的实施过程中不断培育和强化创新文化。这样的创新氛围将成为组织成功的推动力，为持续创新和变革提供良好的土壤。

OKR的深度运营与创新文化的融合，在实现战略目标的同时推动组织创新，进一步巩固和提升组织的核心价值观。强调OKR不仅是目标管理工具，更是激发创新、塑造文化的关键途径，能为组织创造出更加持久的竞争优势。

二、推动组织变革

OKR 的深度运营，最后将走到推动组织变革的阶段。

领导力专家约翰·科特提出成功组织变革八步骤，分别是：①树立变革紧迫感；②组建变革领导团队；③确立变革愿景；④沟通变革愿景；⑤善于授权赋能；⑥创造短期成效；⑦促进变革深入；⑧巩固变革成果。前三个步骤是创建一个有利于变革的环境，中间三个步骤是让整个组织参与进来，最后两个步骤是让转型成果持久化。（参见图9-2）

我们按科特的组织变革八步骤，看一下OKR运营对组织变革的推动。

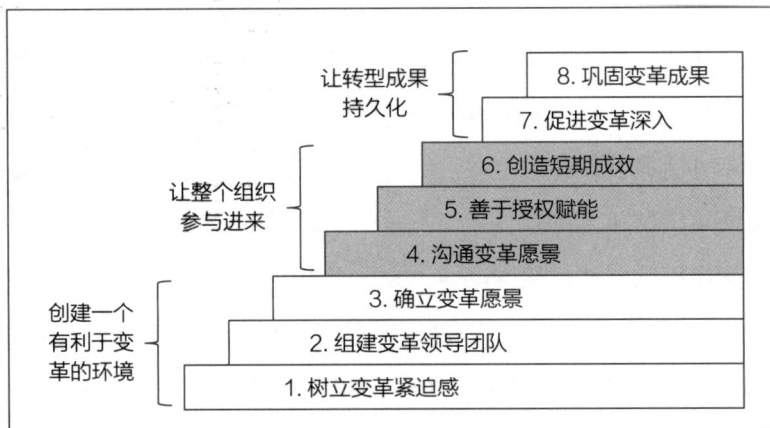

图9-2　约翰·科特成功组织变革八步骤[1]

---

[1] 资料来源：John P. Kotter and Dan S. Cohen , *The Heart of Change*, Boston: Harvard Business Press.

1.树立变革紧迫感

发动变革之前，在相关人员心里制造一种紧迫感。帮助大家认识到变革的必要性，以及马上采取行动的重要性。科特建议应得到75%的公司管理层的支持。就技术、市场和日益激烈的竞争进行诚实的讨论，并让所有员工都有机会表达他们的担忧。紧迫感有时是通过一些富有创造性的方法形成的，可以使人们立即意识到进行变革的重要性，并准备随时为此而采取行动。

OKR运营关键行动：

- 分析市场及竞争，定义并讨论危机、潜在危机或主要机会；
- 制定明确的OKR，突出变革的紧迫性和重要性；
- 在OKR中强调关键结果的时间限制，促使团队尽快行动。

2.组建变革领导团队

有了紧迫感之后，成功的变革领导者，会马上召集那些有一定可信度、技能、关系、声誉和权威的人员，组成一支指导团队来担任变革过程中的领导工作。当从事具体变革领导工作的人缺乏必要的权威和能力时，整个变革工作也就难以开展了。

OKR运营关键行动：

- 组建一支有足够能力的指导团队引领此次变革；
- 设定OKR来支持领导团队的合作和协同，以推动变革；
- 确定领导团队的OKR，展示他们在变革中的承诺和示范作用。

3.确立变革愿景

指导团队会为此次变革确立合理、明确、简单而振奋人心的愿景和相关战略。让大家清楚认知变革后的未来与过去会有怎样的不同，未来将如何变成现实。第一，愿景应该是可想象的、容易解释的。让愿景变得有效的一个方式就是，5分钟内能够说清楚愿景跟他们的关系。第二，愿景应该是值得做的、可行的。有效的愿景，除了描绘长期蓝图，还要设定里程碑，也就是阶段性目标。第三，愿景需要足够聚焦，还要有一定的灵活性。聚焦可以告诉人们该做什么、不该做什么，灵活性是指能够跟上环境的变化。

OKR 运营关键行动：

- 组织变革愿景共创会，创建一个用以引导变革工作的愿景，规划实现愿景的战略与首要任务；
- 将变革愿景纳入 OKR 的目标设定中，清晰表达愿景，使所有人能够清晰理解变革的方向和目标；
- 在 OKR 中明确表达变革愿景的价值与意义，及其对组织的战略影响。

4. 沟通变革愿景

接下来的工作就是将愿景和战略传达给所有的相关人员。领导者需要把简明扼要的信息通过通畅的渠道传达下去。这一步骤的目标就是在所有相关人员内部形成一种共识，建立一种责任感，并因此而更多地释放组织当中大多数人的能量。让尽可能多的人理解并接受变革愿景和战略。人们开始对变革的愿景和战略产生认同，并在他们的行动中体现出这种认同。

OKR 运营关键行动：

- 宣传变革领导团队的 OKR，使用所有可能的沟通渠道传达变革愿景和战略，确保信息畅通；
- 邀请员工参与组织变革 OKR 的共创与对齐会，引导讨论，目标对齐，达成沟通和理解；
- 通过 OKR 的目标跟进、OKR 周报、月报，促使变革领导者以身作则、言传身教。

5.善于授权赋能

要想在组织变革中取得成功，领导者必须进行充分赋能。通过赋能，尽可能地为那些愿意投身变革的人扫除包括人在内的障碍。这一步的目的是让更多的人能够切实地根据本组织的愿景采取必要的行动，包括组织结构调整、人员任免、机制调整等。对有些员工来说，这也意味着他们要以一种完全不同的方式开展工作。

OKR运营关键行动：

- 通过OKR的目标跟进和结果复盘，识别变革障碍，调整严重阻碍变革的系统或架构；

- 在OKR新目标设定中，鼓励冒风险和尝试非传统的主意、活动和行动，确定关键结果时，鼓励团队提出创新性的解决方案，增强参与感；

- 在OKR中赋予团队足够的自主权，鼓励自下而上地设定目标和策略，使其能够在变革中灵活行动。

6.创造短期成效

设法帮助组织取得一些短期成效，这是非常关键的。因为它们可以为整个组织变革工作提供强有力的证明，并为随后的工作提供必要的资源和动力。如果没有一个管理良好的流程、精心选择的初期项目，并以足够快的速度取得一些短期成效，组织中产生的怀疑情绪会让所有的变革工作功亏一篑。尽快取得一些看得见成果的胜利，这样人们进行变革的信心和士气会不断建立起来，抵制变革的人会越来越少。

OKR运营关键行动：

- 和组织变革相关团队一起共创，设计短期见成效的速赢方案，落实到变革目标（O）中；

- 将变革目标（O）分解为可实现的短期关键结果（KR），形成阶段性成果，让改进的关键结果（KR）可衡量、可看见，保持动力；

- 通过OKR目标跟进，及时在周会、周报中同步变革进展，认可和奖励那些参与改进的员工，确保短期进展对变革的推动具有积极影响。

7.促进变革深入

日益激烈的竞争环境，让部门之间的相互依赖不断增强。如建立以顾客为中心的组织，要求各个部门必须以更快的速度、更低的成本、更紧密的协作来满足客户需求。这样的大趋势意味着，变革绝不是局部的改造，而是系统性的变革。一两项优化措施根本没有用，要同时推进多项变革行动才有用。高层领导要授权调动更多相关利益者参与。取得最初的成功后要加倍努力，不断地将变革推向前进，直到彻底实现组织变革的愿景。

OKR运营关键行动：

- 在新周期制定OKR时，充分引入客户、供应商等相关利益者的反馈和意见，从更系统的视角，设计深入变革的OKR目标，避免过于保守的目标设定；
- 在新周期制定OKR时，将新项目、新主题、变革推动者等引入其中，稳步推进和优化组织、机制，持续跟进变革进展；
- 在OKR新目标设计中，强调人的因素，招聘、提升、发展那些能够推动变革的员工。

8.巩固变革成果

培育一种新的企业文化来把所有的变革成果固定下来，包括组织当中的群体行为规范和人们的价值观念。适当的人事变动，精心设计的新员工培训，以及那些引发人们某种情感反应的活动都可能起到很重要的作用。坚持新的行为方式，确保它们成功并日益强大，直至取代旧传统。

OKR运营关键行动：

- 在OKR的复盘和总结中，总结变革取得的成果，回顾变革的进程，提炼成功经验，尊重文化的延续性，将好的基因和价值观保留下来；
- 在OKR复盘和总结中，识别那些和变革愿景不协同的文化价值观和员工行为，升级文化，并制订行动计划，落实到新周期的OKR中，确保落地；
- 通过OKR复盘，总结案例，宣传实际的变革绩效，让更多人相信变革，相信变革行动背后文化的力量。

综合而言，OKR运营可以有效地支持组织变革。通过将变革愿景融入OKR，强调紧迫感，给团队授权，创造短期成效，并在整个变革过程中持续跟进和调整，使OKR能够成为推动组织变革的强大工具。

Objectives and Key Results

10

第十章　OKR 与领导力

在OKR的持续运用过程中，需要认识到OKR工具的熟练使用只是一个起点，真正的突破在于将OKR融入领导力的提升，将其作为推动创新和变革的催化剂。只有这样，OKR才能真正成为一个强大的管理工具，引领企业走向更高的发展阶段。

OKR实施了3—5个周期后，公司管理团队已经基本掌握OKR实施的工具、方法和流程。这时往往会面临一个新的挑战：如何进一步提升OKR的价值，并让其在组织中发挥更大的作用。在这个阶段，公司管理团队将直面领导力的边界，这需要深刻的洞察和创新思维。

这时，OKR的目标共创、目标对齐、目标跟进以及结果复盘等流程已经可以有条不紊地推进。个人的OKR撰写和提交也可以完成。OKR运营也能按节奏推进。但OKR的实际应用效果不佳，并没有如预期的对业务产生明显的推动作用，团队的活力也未激发出来。这容易在企业内部形成一种观点，即OKR只是一种工具，换汤不换药，慢慢对OKR的应用失去信心。

在这种情况下，持续深化OKR的应用变得尤为关键，而这需要与公司管理团队的领导力提升紧密匹配。仅仅停留在工具的使用层面是远远不够的。OKR作为一种管理方法，其真正的威力体现在能否催生创新、激发团队活力以及推动组织变革上。

因此，要将OKR的实际应用提升到更高层次，需要审视和加强公司管理团队的领导力。这涉及挖掘OKR背后的价值观、意义和战略方向，将其与公司文化和愿景相结合。同时，领导团队需要以更广阔的视野思考，创造出切实可行的创新举措，从而将OKR转化为创新的引擎，推动业务向前发展。

　　OKR与领导力提升密切相关，通过OKR的实践，领导者可以在业务、团队和个人三个层面培养出色的领导力，如图10-1所示。领导者通过鼓励专注、赋予意义、支持团队胜利、知人善任、授权建设团队、探索认知自我和反思成长等方式，将OKR的价值融入领导力的发展，从而推动团队和个人实现更高水平的成功。

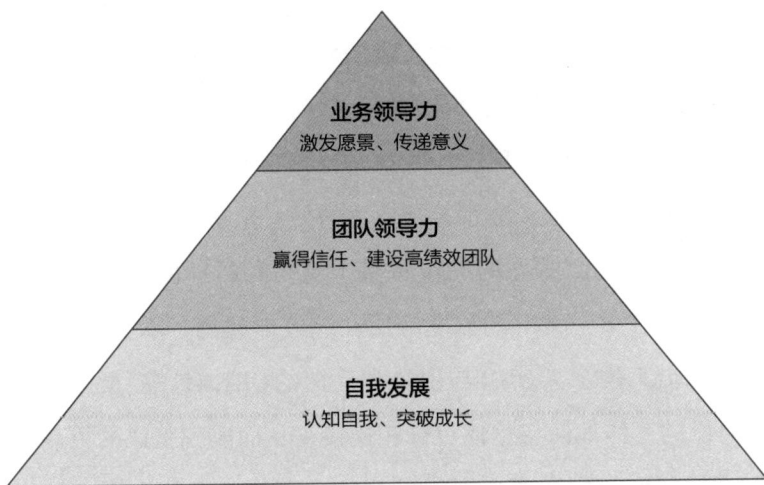

图10-1　三层领导力

第一节　OKR与成就业务领导力

　　在实现业务领导力方面，领导者的角色不仅仅是管理和决策，更是激发团队的愿景和赋予工作意义的引导者。

　　关于领导者的战略管理与决策，可以参照第四章战略解码的相关内容，特别是图4-2所示的BLM模型。领导者需要带领团队做出市场洞察，找到创新焦点，做出业务设计，并且设计关键任务，配置执行战略所需的组织、人才和文化。

一个真正的领导者能够激发愿景，通过沟通赋予工作意义。这是业务领导力更内核的部分。这需要通过有效的沟通和明确的愿景来实现，而OKR的深度应用正是能够在这方面发挥重要作用。

首先，愿景的激发是业务领导力的核心。领导者需要具备洞察力，能够预见未来的发展趋势和机遇。在这一点上，OKR的深度应用通过帮助领导者将战略目标具体化为关键结果，实现愿景的可操作性。当领导者能够将抽象的愿景转化为具体的目标时，团队将更容易理解并产生共鸣，从而被激发出为实现这一愿景而努力的动力。

其次，沟通工作意义是业务领导力的另一个重要组成部分。员工在工作中需要知道他们所做的工作对整个组织和目标的贡献，这为工作赋予了深远的意义。OKR的深度应用在这方面起到了承上启下的作用。通过将每个员工的个人OKR与团队和公司的OKR对齐，员工可以清楚地看到自己的工作如何与整体目标相连接，从而实现工作的更高意义。

OKR的深度应用在实现愿景的激发和工作意义的沟通方面，可以借助以下方式。

使命、愿景共创工作坊。举办使命、愿景共创工作坊，让领导团队和员工共同参与，深入探讨组织的核心使命和愿景。在工作坊中，可以通过互动讨论和分享，让员工对组织的未来发展方向有更深入的理解和认同。这不仅有助于激发员工对愿景的共鸣，也为OKR的目标设置提供了更坚实的基础。

明确目标（O）的意义与价值。在制定OKR的过程中，不仅要明确目标（O）本身的具体内容，还要突出目标（O）与整体愿景的关联。通过对目标（O）的意义和价值进行阐释，能够让员工更好地理解为什么这个目标对整个组织的发展至关重要。这样的沟通能够激发员工在追求目标（O）的过程中的积极性和热情。

通过以上方式，OKR的深度应用可以实现愿景的激发和工作意义的沟通，从而使员工能够更好地理解组织的愿景，并将其与个人的目标相连接。这不仅有助于提升员工的动力和积极性，还能够促进组织创新文化的建立，从而推动整体业务的发展。

一、使命、愿景共创工作坊

（一）使命、愿景共创工作坊流程（参见图10-2）

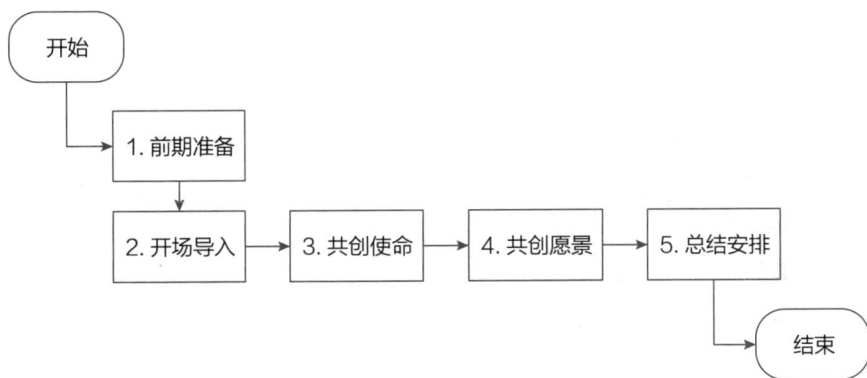

图10-2　使命、愿景共创工作坊流程

1.前期准备

- 时间：通常在OKR年度、半年度会议期间，让大家从务实的工作中脱离出来，思考务虚的使命、愿景话题；

- 地点：通常选择远离公司、有山有水、容易放松的度假村、酒店进行；

- 参加人：核心管理团队。

2.开场导入

- 公司的创始人/董事长/CEO等核心领导，介绍工作坊的背景和意图；

- 主持人介绍工作坊的流程和方法（使命、愿景共创工作坊需要激发核心团队的创造力、想象力，通常需要借助图画、欧卡、乐高或者社会大剧院等工具和方法进行）；

- Check in：邀请参会者用一句话谈期待。

3.共创使命

- 主持人介绍什么是使命：公司存在的价值；

- 按流程共创使命；

- 参与者介绍自己的产出与感受。

4.共创愿景

- 主持人介绍什么是愿景：公司未来想成为的样子；

- 按流程共创愿景；

- 参与者介绍自己的产出与感受。

5.总结安排

- 汇总使命、愿景共创的产出；

- 安排下一步具体总结整理使命、愿景的行动，落实任务、责任人、时间；

- Check out：每人一句话总结收获。

（二）图画共创方法简介

工具：24色彩笔、白板纸。

操作方法：

- 全体参会人员围在白板纸前，保持安静、放空身心；

- 请创始人/董事长/CEO选择画笔，自然画出第一笔；

- 第二位高管，保持静默，不说话，选择画笔，上前画出第二笔；
- 第三位高管，保持静默，不说话，选择画笔，上前画出第三笔；
- 以此方式，向下传递，逐一添加笔画，直至形成集体共识，没人再添加；
- 使命、愿景共创图画完成，众人围观；
- 依次说出自己对使命、愿景图画的理解，谈自己参与的感受。

原理：用图画激发右脑的创意，以沉默避免语言和逻辑的引导，最终形成集体共识。

（三）欧卡共创方法简介

工具：欧卡经典卡牌（10人以内用一副卡牌）、24色彩笔、白板纸。

操作方法：

- 将欧卡正面向上摆放在桌子上，全体围观；
- 找出最符合自己心目中的企业使命、愿景的1—2张卡牌；
- 依次通过卡牌介绍自己心目中的企业使命、愿景；
- 集体创作，用手中的卡牌，结合画笔，画出一幅企业使命、愿景的图画。

原理：通过欧卡联结每个人的潜意识，集体通过画笔共创，呈现出集体共识画面。

（四）社会大剧院共创方法简介

工具：一个空房间，每个人的身体。

操作方法：

- 放轻音乐，集体呼吸练习/冥想5分钟，身心放松；
- 参会者在房间缓慢自由移动；

- 每个人用肢体展示公司使命、愿景实现时的状态；
- 不需要语言，互动调整到最合适的位置、姿态；
- 最后的状态，拍照存档；
- 依次介绍自己的表达和对集体呈现的理解。

原理：调动身体，充分体验和表达，呈现立体的集体共识。

二、明确目标的价值与意义

在 OKR 的深入实施阶段，OKR 的撰写不仅仅是简单的明确目标和衡量标准，更需要深度思考目标的价值、意义和关键突破点，以及如何与更长远的目标和组织使命相连接。这种深度思考可以为 OKR 的实施提供更大的推动力和引导，使其真正融入组织的战略和文化中。

对 OKR 的深度思考，帮助领导者在团队中连接愿景、激发意义感，从而成就领导者的业务领导力。具体可以通过目标、衡量、意义、突破点四个层面来深入探究。（参见图 10-3）

目标方向
想要实现的
方向性目标是什么？

成功衡量
如何衡量目标已经达成？

价值和意义
目标实现的价值和意义是什么？

障碍和突破点
要实现目标，存在的关键障碍和突破点是什么？

图 10-3　确认目标的四层问题

（一）连接更长远的战略目标

在深入实施阶段，OKR的撰写要求将目标与更长远的目的、公司的使命和愿景建立连接：如何通过实现这个目标来推动组织的整体战略目标？如何贡献于公司的使命和愿景的实现？这种连接能够为目标赋予更大的意义和价值，激发员工的投入和动力。

（二）确定更有挑战性的衡量标准

在深入实施阶段，依然需要明确目标的方向和衡量标准，这是OKR的基本要求。然而，在深入实施阶段，目标的方向和成功的衡量标准可能要更具体，更有挑战性，以反映组织在当前阶段的更高追求。

（三）深度思考目标的价值与意义

除了明确目标的方向和衡量标准，深入实施阶段要求进一步深度思考目标的价值与意义。这意味着不仅需要思考如何达成目标，还需要思考目标对组织的长远战略、愿景以及价值创造的影响：实现这个目标对组织的发展有何重要性？如何与公司的使命和愿景相结合？

（四）突出关键突破点

在OKR的撰写中，除了关注目标本身，还需要关注实现这个目标的关键突破点。这些关键突破点是实现目标的关键因素，它们可能是技术创新、市场机会、团队协作等方面的突破。突出这些关键突破点可以更好地引导行动和资源的投入，从而实现目标的价值最大化。

第二节　OKR与成就团队领导力

彼得·霍金斯在《高绩效团队教练》中提出团队领导者的四个发展阶段：团队管理者、团队领导者、团队协调者、团队教练。（参见图10-4）这四个阶段中，团队领导者的定位、关注点、绩效的关注点以及团队成员的行为都有所不同。团队领导者可以运用5C高绩效团队模型（参见图3-2），进行动态干预，持续提升团队领导力，获得团队高绩效。

OKR的深度应用，可以和5C高绩效团队模型整合，帮助团队领导者澄清团队的委任目标，对齐团队的使命、目标和角色分工，建立彼此的信任和连接，联结更多相关利益者共赢，获得核心团队的持续学习成长。

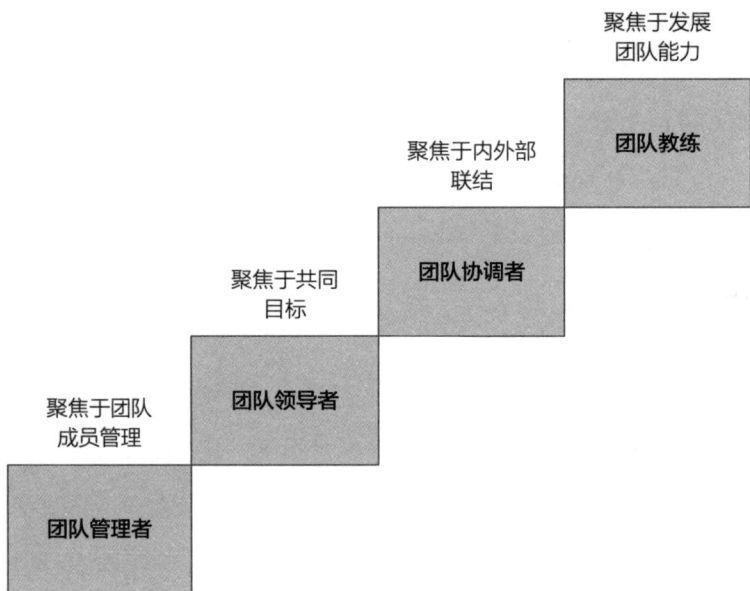

图10-4　团队领导者的四个发展阶段

一、团队管理者

团队管理者阶段，团队领导者主要关注任务和工作的完成情况，注重规划、分配任务以及监督团队成员的执行。通过将OKR引入团队管理者的工具箱，领导者可以更清晰地定义任务和目标，确保团队成员理解并朝着共同目标努力。OKR的衡量标准可以帮助团队管理者跟踪任务进展，及时调整并提供必要的支持。

（一）阶段状态

许多高管在初次被任命领导具有不同职能的高管团队时，都面临重大的角色转换。原来他们所领导的团队成员来自自己的职能领域，他们的技术专长为管理直接下属提供了强有力的基础。很多领导者试图在新角色中延续同样的方法，成为"超级经理人"，甚至对原本不熟悉的职能领域也尝试提供技术建议和支持。很快他们就发现自己忙于解决一个又一个问题，感觉自己像一个不断旋转的陀螺。他们经常说没时间退一步进行反思，因为他们的日程表排得满满的，不是参加会议就是解决紧急问题。这个阶段的领导者为"团队管理者"。

在"团队管理者"阶段，领导者通常只关注当下，不关注未来，只关注团队内部，不关注团队所在的系统。领导者通常忙于解决问题，忽略团队的核心目标、存在的价值。

（二）OKR应用

在团队管理者阶段，领导者往往被日常的问题和任务所困扰，容易忽略对未来的规划和整体战略。他们可能在繁忙的事务中迷失方向，导致团队的工作变得碎片化，无法聚焦于核心目标和长远使命。这时，

OKR的深度应用可以为领导者带来诸多价值，帮助他们从战术忙碌中解脱出来，更好地关注战略问题。

聚焦于战略问题：OKR的深度应用要求领导者在制定和推动OKR的过程中，必须思考战略问题。为了确保OKR的目标与组织的使命和长期战略一致，领导者不得不放下眼前的琐事，深入思考组织的愿景和方向，从而更清楚地制定战略性的目标，引导团队向着更长远的方向前进。

明确价值与任务：OKR的深度应用要求领导者不仅要设定目标，还要清晰地阐释这些目标的价值与意义。这种思考能够帮助领导者辨别哪些任务和目标是最有价值的，从而更好地进行优先级排序，确保团队集中精力在对实现组织使命真正有影响的事情上。

制订长远计划：OKR的深度应用鼓励领导者考虑目标的长远性和可持续性。在制定关键结果（KR）时，领导者需要思考如何在较短周期内实现目标，以及如何在更长时间内持续取得进展。这种思考将帮助领导者制订更有远见的计划，为团队的未来发展做好充分准备。

OKR的深度应用在团队管理者阶段的价值在于提醒领导者聚焦于战略、明确价值与任务、制订长远计划。通过将战略性思维和长远规划融入OKR的制定过程，领导者能够更好地引导团队朝着有意义的方向前进，实现业务的持续增长和发展。

二、团队领导者

团队领导者阶段，团队领导者开始注重团队成员的发展和激发团队的积极性。OKR的深度应用可以在这个阶段帮助团队领导者澄清团队的委任目标。通过与团队成员共同制定OKR，团队领导者能够更好地理解每个成员的优势和发展需求，从而更有针对性地提供支持和指导。

（一）阶段状态

当团队领导者经历学习和成长过程后，他们开始明白不仅要关注组织中的具体细节，还要看到更宏观的全局。他们开始聚焦于组织整体的共同目标，尤其是高级领导层的共同目标。他们也认识到，需要致力于创建战略陈述，能够将不同团队的活动整合起来，以帮助每个团队成员理解他们各自的目标如何与更大的愿景相连接。在这个阶段，这些领导者被称为"团队领导者"，他们与团队一起明确了团队的任务、目标和角色，并在内部达成了共识。

尽管团队成员现在明白了他们各自的目标如何支持集体目标，但在会议上通常还是会集中关注自己的职能、成就、个人目标以及资源需求。通常情况下，他们会与CEO进行对话，但团队成员之间的交流很有限。在会议之外，团队领导者可能会发现自己卷入了职能上的冲突和人际冲突中。团队成员可能会向他们报告其他团队成员的错误，因此团队领导者可能会发挥调解者、仲裁者或中介人的角色。他们已经学会如何分派任务，但还没有完全掌握如何将共同的责任下放到团队内部的关系中。

在第二阶段，团队领导者也可能会发现自己承担了所有或绝大部分的责任，代表整个团队面对关键的外部利益相关者，成为团队的发言人，让团队成员主要关注内部事务。

（二）OKR应用

在团队领导者阶段，OKR应用能够为领导者提供关键的支持，帮助他们更好地理解、管理和引导团队，以实现整体组织的共同目标。以下是在这一阶段OKR应用的价值。

全局视角：OKR的应用能够帮助团队领导者拥有全局视角。通过制定和推动整体组织层面的OKR，领导者能够更好地理解和关注公司的共同目标，不再局限于微观管理。这有助于团队领导者在决策和规划中更好地考虑组织整体的战略方向，将团队的努力与公司的愿景紧密联系起来。

战略陈述：在团队领导者阶段，领导者需要将不同团队的活动整合到共同的战略陈述中。OKR的制定过程要求团队领导者明确目标的价值和意义，以及如何将这些目标整合到更大的愿景中。通过OKR，团队领导者可以更清晰地传达团队的目标，帮助团队成员理解他们的努力如何支持整个组织的战略目标。

促进内部沟通与协作：OKR的应用可以促进团队成员之间的内部沟通和协作。团队领导者可以通过OKR会议等方式，鼓励团队成员共享目标、进展和问题，从而增强团队内部的透明度和协作性。这有助于打破职能隔阂，让团队成员更深入地理解彼此的工作，实现资源和信息的共享。

责任下放与协同：在团队领导者阶段，领导者可能面临将共同责任下放至团队成员之中的挑战。OKR的应用可以帮助团队领导者更好地进行责任分配和协同，让团队成员在共同的OKR下紧密合作，共同追求目标。通过明确的OKR制定和沟通，团队领导者可以激发团队成员的积极性，让每个人都感受到自己在整个团队和组织中的重要作用。

OKR在团队领导者阶段的应用价值体现在帮助领导者获得全局视角，创建战略陈述，促进内部沟通与协作，以及实现责任下放与协同。通过这些方式，OKR能够帮助团队领导者更好地引导团队，实现组织的共同目标，同时提升团队整体的绩效和成就。

三、团队协调者

团队协调者阶段，团队领导者需要平衡不同成员的能力和目标，促进团队的协作和互补。将 OKR 应用于团队协调者阶段，可以帮助团队领导者对齐团队的使命、目标和角色分工。通过明确每个成员的 OKR，团队领导者可以促进团队内外部的合作，使各成员在自己的领域内作出更有价值的贡献。

（一）阶段状态

在团队领导者阶段，团队领导者可能会发现自己承担了所有或绝大部分的责任，代表整个团队面对关键的外部利益相关者，成为团队的发言人，让团队成员主要关注内部事务。要想进一步发展，团队领导者就需要获得帮助，学习进入第三阶段"团队协调者"。在这个阶段，领导者会帮助团队发展适当的内外部联结，让团队成员停止相互指责，鼓励他们直接共同解决人际及职能间的问题，与团队一起制定出一套"利益相关者关系战略"，明确每种关键关系由谁来承担领导职责。

作为团队协调者，领导者在内部引导团队有效地共同应对当前的挑战，共创集体战略，以推动业务进展，同时协调团队与所有利益相关者群体的联结方式，明确相关利益者的期望，创建共享的相关利益者战略。

列出所有利益相关者，看到利益相关者之间的联结，探索每个利益相关者如何看待组织与领导力，他们欣赏什么、期望有什么改变。可以通过"空椅子"角色模拟，或关键利益相关者访谈得到。由此团队决定，为改进利益相关者群体对自己和公司的看法，团队需要采取何种不同的方式，与这个群体建立关系。鼓励团队成员互相成为搭档向相关利益者展示优势并与其建立关系。

（二）OKR 应用

在团队协调者阶段，领导者的焦点转向更广泛的内外部联结和利益相关者的关系管理。在这个阶段，OKR 的应用能够为团队领导者提供关键的支持，帮助他们更好地协调团队内外部的各种关系，进一步推动团队的发展和组织的成功。以下是在团队协调者阶段 OKR 应用的价值。

内外部关系协调：在团队协调者阶段，领导者需要协调团队内外部的各种关系，确保团队与利益相关者之间的合作和沟通有效进行。OKR 的制定过程可以帮助领导者更好地厘清每个利益相关者的期望和关切，明确相关利益者对团队和组织的期望，从而指导团队在目标设定和工作推进中更好地满足各方需求。

建立共享的相关利益者战略：OKR 的应用可以帮助团队领导者与团队成员共同制定相关利益者战略，明确每个关键关系的领导职责，确保与各利益相关者的沟通和合作有序进行。通过 OKR，团队可以制订针对不同利益相关者群体的具体行动计划，建立起共享的相关利益者战略，从而实现更好的合作和协同。

探索未被满足的利益相关者的需求：在团队协调者阶段，领导者需要关注那些未被满足的利益相关者的需求，探索如何与他们建立更强的关系。通过列出所有利益相关者，并了解他们的期望和看法，团队可以有针对性地设计 OKR，以解决或满足关键利益相关者的需求，从而增强团队与利益相关者之间的合作和信任。

培养团队成员的关系建设能力：OKR 的应用可以促使团队成员在目标设定和推进过程中更多地关注利益相关者的期望和需求。通过"空椅子"角色模拟或利益相关者访谈，团队成员可以更深入地了解不同利益相关者的观点，培养建立关系和合作的能力，从而更好地满足他们的需求。

OKR 在团队协调者阶段的应用价值体现在内外部关系协调、建立共享的相关利益者战略、探索未被满足的利益相关者的需求以及培养团队成员的关系建设能力上。通过这些方式，OKR可以帮助团队领导者更好地实现内外部关系的协同，推动团队的发展，同时促进组织在更大范围内的合作和成功。

四、团队教练

在团队教练阶段，领导者的角色逐渐转向培养团队的集体能力，促使团队成员互相学习和支持，共同创造新的前进方式，并且能够在挑战面前保持弹性和适应性。在这个阶段，OKR的应用将进一步促进团队的发展和组织的成功。

（一）阶段状态

第四阶段"团队教练"，这一阶段聚焦于持续建立团队的集体能力，让团队整体以及其他成员成为每位成员学习成长的关键驱动和支持因素。因此，团队成员开始互相支持，通过讨论解决问题，通过正式团队会议以及非正式方式，共同创造新的前进方式，学习各种方法。

需要团队发展一系列的重要能力：

- 弹性工作以及对新环境的持续适应能力；
- 相互学习的能力，回顾哪些是有效的，哪些是无效的，团队的绩效发展要接近最快成员的发展速度，而不是最慢的；
- 变得更能自我管理，因而有能力持续学习和改进，即便是团队领导者不在的时候。

领导者作为团队教练的角色，要有支持团队持续相互学习，发展共同学习和成为高绩效团队的能力。授予团队联合领导权的机会。当挑战来临时，要认真思考是否需要授权某个团队成员行使领导权，或需要让两个甚至多个成员联合负责。

领导者要掌握团队教练的相关技能。对核心团队成员有内在的相信，能够在冲突中保持教练的中立、客观的状态，能够深度聆听，能够通过发问和反馈，促进团队成员反思和觉察。还要有耐心，让核心团队成员有成长的时间和空间。

（二）OKR 应用

在这个阶段，OKR 的应用将进一步促进团队的发展和组织的成功。以下是在团队教练阶段 OKR 应用的价值。

促进持续学习和适应能力：在团队教练阶段，团队的核心能力是持续学习和适应新环境。OKR 的应用可以通过 OKR 的深度复盘，帮助团队成员更好地确定自己的学习方向和目标，鼓励他们不断反思和改进，从而促进团队成员的个人成长和团队整体能力的提升。

建立相互学习的文化：在团队教练阶段，团队成员开始互相支持，通过讨论解决问题，共同创造新的前进方式。OKR 的应用可以帮助团队营造一个开放的学习氛围，鼓励成员分享经验、知识和教训，从而促进相互学习和共同进步。

发展自我管理和领导力：在团队教练阶段，团队成员需要加强自我管理，能够持续学习和改进，即便是团队领导者不在的情况下。OKR 的应用也可以帮助团队成员更好地规划和管理自己的目标，培养自我驱动和自我领导的能力，从而更好地应对挑战和变化。

培养团队教练技能：在团队教练阶段，领导者需要掌握团队教练的相关技能，包括中立的态度、深度聆听、发问和反馈等。OKR 的应用可以促使领导者更好地运用这些技能，通过与团队成员的互动，引导他们进行反思和觉察，促进他们学习和成长。

激发团队的内在动力：OKR 的应用可以激发团队成员的内在动力，

让他们在追求目标的过程中产生成就感和满足感。通过明确目标、及时的反馈和奖励，OKR可以帮助团队成员保持积极的态度和高效的工作动力。

OKR在团队教练阶段的应用价值体现在促进持续学习和适应能力、建立相互学习的文化、发展自我管理和领导力、培养团队教练技能以及激发团队的内在动力。通过这些方式，OKR可以帮助团队领导者在这一阶段更好地培养团队的集体能力，推动团队成员的学习和成长，从而实现高绩效团队的目标。

第三节　OKR与成就自我领导力

"领导力之父"沃伦·本尼斯认为"成为领导者就是成为你自己"。中国古语说"自知者明""自胜者强"。领导力发展的最终，指向自我的突破和成长。成为自己，实现突破和成长，需要勇气、真诚和接纳，勇敢面对真实的自己，对自己真诚，接纳完整的自我。实现突破和成长，需要好奇心，持续探索自己的潜能。

在OKR深入实施的过程中，有意识地运用自我认知的工具，帮助个人通过探索深入认知自我，不断提升自己的意识层级，实现成长。如在OKR的复盘总结环节，鼓励个人和团队回顾目标的实现过程，领导者可以引导团队成员深入思考过程中的挑战、成功和失败。这有助于个人认知的提升，让团队成员更好地了解自己的能力和成长点，从而增强他们的自我领导力。关注个人在过程中的成长和学习。通过鼓励个人反思自身在OKR实践中的表现和成长，促进个人的持续发展和领导力提升。

一、认知自我

古希腊德尔斐神庙留下这样一句箴言:"认识你自己。"认知自我是人一生的功课,是发展领导力中最重要也是最难的一课。君子善假于物,对于认知自我这个功课,可以借助一些外在的工具和方法进行。西方、东方都有非常多的实践验证有效的工具与方法,择要介绍给大家。

(一)西方识人的方法和工具

伴随西方心理学的发展,在人的性格特征、领导风格、团队角色测评领域,积累了大量的测评工具与方法。例如,在性格特征测评方面,有 DISC、大五、MBTI 等;在领导风格测评方面,有情境领导力、冲突风格等;在团队角色方面,有贝尔宾团队角色等。下面选几种有代表性的介绍。

1. DISC

DISC 测评是一种常用的人格评估工具,用于帮助个人和组织了解个体的行为风格和偏好。通过对个体的行为特征进行分析,DISC 测评可以提供有关个人如何与他人相互作用、处理冲突、解决问题以及适应不同环境的洞察力。

DISC 测评就是一种人格测验,它包括 24 组描述个性特质的形容词,应试者要根据自己的第一感觉,从每组四个形容词中选出最适合自己和最不适合自己的形容词。

该工具基于四个基本人格维度,即支配性(Dominance)、影响力(Influence)、稳健性(Steadiness)和服从性(Conscientiousness),每个人的行为方式和交往风格都可以在这四个维度上得到量化和描述。

- D（支配性）：支配性维度描述了个体在面对问题和挑战时的决断和决策方式。高D的人通常目标明确、果断坚决，善于解决问题和采取行动。

- I（影响力）：影响力维度关注个体如何与他人互动和影响他人。高I的人通常充满活力、乐观，擅长社交，能够建立人际关系和激励团队。

- S（稳健性）：稳健性维度衡量个体对稳定性和一致性的偏好。高S的人通常富有耐心、善于合作，注重团队的和谐和稳定。

- C（服从性）：服从性维度关注个体对规则、细节和精确性的态度。高C的人通常注重质量、有条理，善于分析问题和制订计划。

DISC测评可以帮助个人和团队了解自己的行为特点，从而更好地适应不同的环境和任务。通过了解自己的DISC类型，个体可以更有效地利用自己的优势，同时也可以识别出自己的发展领域。此外，DISC测评还可以用于团队建设、领导发展、沟通改善等方面，帮助团队成员更好地理解彼此，协调合作，提升绩效。

2.大五

大五人格特质模型，也被称为五大人格因素模型（Five Factor Model），是一种基于词汇学假说的人格理论。它将人格特质划分为五个基本维度，每个维度都代表了一种人格特质的倾向，从而形成了"大五"特质。这些维度包括开放性、责任心、外向性、宜人性和神经质。这些特质不仅在学术研究中得到了广泛应用，还在职业咨询、招聘选拔、领导发展等领域发挥了重要作用。通过使用大五人格特质模型，人们能够更加准确地描述、理解和预测个体的行为、情感和人际互动方式。

- 开放性（Openness to Experience）：描述了个体对新鲜事物、想法和经验的接受程度。高开放性的人通常好奇、创造力强，喜欢尝试新的事物和思考抽象的概念。

- 责任心（Conscientiousness）：表征了个体的自律性、组织性和追求目标的能力。高责任心的人通常有条理、可靠，注重细节，能够坚持完成任务。
- 外向性（Extraversion）：描述了个体在社交互动中的表现和兴趣。高外向性的人通常社交活跃、情绪积极，喜欢与人交往和分享经验。
- 宜人性（Agreeableness）：表示个体在人际关系中的合作性、关心和宽容程度。高宜人性的人通常友善、体贴，善于与他人合作和解决冲突。
- 神经质（Neuroticism）：描述了个体情绪稳定性和应对压力的能力。高神经质的人通常情绪波动较大，容易体验到焦虑、压力等负面情绪。

大五人格特质模型提供了一种系统的框架，帮助心理学家和研究者理解和分析人类的人格差异。这个模型不仅被用于学术研究，还在职业咨询、招聘选拔、领导发展等领域得到了广泛应用。通过评估个体在这五个特质上的得分，人们可以更好地了解自己的行为倾向、情绪反应和社交风格，从而更有效地适应不同的环境和情境。

3. MBTI

MBTI 的主要目的是帮助人们更好地理解自己的个性特点，进而在个人发展、职业选择和人际关系中做出更有意义的决策。

MBTI 通过探究个体在四个维度上的倾向性来揭示个人的心理类型。这些维度展示如表 10-1 所示。

表10-1 MBTI

维度	类型		类型	
注意力方向（能量来源）	外倾	E（Extrovert）	内倾	I（Introvert）
认知方式（如何收集信息）	实感	S（Sensing）	直觉	N（Intuition）
判断方式（如何做决定）	理智	T（Thinking）	情感	F（Feeling）
生活方式（如何应对外部世界）	判断	J（Judgment）	理解	P（Perceiving）

4.冲突风格

托马斯-基尔曼冲突模式工具（TKI）是一种用于解决冲突和促进有效沟通的工具，见图10-5。该工具旨在帮助个体和团队更好地理解和管理冲突，从而在工作和人际关系中取得更好的结果。

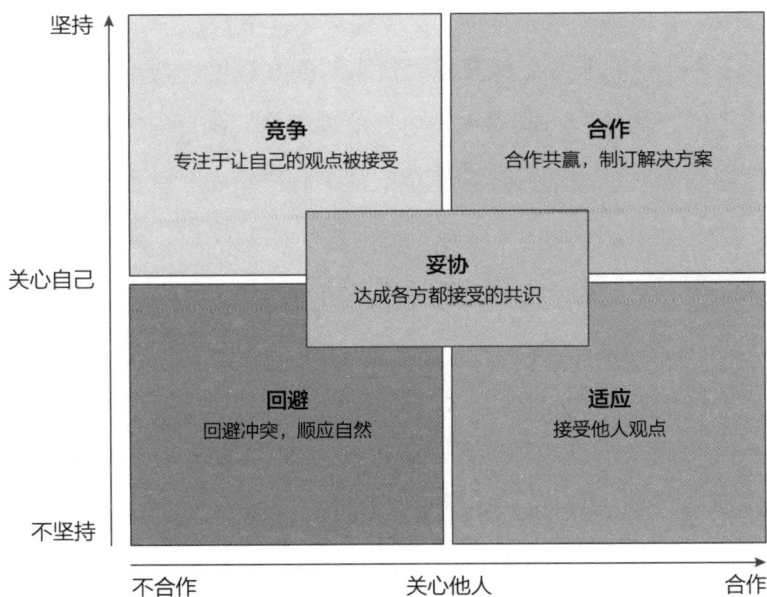

图10-5 托马斯-基尔曼冲突模式工具（TKI）

TKI基于一个核心观点，即在冲突中，个体通常会展现出不同的行为倾向，这些行为倾向可以根据合作性（与他人合作）和竞争性（追求自身利益）划分为五种不同的模式。

- 竞争（Competing）：个体在冲突中倾向于强调自身目标和利益，追求胜利，可能不太关注他人的需求和立场。

- 合作（Collaborating）：个体在冲突中倾向于积极寻求双方的共同利益，努力找到双赢的解决方案，注重团队合作和长期关系。

- 妥协（Compromising）：个体在冲突中倾向于在双方之间找到一个折中的解决方案，平衡双方的需求，但可能不能获得最优解。

- 回避（Avoiding）：个体在冲突中倾向于回避冲突，不愿意直面问题，可能希望问题自行解决。

- 适应（Accommodating）：个体在冲突中倾向于让步，将他人的需求和利益置于自己之前，追求维护关系和谐。

TKI通过测量个体在这五种模式中的偏好程度，帮助个体了解自己在冲突中的行为倾向，同时也能更好地理解他人的反应方式。这样，个体可以更有针对性地选择适合情境的冲突解决策略，从而促进更有效地沟通、协作和解决问题。TKI被广泛应用于团队建设、领导力培训和冲突管理等领域，以提升个体和团队的冲突解决能力。

5. 贝尔宾团队角色

贝尔宾团队角色理论起源于20世纪60年代末（1969年），是梅雷迪思·贝尔宾博士在英国剑桥大学产业培训研究所工作期间，在与亨利管理学院联合开展的一项研究中取得的。该项研究的内容为成功和失败团队在商业游戏中的竞争表现。他对亨利管理学院参加学习的管理者组成的"辛迪加团队"进行不同的团队模拟实验：对象被分配到不同构成的团队中，随着时间的推移，不同类别的行为被确定为团队成功的潜在因素。后来，这些成功的行为集群被命名，就得到了团队角色。随后经过长达九年半对后续几百个团队的观察、实践和研究，思考探讨解决团队构建、构成、设计、团队业绩预测等层面的问题。

一支结构合理的团队应该拥有九个团队角色，即智多星、外交家、协调者、鞭策者、审议员、凝聚者、执行者、完成者和专业师，这九个团队角色在团队中起着互补但同样重要的作用。各个角色的贡献与缺点如表10-2所示。

表10-2　贝尔宾团队角色的贡献与缺点

团队角色	贡　献	可允许的缺点
Plant（PL） 智多星	充满创意，富有想象力，不会墨守成规，善于解决疑难问题	忽略现实琐事，沉迷于自我思维而未能有效表达
Resource Investigator（RI） 外交家	外向，热忱，善于沟通。能够探索新机会，开拓对外联系	过分乐观，一旦初期的热忱减退，可能会失去兴趣
Coordinator（CO） 协调者	冷静，自信，善于鼓励他人，能够澄清目标，有效授权	或会被视为玩弄手段，推卸个人职责
Shaper（SH） 鞭策者	善于推动工作，充满活力，能够承受压力。具备克服障碍的动力和勇气	动辄触怒别人，罔顾他人感受
Monitor Evaluator（ME） 审议员	深思熟虑，识辨能力强。周详考虑选项，判断准确	可能欠缺鼓舞他人的动力和能力。可能过于批判
Team Worker（TW） 凝聚者	忠诚合作，态度温和，感觉敏锐，待人圆滑，聆听，避免摩擦	紧迫情况下可能优柔寡断，逃避对抗
Implementer（IMP） 执行者	实际的，可堪信赖，高效率。能够采取实际行动以及组织工作	可能欠缺弹性，面对新机会时反应迟缓
Completer Finisher（CF） 完成者	勤勉苦干，渴求完美。善于发现错漏，能够把事情办妥	倾向过分焦虑，不愿别人介入自己的工作
Specialist（SP） 专业师	专心致志，主动自觉，全情投入。能够提供不易掌握的专业知识和技能	只能在有限范围内作出贡献，沉迷于个人专业兴趣

贝尔宾团队角色理论在组织内部的应用与实践，助力企业在组织建设、人才开发、提升组织能力、提升业绩上取得成功。其成功应用足迹遍及各个行业，被全球的商业集团、机构及非营利机构、公共事业部门等不同类型的组织应用。其实用性得到广泛认可。

在OKR的深度应用过程中，充分利用诸如DISC、大五、MBTI、冲突风格TKI、贝尔宾角色等心理工具，能够为领导者提供更深入的自我认知和团队管理支持。这些工具不仅有助于领导者了解自身的性格特点、冲突解决偏好和沟通风格，还能够协助团队成员更好地理解彼此，从而促进更高效的协作和目标实现。

DISC工具能够帮助领导者认识自己的行为风格，了解自己在不同情境下的反应方式。这种认知有助于领导者更好地管理自己的情绪和行为，适应不同的团队成员。大五人格特质模型则为领导者提供了关于自己的五个基本性格特质的信息，帮助他们更深入地了解自己的个人倾向和优势，从而更好地指导团队发展和目标设定。

MBTI工具从认知、信息加工和生活方式的维度，为领导者提供了更全面的自我认知。通过了解自己的MBTI类型，领导者可以更好地预测自己在不同情境下的行为，更好地应对挑战和机会。

冲突风格TKI工具则帮助领导者和团队成员识别自己在冲突中的偏好方式，从而更有效地解决冲突、协调利益。

贝尔宾角色理论强调领导者在团队中的不同角色。通过认识自己在团队中的角色，领导者可以更好地调动团队成员，互相协调，达成绩效目标，推动组织变革。

综合运用这些心理工具，领导者可以更全面地认知自我，更精准地理解团队成员，更具备预见性地应对挑战。这样的深度应用不仅能够加强领导者的自我管理和团队协调能力，还能够使OKR的实施更加顺畅和有成效。通过这些工具的支持，领导者可以更加自信地引导团队朝着共同的愿景和目标前进，实现卓越的绩效和长远的成功。

（二）东方识人的方法和工具

在东方文化中，对识人用人，有非常丰富的积累。东方文化注重透过人的表征，识别人的内在性情与特质。这方面，我国历代都有很丰富的文献，典型的有诸葛亮的《心书》、刘邵的《人物志》等。这里选《心书》知人篇和《人物志》简单介绍。

1.《心书》知人篇

诸葛亮《心书》5000言中，"知人篇"全篇如下：

"夫知人之性，莫难察焉。美恶既殊，情貌不一，有温良而为诈者，有外恭而内欺者，有外勇而内怯者，有尽力而不忠者。

"然知人之道有七焉：一曰，间之以是非而观其志；二曰，穷之以辞辩而观其变；三曰，咨之以计谋而观其识；四曰，告之以祸难而观其勇；五曰，醉之以酒而观其性；六曰，临之以利而观其廉；七曰，期之以事而观其信。"

一是"间之以是非而观其志"：这一法则要求领导者通过与个体交谈，试探他对某事的看法和态度。通过仔细倾听他的回答，领导者可以了解到他的志向和价值观。志向专一、坚定的人通常会表现出对特定目标的执着和决心。相反，那些常常改变立场、无法明确自己想法的人可能不太适合承担重要任务。

二是"穷之以辞辩而观其变"：这一法则旨在通过使用激烈的言辞来考察一个人的应变能力。在领导者的领导下，团队成员可能会面临批评、挑战和反对意见。通过在一些讨论中采用强烈的措辞，领导者可以观察到他们的团队成员如何应对压力和争论。具有应变能力的人通常能保持冷静，善于辩论，而不是因情绪波动而失控。

三是"咨之以计谋而观其识"：这一法则要求领导者向个体咨询关于计划、决策和措施的建议，以考察他的知识水平。在组织中，做出明智的决策至关重要。通过与团队成员讨论计划并听取他们的意见，领导者可以评估他们的专业知识和学识水平。有经验、知识渊博的团队成员通常能提供有价值的建议。

四是"告之以祸难而观其勇"：这一法则要求领导者告诉个体面临严重挑战和困难的情况，以观察他的勇气和坚韧性。真正的领袖在危机时表现出勇敢和坚韧的特质，而那些容易被逆境击倒的人则可能需要更多的支持和培训。领导者可以通过这种方式了解谁在团队中可能成为应对挑战的中坚力量。

五是"醉之以酒而观其性"：这一法则涉及使用饮酒的机会来观察个体的真实本性。饮酒时，人们可能会失去对言行的控制，说出内心真实的想法。领导者可以通过这种方式更深入地了解个体，看到他们的本性，包括他们的优点和缺点。

六是"临之以利而观其廉"：这一法则要求领导者用利益来引诱个体，以观察他是否清廉。在商业和组织环境中，诱惑和机会可能会引导一些人走上不正当的道路。然而，那些坚守道义、诚实守信的人更有可能建立长期信任关系，而不是以不正当手段获取利益。

七是"期之以事而观其信"：这一法则涉及将某项任务交给个体，以观察他是否信守承诺。信用是建立成功团队和合作关系的关键因素。只有值得信赖的人才能够获得更多的责任和机会。通过将任务分派给团队成员并观察他们是否按时完成，领导者可以评估他们的信用水平。

诸葛亮的识人七法，也是领导者深度自我认知的七法。每个人平时都会有厚厚的保护壳，面对这七种有挑战的时刻，才显露出来自己真实的心性。识人七法也为领导者提供了深度洞察他人的方法，帮助他们更好地了解团队成员的性格、能力和信誉。通过这种深入了解，领导者可以更明智地做出决策，建立高效的团队，实现共同的目标。通过运用这些法则，领导者可以更好地塑造组织文化，推动组织取得成功。

2.《人物志》

《人物志》为现存最具系统的中国古代品鉴人物之作，逻辑严谨、洞察深刻、文辞优美。

《人物志》各篇内容，见表10-3。

表10-3 《人物志》各篇内容

三卷	目次	篇名	内 容
上卷理论研究	第一篇	九征	讨论如何从人的外在生理特征，即神、精、筋、骨、气、色、仪、容、言等，判断其内在天赋才能，借此为全书奠定理论基础
	第二篇	体别	指出只有圣人才符合中庸标准，其余则因不同的气质而对中庸有所偏离，而有抗者（过分）和拘者（不逮）之分，再细分为六类，以说明其优点和缺失
	第三篇	流业	划分十二种职务类别及其对应人才类型，亦即清节家、法家、术家、国体、器能、臧否、伎俩、智意、文章、儒学、口辨、雄杰
	第四篇	材理	从辩论的表现来看一个人的能力，借以讨论人才和说理的关系，理有四种，即道理、事理、义理、情理，常人往往只通一理
中卷应用研究	第五篇	材能	从另一角度，列举了八种不同才能的人才，指出他们适宜的职务
	第六篇	利害	分析六种人才在被录用与不被录用时的差别，以此指出人的性格、心理形态与自身命运的关系
	第七篇	接识	讨论偏才一类的人跟兼才一类的人，在鉴别人才时，其方向与心态都受本身的特质所限制，因而有不同的偏颇
	第八篇	英雄	分析真正具有雄才大略的人的稀有能力；此篇是类似个案研究的专论
	第九篇	八观	依不同的行事风格，从八个方面去观人与判断其高下

续表

三卷	目次	篇名	内　容
下卷常 见通病	第十篇	七缪	指出在鉴别人才过程中，容易犯的七种通病
	第十一篇	效难	说明人才不为所知，因而易被埋没的原因
	第十二篇	释争	从人才相争的情况，反映其境界的高下，并提倡老子 谦让思想，以作全书最终的劝勉

表10-4是《人物志》对人才的分类。

表10-4　《人物志》对人才的分类

《人物志》人才图谱			
人才	兼德		兼具所有才与德，并发挥到极致的人
	兼才		拥有超过一种偏才能力的人
	偏才	按职业分	清节家、法家、术家、国体、器能、臧否、 伎俩、智意、文章、儒学、口辨、雄杰
		按才能分	清节之材、法家之材、术家之材、智意之材、 谴让之材、伎俩之材、臧否之材、豪杰之材
非人才	依似		似乎具备九征中的一个，实际似是而非、鱼目混珠，德行紊乱
	间杂		没有恒常的才德，一时展现，一时违背

《人物志》中，对中和与偏才的论述非常精彩。"凡人之质量，中和最贵矣。中和之质，必平淡无味，故能调成五材，变化应节。是故，观人察质，必先察其平淡，而后求其聪明。"现在企业选拔人才时，常见的方式是HR先筛简历，看学历、看经历，筛选是否具备企业所需的技能。这就是在"求其聪明"。但对于核心人才的选拔，这样做是有问题的。字节跳动负责人就曾经公开批评过字节跳动的HR，找人只看简历，看过去的经历。批评HR说，如果按照HR的标准，字节跳动的几位核心管理者都进不来，因为外在的简历标准就不符合。更需要的是，深入地看内在特质，如创业精神。刘邵对最高的人才有更深的认知，"中和最贵"。如果考察"聪明"就会选拔出一些有专业特长的偏才。

但偏才有个问题，就是偏才只欣赏和自己偏向同一个方向的偏才。如道德水准比较高的清节之材，只会欣赏清节之材，不会欣赏有谋略能摆平事的术家之材，认为术家搞的是阴谋诡计，不上台面。所以偏才的问题是，"能识同体之善，而或失异量之美"。而中和之才，没有自己的偏见，能识别不同专业人才的优势，能团结、激发不同人员的潜力，应对变化。这些对人才的识别，对现在的我们都有很强的指导意义。

学习《心书》知人篇、《人物志》等古人识人用人的智慧，领导者如果能够掌握，用在自我觉察、自我认知上，将会帮助自己更快地成长。

二、心智成长

成年人有两种学习模式：一种是纯粹知识量的增加；另一种是心智结构上的改变。只有心智结构的改变才能促使真正的成长。成人心智结构的成长一般分为四个阶段，分别是以我为尊、规范主导、自主导向和内观自变。心智结构层级并不是越高越好，关键要能和所处环境的复杂度匹配。

（一）成人发展理论

根据哈佛心理学教授罗伯特·凯根的研究成果，成年人的学习成长，主要来自心智结构上的改变。它不等同于年纪和人生阶段。成长的节奏，随着看到世界"复杂性"能力的增强而进展。核心原因是对主客体之间作了区分。当人融入主体，就不易觉察自己与主体之间的区别并做出决定。当把要了解的元素从隐藏的主体中，转移到可以被看见的客体中时，我们的世界观就变得比较复杂。这个过程就是成长。从主体到客体的每个细微改变，都能扩展我们的心智。当积累足够的渐进式改变后，心智结构便会有一种质的提升，会用一种新的视野来看世界，于是就出现一种新的心智结构。

成年人的心智结构的成长一般分为四个阶段，即以我为尊、规范主导、自主导向和内观自变，见图10-6。在成年人群体中，这四个阶段所占的比重分别是13%、46%、41%和小于1%。

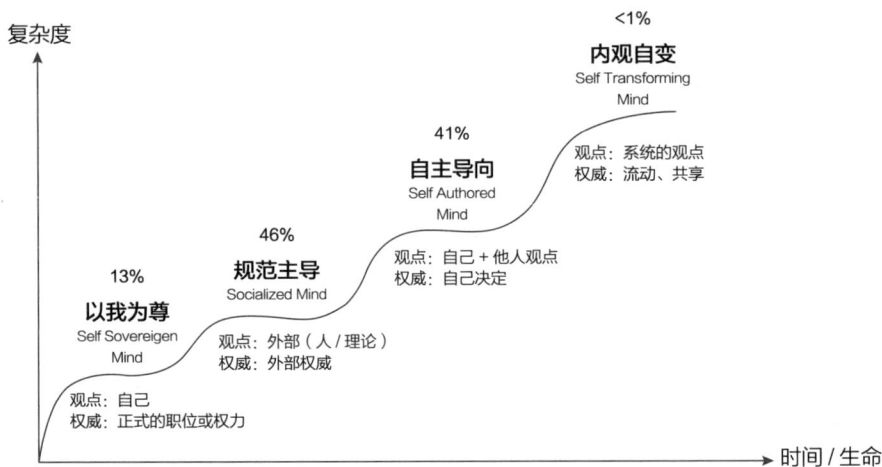

复杂度

<1%
内观自变
Self Transforming
Mind

观点：系统的观点
权威：流动、共享

41%
自主导向
Self Authored
Mind

观点：自己 + 他人观点
权威：自己决定

46%
规范主导
Socialized Mind

观点：外部（人／理论）
权威：外部权威

13%
以我为尊
Self Sovereigen
Mind

观点：自己
权威：正式的职位或权力

时间／生命

图10-6　成年人心智的四个阶段

（二）成人心智的四个阶段

1. 以我为尊

（1）主要优势

当有一个明确而单一的重要任务时，"以我为尊"心智结构的人便可得心应手。当事情有清晰的对错、好坏，并借由外在的规则和奖赏，让适合的行为得以强化时，就能把事情处理得很好，使外在奖赏和结果之间有直接的关联性。针对此类型人，奖金是产生激励作用、提升业绩的重要原因。

（2）主要盲点

"以我为尊"就意味着他无法站在别人的角度考虑问题。对他来说，世界是简单的非黑即白的。以我为中心，和自己观点一致的就是自己人，否则就是"笨蛋"。他们还没有完全被社会化，也没有把社会规范纳入自己的人生，觉得地球就是围着自己转的，有时候会表现得自私自利。因为他们的心智结构还处在低层级，他们也缺乏对抽象概念的理解，思考偏具象化。

（3）有助于成长的"边际"

开始对别人的观点有所认知的时候，他会逐渐发现自己过去思维的局限，从而打开自己去接纳外界的思想，随着他越来越融入社会，开始思考自己与他人的关系，他会越来越愿意让自己的观点从属于别人的观点，就可能进入心智结构的第二个阶段。

（4）教练辅导要点

首先，要放空自己、平等心态、不带评判。成年人中以我为尊的比例只有13%，成为领导阶层的就更少了。领导者中处于以我为尊阶段的，往往有自己独特之处，要么是有专业特长，要么是有独特的资源。在帮助以我为尊的领导者时，要能够放下内心的评判，发自内心地欣赏其独特之处。其次，深度聆听。通常这类领导者，有自己的见解，甚至会比较偏执，需要被聆听，需要被同理。深度聆听是建立连接和信任的关键。最后，避免问抽象、更高阶的问题，问具体的、个性化的问题。

2.规范主导

（1）主要优势

拥有"规范主导"心智结构的人，某种外在的"规范"开始主导他的心智。比如公司的制度，再如某个外在的权威，如老板。强项是会为满足别人的期望而努力。可以对自己参与的议题进行反思，能够尊重别人的观点。他忠于某个他所认同的观念想法、群族或组织，其忠诚度往往会使其将群体的利益置于个人利益之上。

（2）主要盲点

带有"规范主导"心智结构的人，缺点是缺乏主见。他会认为外在的权威比自己的观点重要，会遵守外在的规则，不敢有自己的主见。欠缺协调不同观点或调解冲突的能力。他不能就他所重视但相互冲突的人或事进行调解。同样，当内在自我所扮演的不同身份出现所谓的角色冲突时（如要当一个好儿子和要当一个好员工），他会深感困惑以致无法采取相应的行动。

（3）有助于成长的"边际"

当他在向"自主导向"的心智结构发展时，创造一些脱离外在理论或现有规章的机会对他是有利的；反思他所认同的大原则和价值观，能帮助他去排解观点上的冲突。在此过程中，他会留意到没有一套理论、一个团队或一个组织可以永远对或不被挑战。从而他会发展出一套更细致或更个人化的理念与效忠的方式。开始质疑曾经深信不疑的外在规范，开始倾听自己内心的声音，有自己的主见时，他就进入了第三个阶段，叫作"自主导向"。

（4）教练辅导要点

首先，发现并定义领导者头脑中的"外在权威""限制性信念"，帮助规范主导的领导者切换视角，用更高的、更开阔的视角看待。其次，重新定义。帮助规范主导的领导者尝试改写自己关于成功、关于能力等的定义。最后，创造安全的空间和场域，帮助规范主导的领导者勇敢地聆听和发现自己内在的声音。

3. 自主导向

（1）主要优势

具备"自主导向"心智结构的人，会有自我的观点、使命、价值观，当内心的声音和外界的声音产生了碰撞，他会选择相信自己的内心，也开始质疑他曾经随大溜所相信的那些权威。他有能力且愿意进行多方的聆听，这是与以我为尊阶段的人最突出的不同。仔细对比多个冲突的观点，依据自己的价值观做出选择。命运在自己手上，在不同观点之间也能从容应对。

（2）主要盲点

带着"自主导向"心智结构人的缺点，就是会陷入顽固。因为他的思维框架已经形成，他内心也有一套自己的原则，如果不遵循这套原则，会觉得背叛了自己的价值观，也就是对自己的价值观有执念。会过于依附自己的使命而变得欠缺弹性。他过于讲求自己的原则，使自己不能站得更高，应对高度复杂的处境（如跨文化、跨部门的领导），或当需要对自己所抱持的原则或价值观提出疑问时，他会显得难以应对。

（3）有助于成长的"边际"

为了适应更复杂的环境，自主导向者会继续打破原有的框架，他会意识到，自己秉承的标准并非真理，他会开始以更大的包容来对待外界，他会学习和吸纳其他人的思维来改进自己的心智结构。这时候他就发展到第四个阶段，叫作"内观自变"。

（4）教练辅导要点

首先，充分相信、开发自主导向的领导者内在的资源，鼓励其跨领域或向更高层级探索。其次，展示全局，让自主导向的领导者看到未来成长的路径，激发其好奇心。最后，勇敢地质疑，探索二元对立背后的一致性。

4.内观自变

（1）主要优势

内观自变的动力来源于自身，是某个人意识到自己的价值观还是不足以回答更宏大的问题，比如生死和其他哲学问题，他会基于个人成长的内在诱因，发展出内观自变的心智结构。能进行"内观自变"的人，可以看到万物本相连，而且互为因果。他是有能力从不同角度观察一件事以及看到不同观点间可能会有的任何重要共识。内观自变的人，开始懂得放下，极度包容，能从更高维度看待世界、看待他人、看待自己。

（2）主要盲点

未知。

（3）有助于成长的"边际"

在这个阶段的人，随时都在努力成长，时刻都在怀疑自己的假设，学习去了解和处理更具复杂性的事情。正因如此，这个世界本身就是他们恒常视为成长的源泉。一个内观自变的企业领导会有什么表现呢？他既能领导企业实现经济利益，又能担当企业公民的责任；他既能做到利润最大化，又能保护员工利益和生态环境。总之，他能带领企业从平凡到伟大。

（4）教练辅导要点

成为灵魂伴侣，陪伴领导者迈入更大的不确定性。不断质疑既定的观点、认知、价值观，进入更大的系统、更高的维度思考、感知。

（三）如何促进领导者的心智进化和意识成长

1.保持终身学习和成长

"终身学习和成长"，绝不应该停留在口号层面，要真心意识到学习和成长的重要性，并愿意投入时间、精力、金钱；持续地将知识和技能转化为新的行为模式，才是落实到了实际层面。

2.自我反思和觉察

领导者需要经常训练自我反思和觉察的能力，才能了解自己的优势和不足，看到自己行为习惯的范式和限制性信念，才能真正得到成长。

觉察四步：停下来、向内看、从习惯、到选择。

3.主动寻求他人反馈和教练

领导者应该积极地寻求反馈和指导，以便了解自己的行为和决策对组织和团队的影响；可以与同事、上级和下属进行开放而诚恳的沟通，并接受他们的反馈和建议。

领导者也可以引入教练的方式，来获得更专业的辅导。在国外，绝大部分CEO和高管都有自己的领导力教练。在国内，越来越多的高管开始使用高管教练服务。

总之，OKR深度应用会遇到领导力的瓶颈。在深化OKR应用的过程中，不仅要注重工具的使用，更重要的是要与公司管理团队的领导力提升紧密结合。通过深挖OKR背后的价值观、意义和战略方向，并将其与公司文化和愿景相融合，可以有效地推动创新、激发团队活力并促进组织变革。领导团队需展现更广阔的视野，创造实际可行的创新策略，使OKR成为推动业务发展的创新引擎。通过实践OKR，领导者可以在业务、团队和个人层面培养卓越的领导力，进而推动团队和个人取得更大的成功。

通过在多家客户的OKR教练辅导的实践，我逐渐意识到，OKR用好了能发挥三个层面的价值：工具价值、业务价值和领导力价值。

工具价值。在最基础的层面上，OKR作为一种管理工具，帮助团队明确目标和衡量结果。通过设定具体、可衡量的关键结果，OKR提升了目标的清晰性和透明度。这种方法可以帮助团队成员理解他们的工作如何贡献于组织的总体目标，从而增强参与感和责任感。定期的检查和复盘有助于快速调整方向，确保团队始终围绕核心目标前进。经过2—3个周期的使用，公司管理者通常能够基本掌握OKR工具，进行目标共创、对齐、跟进和复盘。

业务价值。通常经过4—6个周期的使用,在业务层面,OKR的实施能够直接推动公司业务的增长和优化。通过设定与公司战略紧密相连的目标,OKR确保了团队的努力能够集中在对公司最重要的成长点上。这种集中注意力的方式有助于快速实现重要的业务突破,如增加市场份额、提高客户满意度或开发新产品。OKR还鼓励跨部门协作,通过打破部门间的隔阂,实现更流畅的沟通和资源共享,从而加速业务创新和效率的提升。

领导力价值。OKR的持续使用,能够促进领导力的发展。领导者通过设定和实施OKR,可以展示如何设立愿景、制定策略,并激励团队朝着共同目标前进。领导者通过目标导向、团队激励、有效沟通和适应性决策,激发团队潜力。领导者通过深度认知自我、接纳自我、不断升级自我的意识层级,提升个人领导力。通过将OKR的价值融入日常管理和领导实践中,领导者不仅能推动业务和团队的成功,还能在个人职业生涯中实现成长和发展。

参考书目

1. ［美］彼得·德鲁克:《管理的实践》，齐若兰译，机械工业出版社2018年版。

2. ［美］彼得·德鲁克:《卓有成效的管理者》，许是祥译，机械工业出版社2005年版。

3. ［美］迈克尔·波特:《竞争战略》，陈丽芳译，中信出版社2014年版。

4. ［英］彼得·霍金斯:《高绩效团队教练》，陈绰、徐颖丽、周晓茹译，中国人民大学出版社2018年版。

5. ［美］切斯特·巴纳德:《经理人员的职能》，王永贵译，机械工业出版社2013年版。

6. ［美］约翰·惠特默:《高绩效教练》，徐中、姜瑞、佛影译，机械工业出版社2019年版。

7. ［美］埃里克·施密特、乔纳森·罗森伯格、艾伦·伊格尔:《成就》，葛仲君译，中信出版社2020年版。

8. ［美］保罗·R.尼文、本·拉莫尔特:《OKR:源于英特尔和谷歌的目标管理利器》，况阳译，机械工业出版社2017年版。

9. ［美］克里斯蒂娜·沃特克:《OKR工作法:谷歌、领英等顶级公司的高绩效秘籍》，明道团队译，中信出版社2017年版。

10.［美］约翰·杜尔：《这就是OKR：让谷歌、亚马逊实现爆炸性增长的工作法》，曹仰锋、王永贵译，中信出版社2018年版。

11.［美］约翰·P.科特：《领导变革（珍藏版）》，徐中译，机械工业出版社2014年版。

12.孙晓敏：《群体动力》，北京师范大学出版社2017年版。

13.［美］爱德华·L.德西、理查德·弗拉斯特：《内在动机：自主掌控人生的力量》，王正林译，机械工业出版社2020年版。

14.［美］珍妮弗·加维·贝格：《领导者的意识进化：迈向复杂世界的心智成长》，陈颖坚译，北京师范大学出版社2017年版。

15.况阳：《绩效使能：超越OKR》，机械工业出版社2019年版。

16.［日］佐藤将之：《贝佐斯如何开会》，张含笑译，万卷出版公司2021年版。

后　记

写这篇后记时，2023年已经进入最后一个月。回顾2023年，我居然还做了不少事，获得ICF专业教练PCC认证，完成了两本书的写作，工作室探索出几种靠谱的打法，新签合同额、回款额基本达到预期。这主要归功于OKR这个工具。

2022年4月，我从字节跳动离职，开启了自己的下半生职业生涯。OKR就成了我的首选工具。我制定了2022年年度OKR，每个季度制定OKR，每个月复盘总结。在IBM工作期间，经常和客户说的一句话是，"用的就是我们卖的，卖的就是我们用的"。开启咨询和教练工作室后，我把工作方向定位为OKR咨询与教练，卖给客户的OKR服务，当然要先自己体验。

写出一稿OKR不是难事。OKR所有的技巧，在我新氧和字节跳动的工作经历中，都练得滚瓜烂熟。而且作为专家顾问与教练，我辅导了很多企业客户。但轮到自己写，我发现写好真不容易。开启工作室，第一件事是公司注册，需要找一个注册地址。这事让我非常犯难，触碰到了我不愿意求人的那个短板。事情拖拖拉拉过去了两个月。复盘中发现，这事成为瓶颈了，这件看上去很小的事，在我创业初期，打磨产品、整理课件、对接线索等一系列要做的事情中，是让我最头疼的。于是在OKR中明确写上，寻找注册地址，完成工商注册。果然心有所念，必有回响，找到了一个本家侄子，提供了一个地址，顺利注册成功了。

OKR 就是牵引我们做难而重要的事。这个难，不是外在的难，而是每个领导者内心的那个难，需要领导者用教练对话去发掘。

2023年的年度OKR，我给自己制定了一个挑战性的目标，完成一本书。写一本书，对我也是一个难事。最接近的一次是2017年离开腾讯时。当时写了一本关于腾讯的战略、组织与人才管理的书稿，但因种种原因没能出版。这次重新提起来，心中还是有些惶惶然。内心有些清高，不太看得上那些快餐书，总追求深刻以凸显自己的价值，结果就是没有结果。

3月合作的一家培训机构提供了一个机会，和几位老师合写人才与组织管理一书，进展很顺利，7月就交稿了。这算是本书的预演，发现写书也没那么难。而且这本人才与组织管理的书，是作为教材，要求非常严格，是个起点很高的预演。二季度策划，开始本书的撰写了。

我用OKR管理工作室，也用OKR管理本书的写作。二季度制定了比较具有挑战性的OKR："每周写1章，完成《OKR实战宝典：顶尖企业的成功秘籍》书稿。"实际6月底只完成了4章。三季度继续使用OKR完成书稿的目标。8月完成初稿，9月完成修订。8月最后冲刺阶段，把时间目标列到每一章标题后。印象比较深的是，设定8月31日完成最后一章的时间目标后，但内心并不相信，结果写完后，发现刚好是当初设定的时间点。目标的牵引，不仅在纸面上，也会融入人的潜意识，从而影响人的行为。

写书的过程有数次逃离，又有数次被拽回来的体验。经常出现的场景是，我摆好书案、打开电脑，开始写作，遇到难搞的段落，就不自觉地想起还有个课件大纲没写，还有伙伴的留言没回复，或起身干点别的，或者拿起手机刷视频。我充分体验到，人天然倾向于逃避难而重要的事情，会不自觉选择容易的事。真的会以战术的忙碌阻碍战略的思考。

OKR要求我们做难而重要的事，但这有点违背人性。做难而重要的事，极度理性，延迟满足，能够对抗人性。对于我们普通大众，哪有那么容易，是教练帮了我。在教练的教习过程中，我多次把写书遇到的障碍作为对话主题，寻求教练的帮助。如怎样放弃对创新苛刻的追求，如何在最好的工作时间段聚焦不溜号，如何站在用户的视角而非专家的视角，等等。我自己的这些体验，使我更坚信OKR与教练技术的结合，能够起到1+1>2的效果。

起书名也很有意思，我原想定为《OKR理论溯源与教练实践》，觉得这个名字高大上。编辑老师建议叫《OKR实战宝典：顶尖企业的成功秘籍》。初看这个名字，我很不能接受，第一印象是很俗，反正我不会买这种名字的书。然后就很好奇，想听听目标用户的反馈。我就制作了一份飞书问卷，投放到几个HR聚集的群里，结果令我大跌眼镜。62份匿名问卷，68%的人选择了《OKR实战宝典：顶尖企业的成功秘籍》这个书名。尊重读者的意见，这本书就定了这个名字。看来看去，觉得这个名字也挺好。我接受这个书名，是放下我执念的一小步。

《OKR实战宝典：顶尖企业的成功秘籍》是我独立撰写出版的第一本书，是我给人生下半场送的一个礼物。我下半生的使命是："致力于用咨询、培训、教练技能，帮助企业和管理者身心合一，健康成长。"OKR的咨询与教练，是其中重要的服务方向。希望和更多的朋友，因OKR而结识，用OKR而成长。

岳三峰

2023年12月4日

图书在版编目(CIP)数据

OKR实战宝典：顶尖企业的成功秘籍 / 岳三峰著
. —北京：中国法制出版社，2024.6
（组织变革与创新管理系列丛书）
ISBN 978-7-5216-4256-8

Ⅰ.①O…　Ⅱ.①岳…　Ⅲ.①企业管理　Ⅳ.①F272

中国国家版本馆CIP数据核字（2024）第041716号

策划/责任编辑：马春芳　　　　　　　　　　　　　　　　封面设计：汪要军

OKR实战宝典：顶尖企业的成功秘籍
OKR SHIZHAN BAODIAN: DINGJIAN QIYE DE CHENGGONG MIJI
著者 / 岳三峰
经销 / 新华书店
印刷 / 三河市国英印务有限公司
开本 / 710毫米×1000毫米　16开　　　　　　　　印张 / 19.25　字数 / 246千
版次 / 2024年6月第1版　　　　　　　　　　　　2024年6月第1次印刷

中国法制出版社出版
书号 ISBN 978-7-5216-4256-8　　　　　　　　　　　　定价：86.00元

北京市西城区西便门西里甲16号西便门办公区
邮政编码：100053　　　　　　　　　　　　　传真：010-63141600
网址：http://www.zgfzs.com　　　　　　　编辑部电话：010-63141815
市场营销部电话：010-63141612　　　　　　印务部电话：010-63141606
（如有印装质量问题，请与本社印务部联系。）